D1698775

Holger Kalweit

NATURTHERAPIE

Meine Initiationsreise zur Erdmutter

ARUN

Copyright © 2004 by Arun-Verlag. 2. Auflage 2007.
Arun-Verlag, Engerda 18, D - 07407 Uhlstädt-Kirchhasel.
Tel: 036743-2330, Fax: 036743-23317.
Email: info@arun-verlag.de, Homepage: www.arun-verlag.de.
Herstellung: Hubert & Co., Göttingen.

Alle Rechte der Verbreitung in deutscher Sprache und der Übersetzung, auch durch Film, Funk und Fernsehen, fotomechanische Wiedergabe, Ton- und Datenträge jeder Art und auszugsweisen Nachdrucks sind vorbehalten.

ISBN 978-3-935581-48-6

Wenn wir wieder in die Wälder gehen,
werden wir zittern vor Kälte und Furcht.
Doch wir werden Dinge erleben,
so dass wir uns selbst nicht mehr kennen;
kühles wahres Leben wird sich auf uns stürzen
und Leidenschaft wird unseren Körper mit Kraft erfüllen.
Mit neuer Kraft werden wir aufstampfen, und alles Alte wird abfallen.
Wir werden lachen, und Gesetze werden sich kräuseln
wie verbranntes Papier.

- D. H. Lawrence -

INHALT

Zu Gast bei Naturwesen

Einleitung
NATUR IST STÄRKER ALS ERZIEHUNG 13
   Meine Reise in die Wildnis der Seele 14
   Ich gebäre die Naturtherapie 18
   Bin ich aus lehmiger Erde? 27
   Meine Reise in die Seele der Wildnis 29

I. DIE ERDMUTTER - IM BAUCH IRDISCHER FÜLLE
   Die zweite Geburt 37
   Das Erwachen meiner Naturkräfte 39
   Meine Seele im Stoffgefängnis 55
   Erdmutter als Todesgöttin 63
   Spüre Erotik im Erdinneren 67

II. DIE WELTMUTTER ALS URSTOFF
   Heimkehr in die Welt hinter der Welt 77
   Seelenstoff ist Plasma 79
   Die Urheimat meiner Seele 88
   Die geheime Sehnsucht meiner Seele 89
   Bin Urstoff 97
   Spaltung zwischen Herz und Leib 101

III. Einweihung ins Herz der Erdmutter

Die große Verwandlung 115
Das schattenlose Licht der Seele 117
Naturgeheimnisse erahnen 129
Seinsöffnung: Flucht aus dem Schneckenhaus der Regeln 131
Die Schau 134
Gesetze der Naturtherapie 145
Dunkeltherapie 151

IV. Die Erdmutter Übungen

Lehrzeit für Naturtherapeuten 155
Natur heilt ohne zu heilen 157
Im Dschungel der Naturübungen 161
Das Fundament der Naturtherapie 174
Mein Weg durchs Unterholz 180

Schluss:
Mein umgebrochener Apfelbaum 184

Literatur 189

Zu Gast bei Naturwesen

Ich bin bei Naturwesen zu Gast gewesen, körperlich und seelisch, und habe dabei die älteste Heilweise für den Menschen neu entdeckt: Die Naturtherapie. Zwischen Nelkengewächsen und Enzianpflanzen bin ich eingeweiht worden ins Reich der Naturkräfte. Dies Buch schildert Erlebnisse für Naturanfänger, es ist ein Einführungswerk in die Naturtherapie, die ich 1994 ins Leben gerufen habe - als Antwort auf die abartige Naturferne der modernen Psychologie, die sich radikal angepasst hat an die Urbanität, an Kommerz und Konsum der Industriegesellschaft. Herkömmliche Psychotherapie kennt keine Heilung durch Bäume, kein Heilwerden durchs Wasserritual, keine Erkenntnis durch die Visionssuche in der Berghöhle, und von der großen nackten Muttergöttin hat sie gar nie gehört. Moderne Menschen suchen eine Psychotherapie wegen Ich-Störungen auf, denn nur diese behandelt der Psychologe, weil er nicht erfahren hat, dass alle Ichs und damit alle Ich-Störungen sich im Wasserstrom und Windfluss und mit dem Kopf auf spröder Muttererde schlafend und in der durchwachten Nacht des Vollmondes von selbst auflösen. Abgestoßen vom Krieg gegen die Elemente, enttäuscht von der Flucht der Psychologie in den sozialen Menschentrubel, habe ich mich an knorrige Bäume und fließende Sanddünen gewandt und bin durch sie hindurch, sie selbst werdend, neu geboren worden. So habe ich die älteste Heilweise „Heilung durch Naturverwandlung", die Naturtherapie, wieder entdeckt. Ich habe nicht am Schreibtisch gedacht und gefühlt, sondern durch Goethesches Schauen mein Fühlen und Denken am Bachquell und Bergschrein zu Bach und Berg werden lassen. Die Verwandlungsberichte rollen kunterbunt durcheinander, mal sitze ich an Alpengeröll, bin Steinlawine, mal liege ich am Kieselstrand der Baja California, bin Sandkorn. Dann an sanft plätschernden Tessiner Seen werde ich ruhiges, tiefes Nass, um später im Himalaja Salzkristalle in mir aufsteigen zu lassen. Wer nur Sozialmensch in einem Leben gewesen ist, nie weite Ebene, nie glatter Meerfels, ist auch nie Mensch geworden. Menschsein erschöpft sich nicht im Menschen, da beginnt es.

Es erheben sich in der Natur Fragen der ganz großen Art, gigantische, unübliche, ungehörige Fragen, die ebenso unkonventionell von langarmigen Astbäumen beantwortet werden. Doch Natur antwortet uns immer anders, als wir es erwarten. Gesetze herrschen, die verpönt sind im Menschenreich, denn der soziale Mensch kann nur unweise bleiben. Einen dunklen Schleier in Gestalt von Sozialgesetzen haben wir uns übers Gesicht gezogen, die uns auf der mondbeschienenen Waldlichtung nun überfallen als Angst vor der Einsamkeit, als Kälte in kalten Gletscherspalten, als Raumangst in weiten Trockensteppen. *Der Sozialmensch will unter seinesgleichen bleiben - aus Furcht vor Verwandlung in Naturwesen.* Natur tritt uns entgegen als große Verwandlungsinstitution. *Die Große Göttin in ihren tausend Gestalten verwandelt, indem sie liebt und tötet gleichzeitig, weil sie den Unterschied nicht kennt!* Ich werfe mich hier ins Große Grün, warte, bis Pan mich schluckt und Erdmutter mir die Gedärme herausreißt. Es geht hier nicht um billiges Naturwandern, fröhliche Pfadfinderei und sprudelnde Wildwasserfahrten, es geht ums Sterben und Wiedergeborenwerden ohne Wanderstock und Kanu, weil nur nackt uns Naturwesen als ihresgleichen erkennen, weil auch sie nackt sind. Das ist eine Psychologie der anderen Art, eine Verwandlung in Bergwiesen und Wüstenoasen, in Wundklee und Walderdbeeren, in schnatternde Enten und scharf blickende Greifvögel, Eulen, Habichte und auch in Turmfalken. Das ist keine schnieke Psychologie für moderne Praxen, die mit dem hohlen Getöse ihrer hundert Therapien und Methoden den Sozialbaukasten Mensch neu ordnen wollen. Wer unterm Wasserfall das flüssige Kleid der Erdmutter anzieht, weiß nach zwei Stunden schäumenden Nass mehr über die Natur der Welt als alle Pseudotherapien der schlauen Therapieverkäufer.

Die Texte sind locker wie eine Blumenwiese hingestreut, hier wachsen Korbblütler, da Nelkengewächse und dort Beiwurze oder Lippenblütler. Es gibt keinen roten Faden außer dem meines Blutes, meinen Lebensfaden der Erkenntnis im Getümmel wilder Himmelsblaufarben, knorriger Baumwesen und glatter Fischformen. Aber das ist das Geheimnis der Natur: Keine Einleitung und keinen roten Faden zu haben, sondern *überall und jederzeit und in allem das ganze Geheimnis auf einmal hervorwachsen zu lassen.* Das ist die erste Lehre, die dich prägt: Jeder Teil der Natur drückt das Ganze aus!

Dieses Buch besitzt keinen Anfang und kein Ende und schlägt man es in der Mitte auf, steht auch nur das Gleiche wie am Anfang und am Ende da. Denn das ist die zweite große Seelenlehre der Natur: *Natur ist eine endlose Wiederholung des Immergleichen – weil sie sich endlos wiederholt, doch in immer neuen Formen, mal gewunden biegsam, mal hart erstarrt. Die Wiederholung des Immergleichen, in tausend Gewändern, das gilt's als oberstes Gesetz des Daseins zu erfahren.* Und dies zu erfahren wird nun die Kunst sein desjenigen, der sich am Wasserfall in Wasser fallen und an der Flussbiegung als Fluss biegen lässt. Dieses Buch hat sich daher geschrieben ohne Plan, die Texte flossen mir in die Feder, ohne dass ich wusste, wohin sie gleiten. Ich habe Naturbewegung, Schlangenschlängeln, Vögelhüpfen, Hirschspringen zugelassen, mich nicht gekümmert um das, was man ein Buch schreiben nennt; ein Wind ließ mich als Blatt durch Landschaften schweben und die Sturmböen haben ein Wellenmuster hingezaubert, die nun als Texte vor dir liegen.

Es ist uralte Weisheit und doch immer wieder überraschend zu hören: Die Seele, spürt sie einen Mangel, begeistert sich fürs Große; die Seele, leidet sie, wird hingezogen zum Geheimnis der Natur als letztem Quell der Weisheit, dann, wenn alle Worte und Warnungen der Mitmenschen versagen. Die Seele, will sie heil werden, sucht nicht Worte, sondern Wunder. Die Natur ist das letzte Wunder. Kann das Wort „Wolke" so viel ausdrücken wie eine Wolke selbst? Worte, wie kunstvoll auch immer, vermitteln uns niemals so vielschichtige Eindrücke wie eine schwebende, weiße, im Wind sich auflösende, von Sonnenstrahlen durchbrochene, vom Wind zerkämmte Wolkenwand.

Meine Seele ist wie der Naturbursche, sie möchte Wirklichkeit in weiten Wäldern sehen und nicht Gesprächen über Wälder lauschen. Seelen möchten sitzen unterm Zirrushimmel, schwimmen im seerosenbedeckten Teich, liegen auf spitzer Gipfelhöh, träumen am nassen Moosgrund und mit den Fingern über lange Ginsterzweige streichen. *Meine Seele ist in Wahrheit die Zusammenfassung aller Natur.* Alle Naturwesen ruhen als die Lichtseiten meines Wesens in meiner Brust. Bin Baum und Bär, Halm und Hahn, Wolke und Wanderfalke, bin Regen und Radieschen, das Große Grün bin ich, die weite Erde. Natur hat mich erschaffen, sich in mich eingedrückt und all die Samen in mir hinterlassen, deren Gesamtergebnis ich nun bin, Naturkind bin ich, erfühle alle Naturen, bin im Brennspiegel aller Naturen geformt

17 Tage fasten in einer Höhle auf Mallorca. Stille, Nichtstun, Sitzen.

worden zum Seelenwesen, bin das eigenartige Handbuch aller Baum-, Fels- und Windkräfte, wie könnte ich da anders, will ich sprechen, als mich auszudrücken mit der mir eingegebenen Ursprache, der Sprache schneller Winde, der Sprache schillernder Farben, der Sprache ursächlicher Elemente, der Sprache vielfältiger Tierformen und der Sprache der harten und weichen Metalle. Ich kann nur reden mit den Formen, die mich geboren haben, bin naturgeformt, Naturgeist, Sprachrohr von Naturwesen.

Das erste Kapitel schildert die Erdmutter in ihren tausend Gestalten, das heißt, ich gebe *Einsamkeitsberichte* wider, von mir oder anderen Menschen, die bei mir zur Naturtherapie waren. Im zweiten Kapitel steht der *plasmatische Urstoff* im Mittelpunkt, genauer das Jenseitskleid der Seele, sprich die Urspaltung zwischen Stoff und Seele. Denn die wahre Natur unserer Seele tritt erst hervor, wenn sie sich abgespalten hat vom Stoffkleid, nur noch Urstoff ist. Im dritten Kapitel bespreche ich die *Grundgesetze der Naturtherapie*. Zum Schluss stelle ich *Erdmutterübungen* vor und gebe einen Überblick über die *Lehrzeit zum Naturtherapeuten*.

NATUR IST STÄRKER
ALS ERZIEHUNG

*Der erste Schritt, den der Mensch tun muss, sucht er den Weg,
besteht darin, das gewohnte Bild von sich zu zerstören ...
Die Menschen müssen erst die Wirklichkeit
ihrer selbst wahrnehmen lernen.*

- Evola: Magie als Wissenschaft vom Ich, S. 35 -

New Mexico: Berg meiner ersten Visionssuche. Natur ist stärker als Erziehung. Natur ist alles.

MEINE REISE IN DIE WILDNIS DER SEELE

„Viele Jahre sind nunmehr vergangen,
seit mir zum ersten Mal die Immaterialität,
das Freisein von der Stoffgebundenheit,
ins Bewusstsein drang".

- Evola: Magie als Wissenschaft vom Ich, S. 30 -

Bin Adler

... in einer Grotte am Dachsteinmassiv

Ich habe eine Felsgrotte gefunden, sitze hier seit zwei Tagen schweigend, bewegungslos, fastend, schaue über blaue Bergketten und nebelverhangene Täler unter mir; und diese Berge und Täler wandeln sich, werden nun beredter, scheinen sprechen zu wollen, je länger ich hinschaue.

Woraus schöpfe ich meine Lebenskraft, wenn nicht aus der gläsernen Reinheit des Bergsees und dem milchigen Morgennebel, aus dem Vogelflug und dem Wolkendunst? Ich bin Psychologe, suche nicht nach einer weiteren, neuen Heilweise für die Psychologie, sondern nach einer Heilung der Psychologie. Bin unzufrieden mit dem allwissenden-kleinkarierten Gehabe der Therapeuten, habe mich zurückgezogen aus dem Heilberuf der Allesheiler. Denn etwas fehlt in diesem Angebot an Heilweisen - das Leben selbst. Das Leben ist nicht das, was Großstadtmenschen fühlen. Leben heißt verbunden sein mit dem tief unter meinem Blick liegenden, alles unter sich verdeckenden Talnebel, mit der morgennassen Felswand und dem Bergadlerpaar, das jetzt wieder seine Kreise zu ziehen beginnt. Genau das fehlt in der Heilkunst, das Gefühl der großen Freiheit, Adler sein zu dürfen. Erhabenheit zu fühlen ist eine Kunst, die der modernen Heilkunst abgeht. Hat je jemand im Krankenhaus und Therapeutenzimmer den Adlerflug vollführt? Will man mir erzählen, ohne den aufsteigenden Nachtmond könne man die Nacht durchstehen? Man kann sich gemütlich einrichten in der Ghettowohnung und genüsslich süffeln am Morgenkaffee in der Apartmentsiedlung, genießen und leben, sicherlich, aber zu einem Adler wird man nicht. Und darum geht es: Bin ich Adler oder Arbeiter? Psychologen züchten Arbeitssklaven heran, ihre Methoden und Theorien sind geregelte bürgerliche Sklaverei. Sie glauben, sie fördern die Selbstbefreiung - in Wirklichkeit aber nur die Anpassung an Sklavenkulturen. Oder lehren sie, wie man fliegt über geschlossene Wolkendecken, lehren sie, wie ich zu sitzen im Geruch von Felswasser, oder lassen sie über die Haut klare, perlend-kühle Morgenluft strömen? Und von der Seele - wissen sie, dass sie fliegen kann? Weiß man, dass ich als kleiner Mensch aus meinem Vogelhorst hier auf dem „Dachstein der Welt" als Seele herausspringen und seelisch schweben kann? Hier herrscht kein Freud, nur Freude über die Leichtigkeit des Seins, die Glattheit meines eigenen Wesens, die Lust, mich hinauszuprojizieren ins volle Himmelsblau, mich hineinzufühlen in gelbe Steinflechten, dünnes Moos an überhängender Felsnase zu sein und als Wolkendunst den Frühtau an die schroffe Steinwand abzugeben. Psychologen wollen aus Menschen Menschen machen. Ich will Granit und weißer Nebel sein, will nicht blind und einsam durch Häusermeere eilen, die letzte Tannennadel auf der Spitze, alles überschauend, vereint in Schau mit allem anderen will ich sein, den Genuss erhabener Höhe spüren, selbst Höhe sein. Freunde, Seinsgenuss wächst überall, lasst uns durch Täler fliegend Täler sein.

Naturtherapie ist eine Reise in die Seele der Wildnis und damit in die Wildnis der eigenen Seele. Natur ist der größte Heiler. Natur lässt sich nur ganz allein erfahren. Daher beginnt Naturtherapie mit langen Aufenthalten unter Bäumen, am Bachquell, im Steinkreis. Je länger ich allein bin im Sonnenschatten und der Mondnacht, im Regenfall und Nebelschleier, desto mehr enthüllen sich die Gesetze der Nachtfalter und Nagetiere, und zugleich tritt meine Seelennatur hervor, als Ebenbild der äußeren Natur, befreit vom Ballast der Kultur, in die ich hineingeboren worden bin. Ich spüre die große Einsamkeit in der Höhle hier oben, die Gähnung schleift, wie der Bergbach dem Fels, alles künstliche Kulturgehabe und Ich-Getue von mir ab. Ich-Abbau, nicht Ich-Aufbau, pfeift mir der Wind zu und reibt mir mit eisigem Schmirgelpapier die Karriere von der Seelenhaut. *Heilung, ihr großen Heiler, ist Heilung von euch! Heilung heißt ohne euch heilig stehen auf dem Dachstein, Heilung heißt, fußlos wandeln auf dem Wolkenteppich, Heilung heißt, nichts zu sein, damit du spürst, was spitze Kanten sind und scharfe Luft.* Heil liegt darin, alles sein zu dürfen ohne Ich. Es gibt das Große Ich, das Natur-Ich, von dem ihr nicht gekostet habt – aus Angst, ihr Stadtheiler, denn: **Natur ist stärker als Erziehung!**

Die Flucht
... Wanderung über die südschwedische Seenplatte

Bin geflohen aus der Kult- und Kulturbewegung, habe mich stattdessen Astbäumen hingegeben und unter langstieligen Pflanzen mich in den Schlaf wiegen lassen. Entdeckt habe ich an nassen Bachsteinen, was zarte Empfindung ist, und beim Dachs im Erdloch habe ich gelernt, wie im Dunkel zu kriechen ist. Habe den Morgenrufen zwitschernder Vögel gelauscht, gehört, wie Natur singt. Mich hat kein Mensch gelehrt, sondern ein Schwarm Bienen. Bin eingedrungen in eine Welt aus Sumpfgras und Wolkenschaum, habe darüber eure Bücher der Weisheit vergessen und auch die großen Lehren der schlauen Weisen. Habe nicht mit dem Verstand gelernt, sondern bei Nachtsitzungen im quakenden Rohrschilf; dort habe ich nicht nachgedacht, sondern empfunden, was Abkühlung und Nachtfrost ist. So hat mein Leib Gesetze zwar nicht verstanden, aber auf der Haut gespürt, bin selbst zu Nachtfrost erstarrt, auch Morgennebel und Tau hab ich gelebt. Freunde, mir fehlen eure Weisheitslehren nicht!

Seelenfett und Geisterhauch
... fünf Meter kleines Inselchen auf dem Vätternsee, Südschweden

Bei langen, einsamen Aufenthalten in Bergtälern und an Sandstränden, entdeckte ich meine Gefühlshaut: *Es bedarf keiner Menschenlehren, sie befriedigen nur den Verstand.* Von Lehren und Lehrern kann ich zwar hören, nichts aber erfahren. *Allein Natur, sitze ich ihr ausgeliefert gegenüber, spricht, spricht durch mein eigenes Hautempfinden, spricht durch Muskelschmerz und Nervenfreude, durch Seelenfett und Geisterhauch. Natur ist unmittelbare Erfahrung,* sie springt mich an wie der Tiger, reißt Kulturseele samt der Verstandesniere auf, nagt mir das Fleisch vom Skelett und brüllt mir siegreich zu „Der Tod ist ein weiteres Leben", und zeigt mir ihren schwarzen Rücken. *Denn Erdmutter ist auch das Todesreich.* In dieser Parallelwelt erschaue ich die Wurzeln, aus der sich die Götter nähren. Das schlägt mir alles Wissen aus dem Verstand und alle Weisheit gleich mit: *Du wirst ein sparsamer Weiser, sprichst wenig, weißt nichts, erhebst als einzige Religion die Hand zum Gruße der Großen Mutter und singst wie der Barde Taliesin.*

Heute rufe ich an
die Stärke des Himmels,
das Licht der Sonne,
den Glanz des Mondes,
das Leuchten des Feuers,
die Geschwindigkeit des Blitzes,
die Schnelligkeit des Windes,
die Tiefe des Meeres,
die Stabilität der Erde,
die Festigkeit des Seins.

Große Stimme, die uns im Wind der Morgendämmerung ruft,
Fremde Stimme, die uns in der Mittagshitze still macht,
Bei Sonnenuntergang gehört,
Bei Mondaufgang gehört,
Und in den Regungen der durchwachten Nacht,
Spricht nun als Segnung.

Kratersee auf der Osterinsel. 12 Tage saß ich auf den schwimmenden Inseln im Krater. Irgendwann begann der Kraterrand zu sprechen.

GRASHALME UND GRASHÜPFER DENKEN NICHT
... SABABURGER URWALD

Heute wohl fünfter Tag. Ruhe im Schatten einer Herkuleseiche. Beobachte seit Sonnenaufgang Grashüpfer zwischen Grashalmen. Grashalme gibt´s wie Sand am Meer. Doch: „Was ist ein Grashalm?" Ich habe viel Zeit, so dass ich mich „herablassen" kann, diese Langen, diese Schlanken unter die Lupe der Seele zu nehmen. Einen Ozean, ein Grasmeer könnt´ ich erzählen von im Wind sich wiegenden Grashalmen. Freund, ich habe Bücher geschrieben über Grashalme, tausend Träume sind in mir über Grashalme aufgestiegen und es ließen sich Bibliotheken über Grashalme füllen. Doch ihr wahres Wissen wird sich nie enthüllen, weil sie zu viel zu sagen haben. Es wird einem Angst und Bange, vergleicht man sich mit Grashalmen. Gott sei Dank haben Menschen keine Zeit, sich mit ihnen zu beschäftigen, man tritt sie platt, schneidet sie, gräbt sie um. Doch was wäre eine Welt ohne Grashalme? Am liebsten würde ich nur über Grashalme schreiben. Versteht man warum? - Ich geniere mich, es zu sagen: Ich habe 13 Tonbänder voll gesprochen über Grashalme und doch habe ich noch nicht angefangen, ein Loblied auf sie zu singen, denn Sprache singt nicht. Gesang ist höhere Sprache. Grashalme singen nämlich, nicht nur ihren Windgesang für den, der das Ohr am Boden und nicht am Radio hat, sie singen die rauschende Sprache des Grashalmgefühls. Zum Schluss nur eins: Grashalme denken nicht! Was Grasbüschel meiner Seele im Morgenwind über das Denken zufächelten, war in Übersetzung dies:

GRÜNE ERDMUTTER RAUNT RASTLOS RAT

„Weil wir für dich keine Sprache, keine Wortvielfalt besitzen und damit auch nicht denken, und du glaubst Denken ist nur mit Worten möglich, wirfst du uns Primitivität vor. Wir sind Kinder der Erdmutter. Wir geben zu, unsere Große Mutter denkt nicht durch uns, mit dem, was du Worte nennst, aber sie besitzt einen Rauschton, ein deinem Wörterdenken unzugängliches Überdenken. Wir sagen nicht „ich" rausche, sondern „wir" rauschen, mehr noch „Grüne Erdmutter raunt rastlos Rat". Es ist eine Annahme von dir, Erdmutter sei ein totes Nervengeflecht sinnloser Gestalten, die sich bewusstlos und gewohnheitsmäßig über Elektrizität und Druck und Stoß Zeichen geben. Es ist eine Annahme von dir, Natur, wie du uns nennst, entfalte sich bewusstlos, Erdmutter sei ein bloßes Räderwerk.

Unser „Denken" ist Sinnesempfinden, das sich im Gefühl verdichtet. Empfindung bezieht sich auf Körperempfindungen, Gefühl bezieht sich auf Seelengefühl. Körper empfinden, Seelen fühlen. Damit arbeitet unsere große Gebärerin. Sie hat sich zwar herablassend hinabentwickelt zum Wortdenken in deinem Kulturrahmen, denn auch das will sie kennen lernen: primitiv zu sein. Sie in deiner Gestalt ist furchtbar langsam, in Gestalt anderer Naturwesen, umfassender, schneller, weil ohne Worte. Oder glaubst du wirklich, das Rinnsal deiner akustischen Laute, über Grammatik reguliert, besäße eine Möglichkeit sich mitzuteilen? -

An oberster Stelle steht das Seelengefühl - Seelen fühlen. Mit der Geburt des stofflichen Körpers - wird das Seelengefühl nun durch Gehirn und Körper gefiltert, was sich als unser allgemeines Fühlen sowie unser Körperempfinden ausdrückt. Diese sind ein Echo des Seelengefühls, welches, wenn es sich durch den dichten Körper quält, einen verdünnten Ableger seiner selbst entfaltet, eben dem Körperempfinden. Um deutlich zu sein: Empfinden ist ein schwaches Spiegelbild des Seelengefühls auf körperlicher Ebene. Auf der menschlichen und kulturellen Ebene mittels Sprache und Kulturnormen, kommt es dann, was sich als weitere Verdünnung oder Echo des Seelengefühls darstellt, zum Denken. Denken ist ebenfalls ein Kind des Seelengefühls.

Gefühl, um es klar zu sagen, ist ein Zustand der Seele unabhängig von Körper und Kultur. Über diese Gesetze muss man sich im Klaren sein, was nur wenige von uns sind, Empfinden, Fühlen und Denken werden dauernd wild durcheinander geworfen.

ICH GEBÄRE DIE NATURTHERAPIE

Das Symbol erweckt Ahnung,
die Sprache kann nur erklären ...
Bis in die geheimsten Tiefen der Seele
treibt das Symbol seine Wurzel,
die Sprache berührt wie ein leiser Windhauch
die Oberfläche des Verständnisses ...
Nur dem Symbol gelingt es, das Verschiedenste
zu einem einheitlichen Gesamteindruck zu verbinden ...
Worte machen das Unendliche endlich...

J. W. Goethe

Das Unerklärliche bleibt stumm,
das Geheimnis macht uns schaudern, zieht uns an;
wir gehen ein Leben lang darauf zu, ohne es je zu erreichen.
Das Geheimnisvolle kann nicht durch Tatsachenwissen ersetzt werden.
Jedes Beweisenwollen des Symbols und Unerklärlichen mutet komisch an.

- Kessler: Das offenbare Geheimnis -

Einflüsterungen von Nachteulen und Erdfrauen

Ich habe mich in den letzten 30 Jahren an verschiedensten Orten dieser Welt hingesetzt und gewartet, was mir Steinmenschen und Baumseelen, aber auch Nachteulen und Erdfrauen zu sagen haben. Lange haben sie geschwiegen, mich beobachtet, schließlich hat sich Erdmutter erbarmt. Meine tiefsten Erfahrungen aufzuschreiben scheue ich mich, weil ein gewisser Grad an Tiefe den plappernden Mund versiegelt, Worte verbieten sich dann, das Herz, nun Herr von dir, spricht nicht in Worten, mein Mund muss im Zaum gehalten werden durch Schweigen. Naturtherapie - ich liebe das Wort nicht, aber es ist so treffend - liegt jenseits des Geplärrs des zeitgenössischen Workshop-Trubels. In der Bergschlucht gibt es keine Therapeuten, denn die Helfer stehen massenweise um dich herum, warten, bis du dich gereinigt hast von dir selbst, füttern dir dann Häppchenweise Wissen, Wissen das in keinem spirituellen Handbuch vermerkt ist. Natur ist zu weit für trockene, spirituelle Phantomtheorien, sie umfasst unzählige Wesen, die auf andere Weise Wissen angesammelt haben als wir, und gäben sie dir nur einen kleinen Brocken ab, würdest du alsgleich von Angst überwältigt sterben. Natur ist stark und nichts für Schwache, und doch für alle, weil wir alle sie sind. Es erstaunt mich immer wieder, wie doch das Allererste vergessen werden konnte im Überangebot spiritueller Pseudokünste und menschengemachter Methoden, denn alle Methoden sind Sonnenbrillen, aufgesetzt aus Angst, der Naturnatur ungeschminkt ins endlose Eulenauge blicken zu müssen.

Dieses Einführungswerk, dessen Texte ich in nassen Schnee geschrieben und dem erstickenden Sandsturm mit auf den Weg gegeben habe, die ich in die Strände sanfter Inseln eingestreut und unter alten Eichen liegend in deren Rinde eingeritzt und - wenn in der Austrocknung der Ich-auflösenden Einsamkeit die Kraft noch ausreiche - auch auf Band gesprochen habe, ist ein Tanz der Seelenzustände unter dem Ansturm der Wetter, Winde und Leerheitszustände. Es kommt zu recht drastischen und jenseitigen Weisheiten in den kulturlosen Einöden, die an sich unsere Urzustände sind, in der seichten Einbettung der Städte und in überheizten Wohnetagen aber nicht mehr zu Wort kommen.

Drei Erfahrungsebenen - Körpernatur - Seelennatur - Geistnatur - schälen sich während der Natureinsamkeit heraus:

1. Erfahrungen im Umfeld unserer stofflichen Erdmutter,
2. Erfahrungen im Umfeld der Großen Seelengöttin, sprich der immateriellen Rückseite der Erdmutter, wozu auch das Todesreich gehört und
3. die gewaltige Erfahrung der Ur- und Allmutter, der letzten Daseinsebene, in der alle Gegensätze und Erscheinungen sich zu einer einzigen verdichten und aus der alles entspringt.

HEILUNG OHNE HEILER

In der Naturtherapie sind die Bergwände unsere Heiler und Schamanen. Der Beruf des Therapeuten ist hier aufgehoben, an seine Stelle tritt Einweihung in die Natur einfach durch die Natur selbst, die Bekanntschaft mit Wasser- und Luftlebensformen, aus denen sie sich zusammensetzt. Wollen wir nicht alle die Esche zur Freundin und den Brandungsfels zum Freund oder gar Lerchen auf der Schulter sitzen haben? Es gibt Freunde der anderen Art, sie künden von anderen Welten, die Welt zu erfahren. Naturtherapie ist grenzüberschreitend, Vögel werden Seelenbegleiter, Raben öffnen das Tor zur Mythologie - griech. Mythos = wahre Geschichte. Eins ist sicher, es wird alles anders sein als in unserem Kopf. Naturerfahrung ist nicht beschreibbar. Lernen über die Gefiederten, das ist das innere Wesen des Naturbegeisterten; diesen Weg begehen auch zeitgenössische Menschen, ohne sich auf afrikanische, indianische oder asiatische Traditionen beziehen zu müssen, was ohnehin nur zu künstlichen Steifheiten und albernen Maskeraden ausartet. Jeder wählt seine eigene Form des Herangehens an die Bergnebel und die Wolkenschwaden, letztendlich aber entscheiden die Wächtersteine und die Hügelkuppen, also lasse man beruhigt los.

SITZEN IN HOHLBÄUMEN, SCHLAFEN IN BAUMRUINEN
... SABABURGER URWALD

Unter diesen tausendjährigen, knorrigen Bäumen kam mir die erste Eingebung, die Psychologie in die Natur zu führen. Der Sababurger Urwald ist ein Naturheiligtum; dieser Hütewald hat die uralten Baumruinen erhalten. Ich habe hier neun Tage lang an rauen Rinden gelehnt, bei Regen habe ich mich in hohle Baumstämme geflüchtet, geschlafen habe ich an umgestürzten Baumleichen und nachgesonnen in einer nur durch ein hohes Loch zugänglichen Baumgrotte. Kurzum: Nachzudenken in einem zweitausendjährigen Urbaum ist etwas anderes als Nachdenken. Das Holz selbst zeigt dir den Weg zum klaren Denken ohne Worte. Natur führt, Natur ist der Lehrer. Aber dieser Lehrer ruft dich nicht, er wartet, wenn es sein muss ein paar tausend Jahre. Und je älter die Bäume werden, desto größer werden sie als Lehrer. Man glaubt heute, von zweitausend Jahren Holzdasein könne man nichts lernen - man irrt. Die wahren Lehrer stehen im letzten Wald. Wenn es keine Baumweisen mehr geben wird, wird auch unsere Kultur erlöschen. Ein Baumweiser sagte mir: „Wir erhalten das menschliche Leben, so wie Eltern ungezogene Kinder dennoch erhalten und darauf warten, dass sie reifer werden." Freunde, der Wald erträgt uns, weil er Äonen warten und Räume überblicken kann. Ein wohl seit einem Jahrhundert sterbender und dennoch lebender Baumalter raunte mir zu: „Ihr Kindermenschen lebt eingefroren in einem engen Rahmen, den ihr Zeit nennt; ich stehe hier für immer, zeitlos würdet ihr sagen, sehe, was ihr gestern getan, heute tut und morgen aushecken werdet. Blinde Kinder seid ihr, eingeschachtelt in Hohlräume, von denen ihr nur die Wände, aber nicht zu den tausend anderen Räumen seht. Ein tragisches Geschlecht, das glaubt, eine enge Klause sei sein Zuhause. Wir sind eure Eltern, habt ihr das vergessen?" -

DIE NACKTE GÖTTIN

In der Naturtherapie geht es darum, meine Fähigkeit als Mensch aus Stoff [Körper], Seele und Geist auszuloten, die drei Dimensionen in mir zu erkunden. Dazu verhilft die tiefe Berührung mit der Natur durch Einsamkeitsaufenthalte an Jahrtausendbäumen oder Kultplätzen der Steinzeit. Natur steht hier an der Stelle von Religion, Philosophie und Kultur. Der Weg über die Natur ist der glätteste, weil Natur einfach da ist. In der Meditation muss ich mittels einer Methode meditieren, in der Religion brauche ich Kirchen, Altäre, Priester, in der Philosophie befasse ich mich mit Lesen von Büchern und Ergründen von Theorien und Systemen. Die Kultur, in der ich lebe, gründet auf Regeln, Gewohnheiten, Sitten und Zwängen, die ich übernehme. All das benötigt Naturtherapie nicht, denn Natur steht einfach da, schlicht, anspruchslos, wir brauchen nichts zu tun. Wir benötigen keine Methoden, wir benötigen kein Lesen und Nachdenken, keine Schulausbildung und keine Taufe. Weder belehren Doktoren, noch zügeln mich Mütter, und Mitmenschen ermahnen nicht. Natur steht schweigend da, indoktriniert nicht, ist offen, einladend, voll freier Luft. In der Natur steht kein Guru auf, keine Technik bestimmt dich, kein Denkmal, kein Altar versperrt uns den Weg, kein Priester predigt und keine Kulturgewohnheit schränkt uns ein. Sicherlich, es ist schwer, uns unbefangen der nackten Göttin zu nähern, und so stimmen wir uns über eine Verehrungszeremonie ein auf sie, aber auch das sind nur Brillen, die wir aufsetzen aus Angst vor der Nahbegegnung - denn die Nackte ist das Ganze, die füllige, schwangere Göttin in tausend Gestalten.

Da die zeitgenössische Psychologie die Natur in keiner Weise würdigt, richtet sich Naturtherapie besonders am Wissen von Stammeskulturen aus, die im Laufe von Jahrtausenden durch ihr Leben inmitten des Sturmwinds und Wüstenglitzerns eine umfassende Erfahrung der seelischen Gesetze der Natur, sprich der Naturgesetze unserer Seele, entwickelt haben. Die herausragende Persönlichkeit einer Stammeskultur, die sich mit den Wetter- und Seelenkräften verbündet, ist der Schamane, weshalb in der Naturtherapie vorwiegend die schamanische Welterfahrung als Vorbild, nicht aber zur Nachahmung dient.

RÜCKKEHR ZUR EIGENEN TRADITION. EIN WURZELBUCH

Die Naturtherapie wurde von mir Anfang der 90er Jahre aus dem Schamanentum und der Mythologie der Stammeskulturen entwickelt. Ich hatte zuvor das Schamanentum, das Todeserlebnis und die Mythen der Völker erforscht und gelangte schließlich auf verschlungenen Wegen zur Wiederaufnahme unserer eigenen Kultur. In Das *Totenbuch der Germanen* und Das *Totenbuch der Kelten* dokumentiere ich unsere eigene Tradition, und über meine Entdeckung der größten keltischen und steinzeitlichen Kult- und Begräbnisstätten in Deutschland schrieb ich *Steinkult im Schwarzen Wald*. Mit meiner Rückkehr in die eigene Kultur entfernte ich mich von den schamanischen Praktiken und entwickelte aus ihnen einen für jeden Abendländer begehbaren Weg, über die Naturerfahrung den inneren Kern seines Wesens aufzudecken. In Europa hat die Naturerfahrung eine Tradition über die Romantik und die Literatur des 18. und 19. Jahrhunderts bis zurück ins Mittelalter und zurück zu den Kelten und Germanen. Diese Linie unseres eigenen schamanischen Einweihungsweges greife ich wieder auf. Das ist eine Rückkehr zur Erdmutter, eine Rückkehr zu unseren Wurzeln im eigenen Land. Wir brauchen nicht mehr zu Indianerfesten oder zu tibetischen Klöstern zu reisen, über die alten Kultplätze aus der Steinzeit und Keltenzeit können wir sehr wohl wieder auf eigener Erde sitzen lernen und unbeschwert vom Industriezeitalter anknüpfen an unsere 8000 jährige Tradition. Ich bin also zurückgekehrt in die Heimat und entdeckte dabei „versehentlich" die größten Kultanlagen, Observatorien und Totenfelder der Steinzeit und der Kelten im Südschwarzwald, was mich weiter darin bestärkte, eine abendländische schamanische Heilweise aufzubauen, die nichts von anderen Kulturen stiehlt und deren Praktiken bewusstlos und hässlich verfremdet entlehnt. Wir befinden uns heute im Aufwind eines neuen Kulturstroms: Die Fluchtbewegung in die alten Naturkulturen in Übersee verebbt langsam, wir haben von ihnen gelernt und besinnen uns nun auf eigene Wurzeln. Das vorliegende Buch ist ein *Wurzelbuch*. Europa bewegt sich zurzeit rückwärts in die Ur- und Steinzeit. Aber diese ist vergangen, alte Wurzeln müssen neue Wurzeln schlagen. Es geht im Augenblick darum, das alte Wissen unserer Kultur zu ordnen, bewusst zu machen, auszugraben. Doch alsgleich überstürzt man sich wieder, es entstehen Keltomanie und Kultplatzhysterie. Das ist nur eine Wiederholung unserer hektischen Begeisterung für andere Kulturen. Naturtherapie sucht keine Neubelebung keltischer Feste oder germanischer Namen. Diese romantische Bewegung ist entwicklungspsychologisch notwendig, aber sie kann nicht zur Essenz der geistigen Erfahrung vorstoßen, weil sie nur abgelebte Vorstellungen nachahmt. Es geht in der Naturtherapie nicht um veredelte Neuauflagen von Altem. In der Naturtherapie sind der Wald, das Gebirge, Himmel, Gewässer, die letzten Tiere und das, was hinter ihnen als Urstoff und Urmutter steht, die Lehrer.

Unsere Vorfahren kamen aus der Natur wie der Regenwurm aus nasser Erde, der Bauch der Erdmutter war ihr Lehrer. Und so bleibt auch für uns moderne Technokraten-Menschen die Erde selbst mit allem, was auf ihrem Kopf an Urkraut wächst, die einzige wahre Meisterin. Die Schamanin ist das Windsäuseln selbst, es bedarf keiner Gurus, Meister, Heiligen noch des gesamten Popanz Religion, das sind menschengemachte Abkömmlinge der Großen Naturmutter, Masken von ihr, allzu menschliche Verzerrungen dieser einzigen, weiten, breiten Lehrerin. Weil wir uns nicht bedingungslos trauen, uns der Erde und ihren Lebensformen hinzugeben, bauen wir Kirchen, errichten Kultplätze, erdenken mystische Schulen, scharen uns um arrogante Menschenlehrer und schwache Meisterschüler, dienen Pseudoschamanen, knien vor Kultgurus und der Heerschar falscher Könner. Aber: *Der Mensch lernt nicht vom Menschen. Kultur verunreinigt Natur.*

In den 70er Jahren führte ich das Schamanentum in Deutschland ein. Seinerzeit war nicht vorherzusehen, dass es in einem von psychologischen Theorien und Methoden geschwächten Land Wurzeln schlagen würde. Ich hatte einige Schamanen kennen gelernt in Hawaii, Mexiko und im Himalaja und veröffentlichte dann zwei Schamanenbücher *Traumzeit und Innerer Raum. Die Welt der Schamanen* und etwas später *Urheiler*. Es war ein steiniger Weg, die seltsame Welt der Stammeskulturen einem von Psychotheorien und Ich-Methoden sturmgepeitschten Volksbewusstsein näher zu bringen. Als die Schamanenwelle jedoch anstieg und schließlich überschwappte, trennte ich mich von der immer mehr in billigen Phantasien schwärmenden Schamanenbewegung. Diese Bewegung hat bis heute keine echte Tiefe erreicht. Das lag - wie vorherzusehen - daran, dass wir das Schamanische der Naturvölker nicht übernehmen können und uns nur flache Nachahmungen gelingen. Ich suchte später eine Lösung, wie sich schamanische Erfahrungen doch erlangen lassen, wie man sich auf die für Europäer schwer verständlichen Übungen, Überlieferungen und Mythologien einstimmen kann. Ich ging ganz einfach von der Natur, dem schamanischen Element an sich aus. Die Natur ist der Lehrer des Schamanen. So entwickelte ich das, was ich heute Naturtherapie nenne, eine kulturfreie Heil- und Erlebnisweise, die jedem leicht zugänglich ist und gleichzeitig an die abendländische Naturtradition anknüpft. Es war gut, von Schamanen zu lernen, noch besser ist es, sich *ihren* Lehrern, den Bäumen und Felsen, anzuvertrauen, und zwar in unserer ureigenen Umgebung vor der Haustür. Wie vor 30 Jahren bin ich heute noch der Überzeugung, dass es einfachere Methoden gibt als die, welche die Psychologie anbietet, billiger, unmittelbarer und alle Fasern unseres Wesens ansprechend nämlich durch schlichte Naturbetrachtung, Naturreinigung und Natureinweihung. Das ist die älteste Methode der Menschheit - weil es nur Natur gibt. Mit dem Aussterben von Natur setzt sich nun eine Rückkehr zur Erdmutter in Bewegung, nicht über die Ökologie - das war ein erster Schritt -, sondern über die pure Erfahrung des Naturaugenblicks. Es wird eine Eroberung unserer eigenen Natur durch langes Alleinsein im Gebirge und in Wäldern einsetzen, ohne alle Methoden, ohne raffinierte Psychotherapeuten, denn dass Felswand und Grotte über die Heerschar erkünstelter Methödchen und selbsternannter Pseudo-Therapeuten hinwegfegen wird, ist sicher. Die aufgeblähte Szene der Therapeuten-Egomanen wird den Bäumen und Blumen weichen müssen, kein Trainer, Analytiker und Helfer kommt an gegen das stille Blütenkleid des Pan. Natur ist unergründlich, und wer Tiefe abseits des allweisen Geschwafels der Helfershelfer sucht, spare sein Geld, schere aus aus dem allzu runden Workshopkreis, habe Mut zum Alleingang am Bergsee, entäußere sich seiner selbst und überlasse es den Naturfeen, ihn mit ihrer Magie - gewiss, mittels der Härte

Mein Schamanenlehrer. Seri-Indianer, Nordmexiko.

der Natur - seines Kulturkörpers zu entkleiden, um der Magna Mater des Lebens in ihren drei Körpern zu dienen, erst in Gestalt der Erdmutter, dann der Großen Seelen- und Totengöttin und schließlich der Ur- und Allmutter.

ZURÜCK IN DIE ZUKUNFT

Unzufrieden mit der modernen Psychologie, die keine Wurzeln im alten Wissen der Völker hat, wandte ich mich anfangs unseren ältesten knorrigen Wurzeln zu, dem Schamanentum. Ich bin herumgekommen bei Völkern in Mexiko und Indien, habe Stämme besucht im Pazifik und dem Himalaja, in asiatischen Steppen und nordamerikanischen Prärien. Ich wusste, man kann nur aus der Vergangenheit für die Zukunft lernen. Zurück in die Zukunft, hieß mein Ruf. Da die zeitgenössische Psychologie ihren Ursprung und dadurch ihr Ziel nicht kennt, suchte ich nach einer für Abendländer angemessenen Übertragung des Schamanentums und der archaischen Naturkenntnisse, denn inzwischen hatte ich begriffen, dass hier der Gefahr blasser Nachahmung und Scharlatanerie keine Grenzen gesetzt sind. Diejenigen, die im Sozialbereich dauernd nach neuen Methoden suchen, weil sie als Person kein Charisma zu bieten haben, vermarkteten das Schamanentum alsgleich, und die Bewegung „Lernen von anderen Kulturen" verkam dementsprechend schnell zur Maskerade und Geldschneiderei.

In der Naturtherapie gehe ich zurück, hinter alle sozialen und psychologischen Heilweisen, verlasse die Ebene von Denken, Sprache und Kultur, begebe ich mich in die kulturlose Wüste der Natur. Dort warte ich, bis Natur-Natur sich offenbart, ich selbst röhre wie der Hirsch, springe wie die Feldmaus, einströme ins alles verbindende Nervennetzwerk der Magna Mater, als individuelle Beschränktheit mich verliere.

1. *Brückenschlag zu anderen Lebensformen*

   Naturtherapie findet nicht im sterilen Therapeutenzimmer statt, sondern draußen in der Waldakademie, wo wir im Verein mit Bäumen und Gräsern *feiern*, nicht Gräser studieren. Im Verein mit Pflanzen und Tieren versuchen wir, uns als Lebensformen in Gemeinschaft zu erfahren. Das wilde Zwiegespräch mit dem Berg findet tatsächlich statt, sofern wir Berg und Gipfel als Partner erfahren. Der hochzeitliche Umgang mit Steinen, Pflanzen und Tieren steht im Mittelpunkt der Naturtherapie.

2. *Seinsöffnung*

   In der Naturtherapie geht es um *Seinsöffnung*, Öffnung für das ungeschminkte, „asoziale", „unmenschliche" Sein wie es ist, ohne unsere Benennungen und Ansichten. Der Baum hat keinen Namen, kein Biologe hat ihn je erfasst. Ich erfahre Stein und Wolke, verwandle mich in sie. Ich bin die Haselnuss, die Schleiereule, der Schieferfels. Beim langen Sitzen an der scharfen Klippe, beim stillen Betrachten der smaragdgrünen Steinader verwandle ich mich seelisch in diese. Voraussetzung aber ist die innere Leere, das Gereinigt-Sein von allen Gedanken und jedem Kulturballast. Mit der Verwandlung offenbart sich uns eine Ebene uns umgebender, uns durchdringender übermenschlicher Seinsgröße. *Seinsöffnung* ist erreicht. Die Psyche hat sich der Kultur entrissen, ist wieder Natur geworden.

3. *Entsagung, Preisgabe, Opfer*

   An erster Stelle stehen Übungen zur *inneren Reinigung*. Reinigung wird bewirkt durch Entsagung, durch Preisgabe und Öffnung unserer menschlichen Verfassung, durch das Opfern dessen, was man liebt und nicht entbehren zu können meint. Dem schließen sich lange Naturaufenthalte in der Einsamkeit an, mehrtägige Visionssuchen, Pilgerfahrten zu Naturheiligtümern oder Kultstätten, Dunkeltherapie in unterirdischen Grotten und Tunneln, Meditation auf heiligen Bergen und in antiken und urzeitlichen Tempelarealen.

4. *Naturverehrung, Naturfeste*

   Wie kann man Quellen und Sträuchern gegenübertreten? Durch den Ritus der Verehrung! Der Ritus setzt einen Rahmen, innerhalb dessen wir uns Libellen und Lurchen nähern. Dem aber geht stets die lange Natureinsamkeit voraus, die uns öffnet, reinigt und erst in den Stand der Schau versetzt. In der Naturzeremonie bekleiden wir uns nur mit Naturmaterialien und gestalten eine Verehrungszeremonie für die Naturkraft hinter den Sumpfgräsern oder dem Eichenhain; auf diese Weise durchdringt Natur unser Denken und Fühlen, die Erfahrung unserer Gleichheit mit allen Naturwesen vertieft sich auf spielerische und ernsthafte Weise. Diese Feste können

Namen haben wie: *Am Totenfluss, Geistertanz, Feueropfer, Anrufung der vier Himmel, Insel des Jetzt, Geisterkanu, Herrin der Waldtiere, Phallus & Vulva* oder *Die nackte Göttin*.

5. *Reisen zu Urkulturen, Naturschauspielen und Kultstätten.*

Naturtherapie heißt, durch Rückwendung zum Wissen der alten Kulturen zu gelangen, insbesondere von Stammeskulturen, denn wir können von deren Lebensformen lernen. Die Geschichte der Menschheit gipfelt nicht in der Moderne, diese hat die Natur vergessen; sie gipfelt in der Schau, durch die die alten Völker das *ganze* Wesen des Seins durchdrangen und eine seelische Naturwissenschaft entwickelten. Besuche von Stammeskulturen und alten Kultstätten gehören unabdinglich zur Naturtherapie.

Naturaufenthalte in verschiedenen Ländern und Reisen in abgelegene Gebiete, in die großen Wüsten, Hochgebirge, Urwälder, also zu den großen Naturschauspielen sollen im Verein mit dem alten Wissen der Naturvölker erfahren werden. Pilgerfahrten und Naturwanderungen sind integraler Bestandteil einer Naturtherapie, sie erweitern, erneuern, erheben.

6. *Drei Stufen: Reinigung - Ritus - Einweihung*

Einsame Naturaufenthalte bewirken eine Reinigung von Kulturnormen, von persönlichen Anhaftungen, von eingefahrenen Vorstellungen und zwanghaften Wünschen. Die wilde Pflanzenwelt zeigt mir ihre Vielfalt und die Sinnlosigkeit, mich zu beschränken auf irgendeinen kulturellen Wahn. „Alles ist möglich!" ruft sie mir zu. Irgendwann kommt es zum Gespräch mit Pflanzen und Tieren und da stellt sich in uns ein Drang ein mit diesen Wesen richtig zu verkehren. So dämmert in mir der Ritus herauf, eine Zeremonie, ein Ritual zur Verehrung dieser Wesen, und die formen ein Kraftfeld, in dem sie sich niederlassen können. Der Ritus schafft ein seelisches Kraftfeld, und ist dieses Schmetterlingen und Schlüsselblumen angenehm und entspricht es ihrem Kraftfeld, kommt es zur Begegnung. <u>Ohne Zeremonie sind wir den Kräften blind ausgeliefert, den anderen und den eigenen. Ritus strukturiert</u>! Hat Kontakt stattgefunden, treten wir näher in die Welt der Anderen ein, werden schließlich bei langem Kontakt zu ihnen selbst - das ist Einweihung. Ich werde das Andere, und <u>da enthüllt sich das große Gesetz aller Einweihung: Natur und ich sind von einem Geist!</u>

El Hierro, Kanaren. Wer lange die Lava beschaut, erfährt die Erdgöttin, spürt, dass ihre Gesetze in ihm selbst regieren. Aber dafür gibt es keine Worte.

BIN ICH AUS LEHMIGER ERDE?

Keine Mutter, kein Vater
hat mich erschaffen.
Stoff und Gestalt
waren die neunfältigen Sinne,
entsprungen den Früchten,
den göttlichen Wurzeln,
aus wilden Blumen, den Schlüsselblumen,
aus Blüten der Berge, Bäume und Büsche.
Ich bin aus lehmiger Erde,
und aus Nesselblumen bin ich,
und aus der neunten Welle Gischt.

- Cad Goddeu (keltischer Text) -

Aus dieser Anrufung spricht der in Pflanzen und Bäume Verwandelte zu uns. „Ich bin Blüte!" rief der Kelte, denn ein Blütenmeer umgab ihn. Was hätte er anderes ausrufen können. Wir rufen heute: Wir sind Städte und Häuser und Straßen, Technik und Werkzeug. Der Mensch fühlt sich als das, was ihn umgibt, als das, was er erschaffen hat. Die kulturellen Schöpfungen werden zu einer zweiten Natur, doch es gibt nur Natur - wie verwandelt durch Menschenhand auch immer. Der Kelte aber lebte in einer unbearbeiteten Erde, hatte nur die Möglichkeit sie zu preisen, indem er sich in sie hineinbegab. Dieses Hineinfallenlassen ins Kraut, der Aufstieg zu Fels und Himmel bot sich ihm an, Natur zu werden, Natur zu ergründen. Sein Erdendasein wurde ihm - wie allen Stammeskulturen und Naturvölkern - gewissermaßen zur Wissenschaft. Seine Einheit mit den Früchten, der Erde und der Nesselblume zu erfahren, das war keltische Forschung. Dies ist eine uns verloren gegangene Wissenschaft, daher dem Heutigen verdächtig. Aber es ist höhere Kunst dieses sich Einweichen lassen in lehmige Erde. Dazu bedurfte es der Selbstaufgabe, um sich gleichzustellen mit Gräsern und Greifvögeln, um auf gleicher Ebene das Andere zu erkennen. Das ist das Gesetz aller Forschung, eins zu werden mit dem beobachteten Wildschwein, dadurch alsbald zu wissen wohin es sich wenden wird. Hier wurde Gefühlsforschung, Empfindungsanalyse betrieben. Im Keltentum steht heute vor uns eine unbekannte Wissenschaft des Mitfühlens und Seins. Indem ich mich verwandle ins Andere. Ich erkenne, nun vom Grashalm kaum getrennt: Unterschiede der Lebensformen sind wahrhaft Täuschung. Die natürliche Angst, alles zu sein, rührt aus meinem Ich-Gefühl und verhindert, mich als Bach sprudeln, als Strom fließen zu lassen, weil dann das große Bedenken heraufdämmert, unsere Einzigartigkeit zu verlieren im Strom der Seinsformen. Dies befürchten wir heute, dem Kelten blieb keine Wahl, mitten im Unkraut lebend wurde er aus Überlebenstrieb selbst Natur zumindest die besten dieses Volkes und davon berichten uns ihre Rufe und Gedichte.

Weder von Vater noch von Mutter war mein Blut,
war mein Körper. Gebannt wurd´ ich von Guydion,
dem Urzauberer der Briten, als er mich aus neun
Blüten formte, neun Knospen verschied´ner Art:
Aus der Primel der Berge, aus Ginster, Mädesüß und Kornrade,
verflochten ineinander, aus der Bohne, die in ihrem Dunkel ein
weißes Geisterheer trägt von Erde, von irdischer Art,
aus den Blüten von Nessel, Eiche, Weißdorn
und der scheuen Kastanie;

Neun Kräfte aus neun Blumen, neun Kräfte in mir vereint,
neun Knospen von Pflanze und Baum.
Lang und weiß sind meine Finger,
wie die neunte Meereswoge.

- Mabinogi, Hanes Blodeuwedd -

MEINE REISE IN DIE SEELE DER WILDNIS

Kunde hab ich für euch:
Es röhrt der Hirsch,
es schneit der Winter,
gegangen ist der Sommer.

Sturm stark kalt,
niedrig die Sonne,
kurz ihr Lauf,
hochflutend die See.

Hochrot der Farn,
verkümmert seine Gestalt.
Den gewohnten Ruf
hat die Wildgans ausgestoßen.

Kälte hat ergriffen
die Fittiche der Vögel.
Eisige Zeit.
Dies ist meine Kunde.

- Irisches Gedicht aus dem 9. Jh. -

Sonnenfieber, Seinshitze, Seelenschmelzen

Die zeitgenössische Kultur hat die Natur vergessen. Die heutigen Heilweisen haben die Erde verdrängt. Die moderne Psychologie hat die Pforten zur Unterwelt versiegelt. Der westliche Mensch spricht nur mit seinesgleichen, Bäume, Seen und Steine bleiben unbeachtet von ihm am Wegrand liegen.

Naturpsychologie versucht uns wieder zu gewöhnen an die aufsteigenden Nebelschwaden in der Frühsonne, an den umhüllenden Mantel der schwarzen Nacht. Psychotherapie versucht zu heilen im Abseits der Natur, ihr ist ein Hain unbekannt, die Schlucht ersetzt der gestylte Therapieraum, der modische Sessel das Nass des Baches und die Therapiecouch die Erdkruste. Die aufgehende Sonne ist durch gedämpfte Beleuchtung ersetzt, anstelle der Tiersprache verwendet der schnieke Therapeut ein raffiniertes Vokabular. Und das vage Unbewusste hilft ihm hinweg über alle Hinweise auf die Realität der Unterwelt. Der Himmel ist ganz abgedeckt, es spricht kein Geist mehr aus den Wolken. Der kugelnde Planet im Reigen der Gestirne existiert nicht in der Therapeutenklause. Da geht kein Mond auf und keine Sonne unter und Gestirne leuchten nicht im Auge des Patienten. Naturtherapie ruft alle verbannten Naturwesen wieder zurück. Da bricht das Pandämonium aller Tiere über dich herein, Vögelschwärme stürzen sich auf dich und die Erdmutter bebt zustimmend, während du im letzten Aufbäumen deines Ichs einen Angstschrei der Befreiung in den Neumond gellst. Das ist die älteste Form der Heilung: Tanzen im Reigen der Naturwesen in den letzten Zuckungen der Ich-Vernichtung.

Es geht in der Naturtherapie nicht um ein Kennen lernen von Pflanzennamen oder um moderne Naturabenteuer vom Jeep und Segelboot aus. Wir brauchen keine Filter vor der Windböe. Es geht darum, Mitgefühl zu entwickeln für die inneren Gesetze der Kastanie und des Wildwassers. Es geht darum, Erdkräfte zu spüren, selbst Elementarkraft zu werden. Dies gelingt nicht durch verstandesmäßige Auseinandersetzung, Untersuchung der eigenen Situation oder durch dauerndes Hantieren am Segel, sondern einfach nur durch Sein am Quell, Alleinsein auf dem Pass, Hinhorchen auf den Wind. Das ist weder Pfadfinderromantik, noch Naturwandern oder Sonntagsnaturgenuss oder Pilzsammlerleidenschaft oder Kräutersuche. Es geht nicht um Jägerlatein, es geht um sich Einsfühlen mit Windgebogenen Halmen, Flugenten und dem Dunkel im Canyon. Es geht um Natur**sein**! *Also gib dich hin - Sonnenfieber, Seinshitze, Seelenschmelzen.*

NATUR IST MEIN SPIEGELBILD

Will ich mein Urselbst wieder finden, muss ich die Grassteppe durchlaufen. Kultur mag noch so wunderbar, erhaben, beeindruckend sein, sie kann den großen Pan nicht überbieten; daher suchen wir immer wieder die nebelverhangenen Wiesen auf, um uns vom Geheimnis umgarnen zu lassen, um geheilt zu werden vom Wissen durch Nichtwissen, um in der Zeitlosigkeit der Nebelschwaden der Kultur zu entkommen und uns den hehren Gesetzen von Himmel und Erde zu überlassen. Die Wirkung, welche Meere, Gebirge oder Wüsten auf uns ausüben, ist immer die gleiche: erst Beruhigung, dann Einstimmung und Reinigung, schließlich Verwandlung ins Große Grün! Alleinsein in der Wildnis gibt Kraft, das weiß jeder, aber warum? Wir gehen alle oft ins Grüne, jedoch nicht allein, als Gruppe oder Familie, im Auto hetzen wir durch Wälder und schleppen unsere kulturelle Verpackung mit uns, warum? - Um der Stille zu entgehen, die uns rote Felswände entgegenhauchen. Laut schwätzend ziehen wir durch Fluren, um der tief greifenden Erschütterung der Einsamkeit und unseren Spiegelbildern, die uns die Teiche zurückwerfen zu entgehen. Zurückgeworfen nämlich wird mein wahres Wesen, das mit der Natur in Einklang steht. Wenn ich - was in Europa nicht mehr möglich ist - vollkommen unverfälschte, ursprüngliche Urwelt betrete, trifft es mich wie ein Keulenschlag. Ich werde, was ich bin! Ich spüre meine Kleinheit angesichts der Erdkräfte, des Himmelsgewölbes, der Pflanzenvielfalt. Ich weiß, ich bin nur Teil im Getriebe, geboren, um zu sterben, lebe, um zu wachsen. Das wirft all unsere klugen Verstandestheorien über den Haufen. Plötzlich stehen wir nackt da, körperlich und geistig. Unsere Kleider helfen uns ebenso wenig wie unser geistiges Wissen. Alles wird weggefegt, was uns so bedeutsam erschien. Unser Ich, gestrickt aus hart erarbeitetem Wissen und persönlichen Kulturerfahrungen, das so dicht gewebt, so reißfest schien, löst sich bereits in einer Nacht tropischen Urwaldgeschreis zu einem jämmerlichen, nutzlosen Haufen an Kultureinbildungen auf. Wir geben schneller auf als wir gedacht hätten in der Natureinsamkeit. Hinter all den Kulturinstanzen in unserem Körper steht nämlich das Nichts, das große Nichts der Wildnis, das wir nicht mehr kennen. Kulturmensch der Neuzeit, du hast die Verbindung zu Wetter, Wald und Wind verloren! Du kennst die Gesetze der Sonnen und Sonnenblumen nicht mehr! Ich meine nicht die Gesetze, die uns Naturwissenschaftler vorgaukeln, ich meine die seelischen Gesetze der Natur, die kein Physik- und Biologiebuch schildert. Naturpsychologie ist etwas völlig anderes als Naturwandern, Abenteuerreisen, Wildwasserexkursionen, Überlebenstraining oder Sonnenbräunen am Meeresstrand. Naturpsychologie ist keine Erholung im Genesungsheim am Rande des Naturschutzgebietes, noch Wassertreten im nahen Bach, noch ein Luftkurortaufenthalt oder piekfeines Bungalow-Inselidyll. Naturpsychologie heißt Alleinsein in unberührter Natur ohne Hilfe durch Animatoren, Psychologen und Videofilme. Aber: Kaum ist der Kunststrand hinter der letzten Felsecke verschwunden, kracht es gewaltig in der Brust, da will man sich stürzen ins Volksgetümmel, da will man dem dröhnenden Urton des Seins entkommen, aber da es bereits dämmert, ist nicht mehr an Flucht zu denken; und am nächsten Morgen erscheinen das Frühstücksbrötchen ebenso wenig wie die weisen Ratschläge der spirituellen Workshop Animateure. Du meinst, du bist verloren. Endzeit dämmert herauf - das Ende der Künstlichkeit!

Naturpsychologie ist kein picknickartiges Verweilen am Rande der Kuhwiese, sondern arbeitet mit genauen Erkenntnissen über das Verhältnis von innerer und äußerer Natur. An der Wurzel der Naturtherapie steht das Gesetz der Einheit von innen und außen - Natureinheit, diese neue Physik gilt es zu erfahren nicht zu erlernen.

Visionssuche am Ufer der Insel Tiburon, der Insel der Seri-Indianer.
Mein Schamanenlehrer legte mir Delphinknochen auf den Körper.

SEELENSEE UND FROSCHGEQUAKE
... AM HUMMELWEIHER IM SCHWARZWALD HINTER DEM FELDBERG

Ich habe einen kleinen Weiher umstanden mit Wächterbäumen entdeckt. An seinem Ufer liegt ein altes überwuchertes Keltengrab. Zwei Tage will ich hier ruhen und in seinen Tiefen meine Tiefen sehn. Wolken spiegeln sich auf seinem Mücken-Tanzparkett. Ein Frosch schaut mit Augenstielen aus dem Schilf. Ich setze mich in Heidelbeeren, überschaue den schwarzen Wasserspiegel. Schmerzlich wird mir bewusst: Ich habe die Natur aus den Augen verloren. Als reines Kulturwesen, das ich in der modernen Welt geworden bin, kenne ich nur noch die Natur der Städte und die Natur, die sich vorsichtig gestutzt und beschnitten um diese rankt. Wir haben durch unsere Ausbreitung über den Planeten die Pflanzenwelt verdrängt und mit Straßen und Feldern überrollt. Natur ist urbar gemacht, bewirtschaftet. Wälder sind Nutzwälder, Täler und Ebenen Labyrinthe von Wegen, Markierungen, Zäunen, Mauern. Die Tiere sind abgeschossen, geklont zu Legehennen und Schlachtvieh, und der Nachthimmel ist unter der Lichterflut erloschen. Ich weiß nicht mehr, was Natur ist. Und doch erinnert sich meine Seele, was sie will: Seelenseen und vermooste Plätze umstanden von tausendjährigen Eichen, Schilfbestandene Ufer mit Froschgequake sind die Spiegelbilder meiner Seele. Mein Seelentod geht einher mit dem Naturtod. Wir wollten freier werden durch Naturkrieg und haben Seelenkrieg geerntet. Wann verstehen wir, dass wir selbst Naturwesen unter Naturwesen sind und man seine Freunde nicht abschlachten darf, weil man selbst zu den Freunden zählt. Deshalb schlägt Natur zurück, bin ich naturlos geworden, erlösche ich als Naturwesen. Nicht die Natur schlägt zurück, sondern das Naturlose stirbt ab. Natur ist heute zum Park verkommen, Vorzeigenatur mit Wanderwegen, Wegmarkierungen, Bänken und Hinweisschildern. Man bedenke: Es gibt keinen Urwald mehr in Deutschland, nicht einen einzigen Fleck unberührter Natur.

NATUR ALS QUELLE ALLER GERECHTIGKEIT

„Rousseau: die Regel gründend auf das Gefühl; die Natur als Quelle der Gerechtigkeit; der Mensch vervollkommnet sich in dem Maße, in dem er sich der Natur nähert (- nach Voltaire im dem Maße, in dem er sich von der Natur entfernt).

- Nietzsche Werke, Bd. 3, 507 -

Zwei Standpunkte stehen gegeneinander, Rousseau und Voltaire. Rousseau: Der Mensch vervollkommnet sich in dem Maße, in dem er sich der Natur nähert. Voltaire: Der Mensch vervollkommnet sich in dem Maße, in dem er sich von der Natur entfernt.

Ich sage so: Ich bin Natur pur. Ich bin Erdsame. Es gibt keine Entfernung von der Waldgesellschaft. Kultur, Sprache, Wissenschaft sind nichts als Naturvorgänge. Niemand und nichts kann der Natur entfleuchen. Es gibt keine Hintertür aus der Natur heraus. Natur ist ein System, das sämtliche seiner Feinde einschließt. Dennoch gebe ich Rousseau recht: Je tiefer wir Baum und Biber werden, desto tiefer erfahre ich meine eigene Natur. Es ist also der Widersinn lebendig: *Je mehr ich Biber werde, desto mehr werde ich Mensch!* Abkehr von Bibern und Bäumen führt zur Abkehr von mir selbst. Naturabkehr heißt Selbstentfremdung. Denn jedes Naturwesen enthält holographisch sämtliche anderen Naturformen und Naturgesetze samenartig in sich gespeichert. Es ist daher nur Zeichen von Unwissen, eine Diskussion Natur gegen Gesellschaft zu führen. Gesellschaft ist ein Naturvorgang pur, aber sie ist eben nicht alle Natur. Und doch: Die Menschengesellschaft enthält entsprechend dem holographischen Gesetz alle Naturvorgänge in sich.

In der Naturtherapie geht es darum, durch Rückzug und Aufenthalt auf dem Rücken der Erdmutter meine eigene innere Erdnatur ungeschminkt von sozialer Anpassung, Meinung und antrainiertem Wissen zum Vorschein kommen zu lassen. Dies ist der eigentliche Sinn jeder Heilweise, die Sehnsucht jedes Menschen. Heilen und Heilsein heißt lediglich, das Ganze der Natur sein und nicht der kümmerliche Wurmfortsatz Menschengeschichte. Der Lehrer dabei ist vor jedem Therapeuten allein das Große Grün.

Lichtpflanzen, Naturerleuchtung
... polnische Heide Biebrzanski

Ich habe gestern einen moosbesetzten Platz gefunden in der Nähe der Wisentherden, die hier noch geduldet sind.

Es gibt eine häufige Verwechslung von Naturbetrachtung und Naturschau. Im ersteren Fall sehe ich einfach die Natur, so wie sie mein Auge im ersten Augenblick wahrnimmt. Im zweiten Fall tritt durch langes Alleinsein in der Heide erstens eine innere Entleerung von allem Kulturballast und Ich-Phantasien auf, was zweitens zur Schau führt. Schau ist das tiefe, unergründliche Erkennen meiner Seele am Beispiel des Felssteins und Federtiers. Das Eigenartige der Welt ist eben, dass alles scheinbar Äußere, all mein Inneres widerspiegelt und umgekehrt. Das heißt Naturerfahrung, Naturschau. Naturliebe führt zur Naturachtung, dann Naturhingabe, schließlich zur Naturerleuchtung.

Gedankenverloren, gedankenerlöst summe ich vor mich hin; seit einigen Tagen, tue ich nichts, bin trocknes Blatt im Wind, tue was die Pflanzen um mich herum auch tun. Es scheint mir in Augenblicken des Erwachens, dass ich mich selbst als Pflanzenhalm im Wind wiege. Ich spiele mit den Tannennadeln, untersuche abgefallene Blätter, grabe mit den Fingern in schwarzer Erde, es ist eine große Bewusstlosigkeit über mich gekommen, scheine Teil der die Erde überziehender Baum- und Pflanzenreste zu sein. Von außen betrachtet bin ich wohl nur wie ein Kind herumgekrabbelt, gelaufen bin ich nicht mehr. Und dann tauchte plötzlich etwas auf. Ich sah einen leuchtenden Grashalm. Es erschreckte mich nicht, es gab nichts Natürlicheres. Erst im Nachhinein wurde mir bewusst, dass ich in eine strahlende Pflanzenwelt eingetaucht war. Als es dunkelte, schimmerten überall die Pflanzen in einem diffusen teilweise bläulich getönten Schein. Ich bemerkte am Rande meines Bewusstseins noch mein tiefes Versunkensein. Ist man im Zustand der Naturerleuchtung gefangen, erscheint einem das Bedürfnis nach Erklärung als schale Kinderei unreifer Geister. Das ist überhaupt die Schwierigkeit in der Naturtherapie, es besteht keine Lust analytisch darüber zu sprechen, einfach weil man sich diesen Kinderschuhen entfremdet hat. Intellekt zu haben, heißt in den Kinderschuhen stecken geblieben zu sein. Es ist ein Gefühl des Erstickens, das einen überkommt, möchte jemand mit einem intellektuell darüber sprechen. Dennoch: Sprache ist ein

Mittel der Natur, wie beschränkt auch immer, und der Mensch hat den Auftrag, sie zu nutzen, indem er sie zu ihrem Höhepunkt führt. Wie aber sieht Natursprache aus? -

Die Naturerleuchtung bildet einen ersten Höhepunkt der Naturschau. Naturwesen beginnen zu strahlen, scheinen eine innere Lebendigkeit zu besitzen. Ich erkenne, es sind Lebewesen mit anderen Gesetzmäßigkeiten und doch den gleichen, denen auch ich unterliege. Ich erkenne: Das Dasein lässt sich noch auf ganz andere Weise erfahren, als wir es gewöhnlich wahrnehmen. Die Welt, die wir üblicherweise sehen, ist nur ein kleiner Ausschnitt. Das ist eine wirkliche Erfahrung, keine verstandesmäßige Vermutung. Die Schau versetzt einen in die Lebenssicht der Frösche und Fliegen; in die Warte eines Granitfelsens oder einer Wolkenwand. Diese Einsicht erschüttert. Das ist die Naturverwandlung, modern gesprochen der therapeutische Effekt. Wer viele solcher Verwandlungen durchlaufen hat, kehrt nicht zurück zu gehaltlosen Gewohnheitsmeinungen. Er wird Freunde in der Felswand, Freundinnen im Hügelkamm finden, und im Zusammensein mit diesen seine Seele erwärmen, kurzum er wird Wächter der Natur werden.

EIN NEUBEGINN

Die abendländische Psychologie hat als Aberwitz der Geschichte versucht, sich aus der Natur herauszunehmen, ein wahrhaft naturheroisches Unterfangen, wenn auch verdreht. Aber: Der Mensch ist Natur, daher wende er sich ihr ganz zu, um zu werden, was er wahrhaft ist. Naturpsychologie, Naturtherapie heißt: *Durch Natur ganz Natur werden!*

Oberste Erfahrung in der Naturtherapie ist *Einheit von Natur und Seele.* Es steht ein Paradox am Anfang: *Der Mensch ist Natur, Natur ist mein Ich.* Diesen Leitsatz kann der Moderne kaum annehmen, wir erkennen keine Verbindung zwischen Inselstrand und Ich-Gefühl. Wir bringen kein Mitgefühl für Seeschwalben und Seeanemonen auf. Und dennoch beruht alle Technik und menschliche Erfindung auf einem Nachahmen von Naturgesetzen, weil es nur Natur gibt, *weil der Mensch nichts Neues hinzuerfinden kann.*

WORUM ES IN DER NATURTHERAPIE NICHT GEHT

Es geht in der Naturtherapie nicht um Kenntnisse von Naturgesetzen oder Tierverhalten, auch nicht um genaue Benennung der Steinwesen, sprich Edelsteinkunde, noch darum, wie man die Himmelsrichtungen oder den Sonnenstand feststellt. Ob man schwimmen, reiten oder ausdauernd wandern kann, spielt keine Rolle, ebenso wenig ob man von Haus aus Sonnen- oder Mondanbeter ist. Auch ob du gerne Fahrrad fährst auf steilen Pisten oder Picknicks an Seen und Grillabende am Lagerfeuer zu deinen Taten zählst, bleibt ohne Bedeutung. Hier geht es um Wildnis in der Seele, nicht Naturabenteuer, Wildhüterspiele oder Walfischbeobachten. Naturtherapie ist auch keine Aktion „Rettet den Wald" und hat mit Ökologie nichts gemeinsam. Naturtherapie heißt Eintreten in die archaische Welt der alten Naturvölker. Es geht um Kontakt mit einer Frau ausgedehnten Ausmaßes - der Erdmutter und um ihren Schoß, der alles zeugt. Wer möchte sie begatten? Weiß man aber, dass die Erdmutter nicht nur Erdbuckel als Brüste und Wiesen als Haare, sondern auch einen Rücken hat, die Rückseite der Natur, das Land des Todes? Weiß man, dass Liebe zur Erdmutter heißt, nicht physisch im Tagebau in ihren Eingeweiden zu wühlen, sondern im Untertagebau in ihre seelischen Eingeweide hinab zu steigen? Weiß man auch, dass Neugeburt Tod heißt und dass dies das Ende jeglicher persönlichen Karriere bedeutet: Denn man wird Schüler der Großen Göttin und fließt mit ihren Kräften.

Erdmutter entkleidet sich
... Pyrénéen, 15 Tage zwischen Felsen

> „Im Leben einzelner Menschen gibt es Momente,
> in denen sie spüren, wie plötzlich alles,
> was ihnen sicher schien, zu schwanken beginnt,
> ihre Erkenntnisfähigkeit wie gelähmt ist
> und auch die Lockrufe ihrer Leidenschaften, Gefühle
> und was sonst noch ihr Leben antreibt und bewegt,
> verstummen. Auf seinen eigenen Wesensmittelpunkt
> zurückgeführt, steigt dann vor dem Menschen
> ganz nackt das Problem aller Probleme auf:
> Wer bin ich?"
>
> - Evola: Magie als Wissenschaft vom Ich, S. 24 -

Am 15. Tag im Bergmassiv verdichtete sich mir der Gesamtzusammenhang allen Seins in einer jenseits von Worten und Vorstellung liegenden Weise, die schwerste körperliche und seelische Beeinträchtigungen erzeugte, und mich zwang, die Natureinsamkeit abzubrechen. Leider kann ich im Nachhinein die Erfahrung nicht beschreiben. Ich konnte mich nicht mehr bewegen, die Orientierung war verloren gegangen, ich wagte nicht mehr, mich 2 m von meinem Platz zu entfernen, auch war meine Sicht nicht mehr die alte, denn Entfernungen ließen sich nicht mehr einordnen. Es pulsierte alles um mich herum, leuchtete teilweise in diesem mattglänzendem Licht; aber das war alles zu ertragen und gehörte dazu, aber in mir selbst vereinigte sich meine Seele in einem Umfang mit meiner Umwelt, dass mein Einzel-Ego sich in Nichtexistenz abgedrängt fühlte und das verursachte jene panische (Pan!) Angst. Ein Verschlungenwerden stand mir bevor. Die Art, wie ich gleichzeitig Felsen und Wolken in mir vereinte, lässt sich sprachlich nicht mehr fassen. Im Augenblick konnte ich es nicht benennen und im Nachhinein erscheint es mir unwirklich.

Ich werde im Morgengrauen aufhören und zurückkriechen ins Dorf, wenn ich es schaffe. Ich entscheide mich, die Flut der Visionen abzuschütteln, weil ich ihr Geheimnis nicht mehr wissen will. Der Umfang der Erdmutter ist mir zu groß. Als kleiner Mensch ehre ich bescheidene Ausmaße. Was mir enthüllt werden soll, ist jenseits der Worte, doch ich will wieder normal denken. Es überlagert eine andere Welt meinen Blick, ich bin zu tief eingesunken ins Leben der Steine, der Platzkräfte, selbst die Luft als Wesen durchdringt mich, doch ich suche mein altes Ich. Was bitte ist ein Ich? Es muss eine Möglichkeit geben, es wieder zusammenzusetzen - Name, Geburtsort, Beruf, mein Leben, Freunde, Wohnort. Ich bin ein Ich, kein wallender Gebirgsbach. Leute, ich *suche ein Ich namens Holger Kalweit. Man darf auf einmal nicht zu weit gehen, ich breche lieber ab; man muss schrittweise gehen lernen, nur kleine Portionen der Urmutterbrüste genießen. Einweihung ins Große Grün bedarf der kleinen Schritte, sonst legt Pan seine panische Hand auf deine Schulter. Was aber ist zu sagen über Erdmutter? Freunde, ich schweige, denn das Aderwerk der Erdmutter durchzieht alles Leben, sie ist **ein** Körper - aber ich möchte jetzt Ich sein.*

Naturtherapie ist eine Einweihung sofern man sich, sein Ich vorher geopfert hat. Wer bitte opfert sich heute? Man macht Workshops, besucht Seminare, belegt einen Kurs, Ausbildung in sanften Methoden des Heilens. Freunde, ich spreche nicht von seichten Wasserpfützen. Natur ist keine liebevolle Zweisamkeit am Busen der Großen Göttin, sie ist nichts für Nacktkulturler, Skiläufer oder Wanderburschen. Natur ist zunächst Einsamkeit, dann Zweisamkeit mit einer Matrone der martialischen Art: Der Großen Mutter. Mehr noch: Natur, erfährt man bald, ist die eigene Seele. Natur ist nicht dort draußen, Natur ist drinnen. Ich und die Welt sind eins. Das erschüttert Grundfesten.

Anmerkung

Im Folgenden werde ich Beobachtungs-Übungen und Schau-Übungen beschreiben. Dabei ist zu beachten, dass bei den Beobachtungs-Übungen (B-Übung) mit wachem, rationalem Verstand beobachtet wird, wohingegen die Schau-Übungen (S-Übung) darin bestehen, sich ganz ohne Ich-Bewusstsein den Außeneindrücken hinzugeben.

I. Die Erdmutter

- Im Bauch irdischer Fülle -

Die zweite Geburt

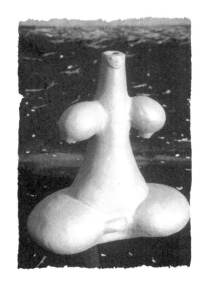

Bild kseite: Urmutter von El Hierro, kanarische Inseln.

DAS ERWACHEN MEINER NATURKRÄFTE

Habt ihr gehört, was der Fisch singt,
der zwischen den Schilfhalmen zappelt:
Natur ist stärker als Erziehung.

- Red Book (keltische Überlieferung) -

E̦instieg ins Liebesleben (S-Übung)
... Helgoland, in roten Felsnischen über schäumender Brandung

Es war auf der roten Insel Helgoland, dem Rest des untergegangenen Landes der Nordvölker, dem eigentlichen Atlantis. Ich hatte mich aufgemacht ins Reich dieser roten Felsen, wollte peitschenden Sturm auf der Haut spüren, wissen was Nordseeschaum ist und Salz von den Lippen lecken. Eigentlich aber suchte ich seinerzeit das Geheimnis der Nordvölker, das Geheimnis um Helgoland. Ich wollte es dem steifen Wind entreißen, entriss ihm aber etwas ganz anderes: *Die Geburt der Naturtherapie.*

Zurück von diesen durchwachten, unterkühlten Sternnächten kam ich mit einem roten Stein, dem Sinnbild roher, roter Lebenskraft, die Erdmutter uns schenkt, wenn wir nur selbst roter Stein werden. Ich hatte die Eingebung, eine neue Heilweise, die älteste, den Menschen wiederzugeben: Rückkehr zur Erdmutter.

Natur in ihren tausend Gestalten, das ist die Gestalt der Erdmutter. Erdmutter ist ein Vieles, sie begnügt sich nicht mit einem Körper, sie will Leben sein in all seiner Vielgestaltigkeit. Erdmutter ist also ein Wesen in Gestalt von vielen, ihre Augen sind die Seelen, ihre Nase ist der Wind, ihre Lippen sind alle Töne und ihr Bauch ist Innererde. Was aber überrascht und erschüttert ist: Erdmutter hat auch einen Rücken und das ist der Tod, genauer das Leben nach dem Tod. Das Todesreich ist die Seele unserer Erdmutter. Mit diesem Verständnis beginnt Naturtherapie, denn das Urlebendige, die Seele aller Wesen ruht in einer Nachbardimension, und aus dieser verdichtet Erdmutter alles stoffliche Leben, so wie eine Mutter aus ein paar Spermien und Zellen ein Kind aus Fleisch und Blut gebiert. Der schwangere Bauch von Erdmutter ist tiefer und unergründlicher als der der irdischen Innererde. Wenn Erdmutter das Alles der Natur ist, bin also auch ich Erdmutter. Ich schreibe hier als Erdmutter über die Erdmutter, das ist das große Paradoxon dieses Wesens. Also: Es gibt keine volle Einkehr in mir selbst ohne den steinigen Weg über die volle Verwandlung in Erdmutter: Denn wer nicht sie ist, ist gar nicht. Ich habe mich daher häufig an den Busen der Großen Göttin gelehnt, hier ein Busen aus roten Felsgestein und weißen Sand, aus flachen Ebenen und buckligen Hügeln. Ich hatte erkannt: Nur die Göttin selbst kann uns die Gnade der Welterkenntnis schenken, kein Therapeut, kein Therapieprogramm und keine Wissenschaft. Einweihung läuft nicht über Analyse und Wissen, sondern über Herzgespräche, schlicht und ergreifend über Hingabe an eine Göttin. Welcher Mann will nicht mit Göttinnen verkehren, aber steht sie vor einem, wandelt sich Naturlust schnell in die Panik des großen Pan. Ich habe diesen Weg gewählt und habe die Große Mutter aufgesucht, doch habe ich bisher nur angeklopft an ihre Tür, ihre äußeren Naturformen, die Wolken-, Wasser- und Waldwesen. Sollte sich eines Tages der Türspalt ins Große Grün zu einem Schlitz öffnen, wird es mich alsgleich zu sich nehmen, ich werde sterben: Denn kein Mensch begattet die Große Göttin als Lebender.

Während des Anklopfens, während der Pilgerfahrt zu ihrem grünen Haus habe ich tief greifende Erfahrungen durchlebt, die hier nicht geschildert werden, doch in einem Folgebuch. Ich beginne hier sanft, leichte Kost gehört zum Fasten. Mein Weg ist eine Einweihung in die Große Göttin. Ich habe dabei keine menschlichen Lehrer zur Seite gehabt und keine hilfreichen Bücher, denn Urmutter spricht zu uns als Grashalm und Granatapfel, und das nur in der großen Einsamkeit der breiten Steppen und auf morgenlichtgeröteten Gipfeln. Liebesanträge an Erdmutter werden geschrieben beim höchsten Sonnenstand auf glühenden Fels und über tränenüberlaufene, aufgesprungene Lippen ins Nachtall geschrieen. Urmutter liebt Dramatik, Pein, Schmerz und den Tod deines biedren Ichs. Dein Ich behindert die Liebe, das weiß sie, und lässt dich erst an ihre weißen Schenkel, wenn du nicht mehr weißt, was Schenkel sind. Freunde, ich habe geschrieen in Felsgrotten, bin gestorben auf Lichthöhen, und schwarze Wälder haben mir die Seele aus dem Leib gezogen, überwacht vom alles durchdringenden Pan. Naturtherapie ist für jene, die die Große Mutter suchen - mutterseelenallein. Im Durstdelirium flimmernder Wüsten, sterbend in Meeren von Sanddünen sitzt du nicht in der Gruppentherapie, hörst nicht das endlose Geschnatter von New Age Sensitiven, hier geht es nicht um hysterisches Egofieber - Freunde: Sonnenfieber, Seinshitze, Seelenschmelzen.

Es gibt kein Neues Zeitalter, außer du schaffst es dir selbst, wenn dir Urmutter zwischen ihren Schenkeln eine Sexualität der nicht-irdischen Art beschert und dir mit dem austretenden Angstschweiß gleich die Haut vom Fleische pellt. Es ist eine Liebe so groß, dass Tod unabdinglich ihr Partner ist. Es geht hier nicht um esoterische Liebesfabeleien und schlaffe Pseudoekstasen der therapeutischen Art. Es geht um den Mut, sieben Tage an der Felsnase zu sitzen, durchzuhalten gegen Einsamkeit, Seelenpein und Leibesschmerz, bis die Göttin sich offenbart in irgendeiner ihrer tausend Gesichter. Liebe beginnt hier, irdische ist ein entferntes Echo davon. Bevor du aber den Liebesakt beginnst, streichle sie, denn Erdmutter will geheilt werden durch Zeremonie, damit sie dich heilen kann in ihrer Zeremonie. Zeremonielle Handlungen leiten neue Abschnitte ein und beenden sie. So kommt eine Gliederung in den Lauf der Einsamkeitserfahrung, sie verschwimmt so nicht und wird später auch verstandesmäßig fassbar.

BIN KRANKE ERDMUTTER (B-ÜBUNG)
  ... IRLAND, KÖNIGSSITZ TARA

Halte mich für zwei Tage im Ringwall von Tara auf, dem alten Königssitz des Hochkönigs des keltischen Irlands; versuche mich einzufühlen in diese vergangene Welt. - Im *Totenbuch der Kelten* erzähle ich die Geschichte der keltischen Urmutter, die im Mittelpunkt der Weisheitslehre der Kelten stand. Keltische Philosophie und Lebenspsychologie gründete sich auf der Verbindung mit der Urmutter, so erlangte man das geheime Wissen vom Sein und konnte sich ihm hingeben ohne Angst, denn das große Geheimnis war, dass auch der Tod die Gestalt der Urmutter hatte. In der Beschreibung dieser Ungeheuerlichkeit verströmt sich ein großer Teil keltischer Mythologie und Naturbeschreibung. Daher die wilde Sehnsucht dieses Volkes nicht nur nach dem Leben, sondern auch nach dem Sterben, das verstanden wurde als ein endgültiges Aufgehen im Schoß der großen Mutter, daher das Ekstatische der Naturverehrung, daher die große Liebe fürs Leben, daher der Kampfesmut dieses Volkes, der erst in der Sehnsucht nach dem Tod seine Wucht erhielt. Wir sind die Nachfahren dieses Volkes doch wir haben uns ins Gegenteil entwickelt: Naturverachtung, Todesangst, saftloses, unheroisches Leben. Wir sind die negative Gestalt der Urmutter geworden, eine kranke Urmutter - mache dir das klar: setz dich an einen Platz wo keine Steinmetze die Felsen gespalten, kein Försterlehrling Baumrabatten gesetzt hat, weile unterm letzten alten Baum in deiner Umwelt, saug ein seine Kraft und Ausdauer, wenn die Morgenröte zart heraufzieht. Bist du rein, frisch und frei, breche ab, wechsle, setz dich ruhig ins Getümmel des nächsten Marktplatzes. Vergleiche! Wo ist Leben, wo Kraft, was heißt Menschsein, was Menschsein als Naturwesen? - Der krasse Wechsel schärft die Sinne. Wiederhole das öfters, damit es schmerzt, damit du lernst, was Naturreinheit und Kulturkrankheit unterscheidet.

GEFÜHLE UND GEDANKEN ERZEUGEN DASEIN (B-ÜBUNG)
  ... IRISCHE SEE, KELTISCHE KULTSTÄTTE DUN AENGUS

Bin vor drei Tagen auf eine überhängende graublaue Felsnase bei der alten Kultstätte Dun Aengus geklettert, sitze seitdem dort, überschaue wie der Fischadler jede Bewegung in der Schaumgischt unter mir und spreche gegen den Wind auf Band:

Wenn ich so dasitze, überfallen mich wechselweise Gedanken und Gefühle, sie beeinflussen sich gegenseitig. Ein Gedanke erzeugt sofort ein entsprechendes Gefühl, umgekehrt lässt ein Gefühl gleichlautende Ideen aufkommen. Meine Wirklichkeit besteht nicht aus Häusern und Straßen, Wäldern und Tieren, Himmel und Erde, sondern daraus, wie meine Gefühle und mein Denken in Gestalt von Theorien, Meinungen, Wissen diese Wirklichkeit erkennt und wirklich macht. Die Welt draußen ist nicht objektiv, jeder sieht eine andere Welt, weil er andere Theorien, Ansichten und Gefühle vom Dasein hegt. Also darf man getrost sagen: *Denken und Fühlen erschaffen die Wirklichkeit.* Der Traurige sieht nichts mehr im Leben, der Frohe sieht eine ungeheure Schöpfungskraft. Der Denker erkennt große Zusammenhänge, der Nicht-Denker erkennt Gewohntes. Will ich das Dasein erfahren, das gewaltig umfassend und erhaben ist, muss ich meine Gefühle für die Dinge des Lebens, die Natur, die Menschengesellschaft vertiefen, ebenso meine Theorien, mein Wissen. Demnach besteht Leben darin, Denken und Fühlen zu erweitern: Weil das Dasein immer nur so weit ist wie unser Denken und Fühlen. Mein Denken und Fühlen reicht jedoch nie an den gesamten Umfang des Daseins heran, es gelingt mir niemals, die ganze Ausdehnung, das Zusammenspiel aller Faktoren zu ergründen, zu erahnen.

Ich sitze hier an einer Traumküste, einer Startrampe ins Unendliche und doch werde ich überfallen und festgehalten von kriechenden Gedankenwürmern, klebrigen Gefühlsschatten. Negative Gedanken lassen mich schlecht fühlen, kleinkarierte Gedanken verdrängen Herzgefühle. Gefühl und Denken dienen dazu, die Welt zu erfahren, und je nach mentalem Zustand kann ich das mehr oder weniger. Das ist das ganze Geheimnis. Es ist so einfach, daher übersehe ich es. Aber auch weil es so schwer ist. Kann ich nun meine Gefühle verändern, gar meine Theorien? Ich bin verstockt. Habe ich einmal eine Theorie, habe ich einmal ein Gefühl, verwurzeln sie sich alsgleich und wachsen krakenartig immer weiter nach, selbst, wenn ich sie abschneide. Die Lösung ist einfach: Denken und Fühlen benötigen eine Beruhigung, eine Alternative zu sich selbst. Natur ist die Alternative! Natur ist rein, ohne Ich, ohne Anspruch, Naturwesen leben ein Seinsgefühl, nicht wie wir im Ich-Gefühl; auch der Mensch lebt an seiner Existenzbasis ein Seinsgefühl, dieses aber ist überschattet durch ein Überlebens-Ich-Gefühl. Natur ist ansteckend, wir werden Natur.

Natur ruht im reinen Seinsgefühl, gibt sich hin, passt sich an, versucht so zu überleben. Durch tiefes, unreflektiertes Seinsgefühl verbinden sich die Ahorne und Ameisen mit den Bewegungsgesetzen der lokalen Winde. Das ist eine Form erweiterter Intelligenz, Naturintelligenz. Uns überaktiven Menschen fehlt dazu die innere Ruhe, unser Kämpferinstinkt hindert. Hingabe an das, was ist, aber erfordert Naturinstinkt.

Vision der Erdmutter

... Winzige Felsinsel. Capo Miseno im Golf von Pozzuoli vor der von mir wieder entdeckten Orakelhöhle der im Altertum so berühmten Sibylle von Cumä

Ich war auf der Suche nach der in den alten Schriften erwähnten Einweihungsstätte der berühmtesten Wahrsagerin des Altertums, der Sibylle von Cumä. In der Nähe der berühmten Insel Ichia liegen der Golf von Pozzuoli und dort verschiedene archäologische Stätten mit dem Namen Cuma. Die Orakelstätte wird bei älteren Autoren genau beschrieben und ich fand sie. Ein Gang in den Felsen getrieben, gerade breit genug für eine Person, dann der unterirdische warme Bach, der Totenfluss über den Odysseus hinüber musste, der aber später fast ganz zugeschüttet worden war, dann der fast verschüttete Gang in die Orakelkammer und die große steinerne Drehtür. Drei Tage saß ich so unter Tage, alle Großen des Altertums haben hier um Rat nachgesucht. Jetzt sitze ich hier, aber ohne die Sibylle. Geschichte schnippt wie ein Gummiband zusammen, es gibt keine Zeit.

Ich kann die Welt nicht erkennen. Ich meine, eine Pinie stünde da, grün, verwurzelt, lang. Dem ist nicht so, da ist mehr, viel mehr, aber selbst zu erahnen ist es nicht. Naturbeobachtung hilft etwas weiter. Es gibt eine ganze Wissenschaft des Sehens. Sich zu entleeren von allem, dann zu schauen, ist die Grundlage, aber schwierig ist es und mir im Augenblick nicht möglich. Viele

Hindernisse, einströmende Gedanken, festgefahrene Sehmuster drängen sich in mein Blickfeld, ich sehe nicht, was da ist. Die Welt ist so, wie sie ist, nur wie sie ist, sehe ich nicht. Ich sehe Möglichkeiten davon, aber die wirkliche Welt erblicke ich nicht. Eine Ameise sieht alles aus ihrem Blickwinkel, der Hahn aus seinem, wie sehen Mikroben, die innere Welt meines Körpers? So, wie ich Wälder wahrnehme? Erst, wenn ich sehe wie alle Vögel, höre wie alle Kriechenden, spüre wie alle Baumarten und schließlich **alle Wahrnehmungsarten zu einer einzigen Gesamtwahrnehmung vereinige,** was rational nicht mehr vorstellbar ist, gelange ich erstmals zur Wirklichkeit. Das ist die Vision der Erdmutter, sie schaut gleichzeitig durch die Augen aller ihrer Kinder. Was aber ist mit der Erde selbst, den Gebirgen, den Gewässern, nehmen auch sie wahr? In der Tat, auch wenn sie ganz jenseits dessen liegen mögen, was wir Lebewesen nennen. Reagieren Wassermoleküle psychisch, fühlen Erdmoleküle etwas, wenn sie durch Täler, Sümpfe, Ebenen fließen? Wenn die Erde all ihre Elementarempfindungen aus Wasser, Erde, Luft und Feuer zusammenzieht zu **einer** Erfahrung, was fühlt sie da? Das liegt jenseits unserer Erfahrung. Alle Daseinsformen leben. Es gibt grundsätzlich nichts Totes wider alle modernen Unkenrufe, wo nur die Rufer sich für lebendig halten. Das eben ist das erste und größte Hindernis in der Naturtherapie: Leben überall zu erkennen!

Gedanken sind real wie Stoff, sie können ihn mal so mal so verstehen und verändern ihn in unserer Vorstellung. Das Ding, das ich sehe, ist nur meine Meinung des Dinges; ändere ich diese, sehe ich ein anderes Wesen. Nun kann aber das Gefühl sich erweitern zu einem Mitfühlen, zum Gefühl, das andere zu werden. Ich erfahre dann, dass es eine Möglichkeit ist als Granitstein zu leben, ich empfinde seine Lebensweise als schön und ich stelle mir ein wenig vor, wie es ist, dazuliegen für Jahrtausende. Wenn solche zarten Mitgefühle heraufdämmern, habe ich den ersten Schritt bewältigt. Das gilt es nun zu vertiefen mit anderen Wesen, Bäumen und dem Buntsandstein und einem schäumender Quellbach, auch die Sommerwolke will nicht vergessen werden. Wind zu sein, Frost zu spüren. Wirbelndes Herbstblatt im Fall zu sein, da hilft der Vergleich, selbst zu fallen, sich zu drehen. Das ist zunächst billiger mechanischer Nachvollzug, aber das ist die allererste Phase der Einfühlung. Aber beim Fall auch Blatt zu sein, das einst an einem Baum hing, am Baumbewusstsein, das geht sehr weit. Kann man das Bewusstsein einer Blumenwiese, einer Frühlingsknospe sein? Sehr schwer. Daher beginnen wir die Einfühlung mit humanoiden Formen, Hunden, Katzen, Hirschen. Dann den Pflanzen, dann erst den Elementarkräften.

Chamäleon-Übung. Einfühlung durch Liebe

... bei den geheimen Pyramiden

Es gibt - was ich hier jedoch geheim halten möchte - keltische Pyramiden in Deutschland, was recht unbekannt ist. Ich habe mich dorthin zurückgezogen und sitze an einem solchen dreistufigen Steinhügel. Zweiter Tag, ich notiere: Ich kann durch Denken und das leichte Fühlen im Grunde recht schnell neue Denkformen und Gefühle entwickeln. Dabei spielen Denken und Gefühl zusammen. Habe ich einen neuen Gedanken - etwa eine andere Einschätzung einer Person, weil ich Neues über sie gehört habe - verändert sich auch mein Gefühl ihr gegenüber und umgekehrt kann ein Sympathiegefühl für einen anderen dazu führen, dass ich dessen Denken plötzlich in neuem Licht sehe, es nicht mehr ablehne, mich einfühle, hineindenke. Im Allgemeinen verändert sich meine Einstellung, liebe ich jemanden oder seine Tätigkeiten, die ich zuvor vielleicht nie geachtet habe. Lerne ich etwas, dann erweitert das meine Aufmerksamkeit, mein Beobachtungsgeist schult sich, ich nehme jetzt ein Spezialgebiet wach wahr. Durch reinen Wissenserwerb findet eine Ausweitung von Denken und Fühlen statt. Daher die Bedeutung des Lernens. Lernen geht mit Systematik, Ausdauer und Strenge einher. Das Thema steht fest, die Zeit der Ausbildung ebenfalls, und es muss hart gelernt werden, bis ein Verständnis da ist, das nachgeprüft wird. Nur so erlangen wir Meisterschaft in einem Gebiet, und unsere Welt weitet sich aus. Habe ich mich nie mit Bakterien beschäftigt, jetzt da ich einen Bakteriologen als Freund habe, erahne ich überall Bakterien. - Unser Blick für eine andere Person schult sich durch Sympathie und Liebe. Liebe heißt Hinwendung. Aufmerksamkeit für etwas anderes bildet die Grundlage aller Intelligenz, Spiritualität, diese machen unser Leben erst lebenswert.

Liebe zu den unbeachteten Wesen am Straßenrand, den Schlangenwürmern, den ritterhaft gepanzerten Kriechtieren, den schneckigen Weichtieren entsteht erst, richte ich meine Bewusstseinsenergie auf sie. Ich entdeckte einen Käfer in einer Ritterrüstung aus schwarzen Hornplatten, und ich lebte mit ihm zwei Tage an der alten Pyramide. Durch ein Vergrößerungsglas, das ich immer bei mir trage, schaute ich ihm stundenlang zu. Ein Wesen wie ich, lebend in seiner eigenen Welt, der einzig wahren für ihn. Wie gern würde ich einmal seine Welt erfahren, wäre gern Ritterkäfer mit schwarzen Schilden, krabbelnd über eine bizarre Wüste aus Erdkrumen, ohne zu wissen, dass sie einer keltischen Pyramide angehören. Nur das kleine sehend, das große übersehend, lebte ich in der wahren Welt der Schwarzkäfer. Während ich als Mensch herkam, die Pyramide zu besichtigen, traf ich auf den Ritterkäfer, wir wurden Freunde, und er blieb bei mir zwei unvergessliche Tage, und ich lebte in seiner Welt, lag auf dem Boden, suchte durch die Lupe seine Welt zu ergründen. Ich krieche meinem Freund überall hinterher, Miniaturstrecken über Erdkrumen und winzige Felsenmeere. Es war eine Reise, preisgünstig und weiter weg als die Antarktis. Wir können bescheiden reisen, wenn wir Größe zeigen. Welten liegen verborgen unter Fußsohlen? - Ich merkte, dass etwas nicht stimmte mit meinem Käferfreund, oder ruhte er sich nur aus? Er scheint schlapp, verzagt. Ich verabschiede mich, trauere. Ich verlasse seine Welt wie ein Außerirdischer unseren blauen Planeten verlassen mag, mit Heimweh, mit Tränen, mit kosmischer Sehnsucht. - Ich rede vom Weltwechsel, Lupe und Fernglas bieten sich da an. Wir müssen Chamäleons werden, oder wir werden nur Menschen bleiben. Der Mensch wird Mensch, indem er alle Kreaturen durch sich fließen lässt. Ich will schwarzer Ritterkäfer sein! Ich besuchte eine benachbarte Pyramide, aber meine Sehnsucht meinen Freund wieder zu sehen, nahm nicht ab. So ging ich zurück, ihm noch mal Lebwohl zu sagen. Tiefe Sehnsucht erfüllte mein Herz nach Käferdasein. Als ich an meinem, seinem Platz ankam, sah ich ihn auch gleich, er schlief. Nein! Sein linker schwarzer Ritterflügel war gebrochen. Er war tot. Was war geschehen in meiner Abwesenheit? Erschüttert blieb ich einen Tag sitzen, hielt Totenreden, sprach zu ihm im Totenreich der Schwarzen Ritterkäfer, befragte die Erdmutter, war untröstlich. Dasein stirbt, Kreaturen werden ausgelöscht. Wechsel der Welten. Wozu? Als Erinnerung zeichnete ich meinen Ritterkäfer. Langes Hinschauen, genaues Studium durch Abzeichnen verhilft, ins Wesen der andern Menschenkäfer einzudringen. Dabei wird etwas Neues geboren, das Schönste: Liebe. Liebe ist der Keim des Lebens, die Wurzel, die uns die Naturtherapie schenkt. Es geht um Liebestherapie.

Die Nur-Geist-Übung (B-Übung)
... bei den verborgenen Pyramiden

Hier beschreibe ich die zentrale Übung der Naturtherapie. Sie kann in hundert Weisen immer wiederholt werden. - Voraussetzung für Denken Fühlen und Wissensansammlung ist Bewusstsein, irgendetwas ist in mir wach, ich sage: Das bin ich. Aber schaue ich genau hin, bleibt offen, was Ich ist. Wer erfährt, was riecht, was hört? Das dämmert von selbst in mir auf, wenn ich lange, einsam dagesessen habe. Wo bin dann ich? Eine gefährliche Ich-Untersuchung beginnt hier. Wo ist der Beobachter. Was beobachtet? Darauf wirft einen das Natursein zuallererst zurück, damit beginnt Naturtherapie. Kann man sich selbst beobachten? Kann Bewusstsein sich selbst als solches erfahren? Plötzlich bricht das ganze erdichtete Gerede vom Ich, mein Ich-Fühlen in sich zusammen.

Ich stelle zuallererst fest, eine ungebrochene Aufmerksamkeit ohne Pause, ohne Ablenkung auf eine Sache ist notwendig, um sie zu ergründen. Doch halte ich das nicht lange durch sofern nicht Hingabe und Liebe im Spiel sind, denn andere Zustände umlagern, bedrängen mich, und warten darauf, angenommen zu werden. Aufmerksamkeit kommt nicht zustande durch Macht und Zwang, diese bewirken das Gegenteil. Ich setze mich an den Pyramidenstumpf und lasse einfach sein - tausend Gedanken strömen durch mich hindurch, doch gelegentlich entsteht Ruhe, erst kurz, dann etwas länger und dann beobachte ich eine Sache mit Herz, Ausdauer und Hingabe. Aber nicht mein Ich schaut dann, sondern eine Leere schaut aus mir. Ich weiß nicht, dass ich schaue! Das Objekt der Beobachtung tritt nun schärfer hervor, und ein tiefes Gefühl der Verwandtschaft, der Achtung steigt in mir auf. Aber nicht eine Verwandtschaft von Ich zu Ich, sondern von Geist zu Geist ist das. Und nun steigt ein Dunst von Ahnung, was Bewusstsein ist in mir empor. *Bewusstsein ist ein Feld, eine Kraft, die allen Lebensformen zugrunde liegt und sich in unterschiedlichen Formen verströmt.*

Im Allgemeinen bin ich Sklave meiner strömenden Gedanken und Gefühle. Wie will ich sie meistern, durch Zwang, durch krampfhafte Konzentration? Das geht nicht, und ich werde unruhig. Allein durch Hingabe, echtes Interesse und Liebe, aber auch durch Entleerung durch Alleinsein, Dunkelheit, Naturgeräusche, schlichtes Nichtstun, und Nichtswollen entsteht von selbst und ohne mein Zutun plötzlich Aufmerksamkeit. Ja, Aufmerksamkeit wird geboren, wenn ich keine Aufmerksamkeit spüre noch will. Also: *Wer aufmerksam ist, besitzt kein wollendes Ich mehr.*

Gefühl und Denken nähren sich - wie der Körper vom Essen - von reiner Bewusstseinskraft, die jedoch keine Eigenarten, Richtungen aufweisen, vielmehr erst bei ihrem Verfall zu Gefühl und Denken werden. Ich betone: *Es kommt zu Gefühl und Denken, erst wenn die Bewusstseinskraft nachlässt!* Naturerkenntnis heißt, zurückzukehren in diese vorpsychische, reine Bewusstseinskraft. Jedes Stück Zurücktreten hinter den blümeranten Vorhang meines Denkens und Fühlens, das überfrachtet ist mit Wirrwarr, nur blindlings reagiert, sich anpasst, sich von den Wellen des Geschehens durchwirbeln lässt, ohne selbst Meister seines Schicksals zu sein, lässt mich direkt mit der Natur verkehren. Natur ist also versteckt hinter dem Schleier meiner Psyche, die sich unterteilt in Denken und Fühlen. Natur will aber offenbar erkannt werden, denn je länger und einsamer ich am Waldrand sitze, desto mehr zerfällt mein Psychisches, ich denke nichts mehr, fühle auch nicht mehr, bin einfach nur da. In diesem Leerheitszustand tritt mir dann der Große Pan entgegen. Mit diesen ersten blitzartigen Seinszuständen beginnt Naturtherapie; diese Zustände sind heilsam, genauer: machen mich zu dem, was ich wahrhaft sind. Therapie heißt nicht Lösung seelischer Probleme, diese lösen sich von selbst, ist erst einmal eine Seinserfahrung oder der Naturzustand erlangt. Die Erkenntnis ruft dann: *Ich bin Natur!*

Therapie beginnt, wenn sie überflüssig wird. Therapie ist erlangt, hat das Problem sich aufgelöst ohne Therapie. Ich bin im allgemeinen Sklave meiner Denk-, Wissens-, Gefühls- und Empfindungsmaschine. Ich bin Sklave, nicht Herr meiner Gedanken. Aber wie soll ich Herr werden, wenn ich Sklave bin? - Nur die *Einkehr in die leere Welt* ermöglicht die freie Ansicht der Dinge; ich entziehe mich damit dem Korsett Kultur und Wissen, erschaue die wahre Welt ohne menschliche Filter.

Ich spüre: *Das allen Wesen zugrunde liegende Bewusstsein ist das gleiche*, dies zu erkennen scheint die Aufgabe des Lebens. Alle seelischen und kulturellen Erscheinungen neigen dazu, mich von dieser Erfahrung fernzuhalten, aber es gibt in der Kultur und in meinem Ich auch Bewegungen, die sich dem nähern wollen. In mir herrscht Widerstreit.

Bin Wolke, Wolke ist ich. (Übung)

... Dolomiten. Sitze auf grauem Fels, dem Himmel nah, bin Wolke

Zwölfter Tag in der Wand. Bin über große Strecken verloren. Sprechen ist erstickt. Gehirn hat ausgesetzt. Raffe mich auf zu ein paar intellektuellen Sätzen: Ich als Mensch bin reines Wolkengeschiebe. Das neuzeitliche Gerede von den Wolken dort oben, das ist doch meine innere Natur hier unten. Außen und innen sind eins! Der heutige Mensch möchte sich abheben von allem Anderen; er spricht abstrakt von allen Wesen außer ihm selbst, von „der Natur" dort draußen. Doch die gibt es nicht. Es gibt nur einzelne Lebensformen, jede anders, und die ganz stillen, die Steine, die Erde, auch sie sind Lebewesen, ganz zu schweigen von Gaia selbst, ein Lebewesen, das uns duldet, sofern es uns bisher bemerkt hat. Doch: Die sogenannte Natur dort draußen, ist sie nicht in mir und ich in ihr? Ein unheimlicher Gedanke für einen Neuzeitmenschen, Angst beschleicht da das in allzu menschlichen Begriffen gefangene Hirn. Dass alle Natur auch in mir lebe, erschreckt. Bin ich als Mensch nichts anders als Wurm, Wanderameise, Wanderfalke und Walnussbaum? Doch das Ich in mir ruft: Weder Woge, Salz noch Meer bin ich, und bin ich das nicht, dann bin ich das Höchste. Ich erleuchtetes Überwesen, ich Übermensch. Ich beherrsche die Welt, untertan ist mir ein Planet, kein Tier, kein Wald entgeht meinem Wirken. Ich säe, ich ernte, ich beherrsche! Naturgesetze stehen zu meiner Verfügung wie Diener. **Natur sei mir Sklave!**

Ich trete dem am Boden entlangkriechenden Baum dort unten am Hang, dem ich beim Aufstieg einen Tag zugeschaut habe, lieber als Gleicher gegenüber, nachdem ich tagelang an seiner Wurzelburg gesessen habe. Aber wie will ich ihn erfahren, wenn ich meine eigene Naturnatur vergessen habe? Will ich mit meinen Geschwistern sprechen, muss ich mich unserer gemeinsamen Kindheit erinnern. Dies geschieht, indem ich an ihren felsenklammernden Wurzeln lebe, um von ihnen angesteckt zu werden, selbst wurzelklammernd Stein umfasse; damit kehre ich zurück in meine eigene Urnatur. Natur ist ansteckend, weil meine Natur sich spiegelbildlich darin offenbart. Das ist das Urgeheimnis und der Mittelpunkt der Naturtherapie: Ich sitze drinnen in allen Naturwesen!

Ich sitze seit vielen Tagen an einer Felswand, nicht Stunden, Freunde, Tage - Wochen wage ich euch nicht vorzuschlagen, denn eure Gemüter haben keine Ausdauer, kennen den Klang der Zeitlosigkeit nicht mehr. Monate aber wären ein Anfang, weil erst so urwüchsige Selbstwahrnehmung erschaffen wird. Ich liege körperbreit und hitzeschwer wie die Qualle am Strand. Sehe Wolken jagen durch das Blau. Sie sind Lebewesen geworden mit Armen und eigenem Willen und sie sprechen zu mir. Gespräche mit Wolken, weil mein eigener Verstand erschöpft ist, brachliegt, stirbt. Wolken sind Wesen, Dauerverwandler, große Weise der ewigen Neugeburt, sie haben die Bühne des Ichs verlassen, zeigen sich dauernd neu. Das führen sie mir schwebend vor: Sei Wolke, brich Bann des Ichs, lös dich auf! Ich versichere dir, nach 12 Tagen Wolkenwandern erlischt die Industriegesellschaft und das Automatengehirn. Nur in der Erschöpfung kommt es zu Geburten. Erdmutter gebiert nur im eigenen Untergang, weil - so das Geheimnis - nur der Tod gebiert! Wir Heutigen nehmen uns nicht mehr wahr in unserem innersten Wesen, die Maschinenwelt, in der wie leben, mit ihrem in sie hineingeschweißten Naturhass, hat uns das gründlich ausgetrieben. Wir selbst sind Maschine geworden. Wir wurden in eine Maschinenkultur bereits hineingeboren, gesteuert von den Maschinengehirnen unserer Eltern und Vorfahren. **Nun sollen wir wieder Antimaschine werden** *- da hilft nur, sich in die Arme zu werfen von Naturen. Die stärksten Naturen vor Tieren und Pflanzen sind die Elemente, sie haben kein eigenes, individuelles Ich, sind Wesen höherer Art, nahe dran am puren Bewusstseinsstoff. Von ihnen, den Weisen der Felswand, den Fliehenden der weißen Nebel, den Strömungen der Luft und des Wassers und den Herren der Hitzen und Kälten wohnt das Echo der anderen Welt inne.*

Auf der Kanareninsel El Hierro vor meiner Höhle.

Sie sind große Lehrer, sie sind mein eigenes Stammhirn. Hier hören alle Worte auf, Freunde. Auf jeden Fall: **Bin Wolke!**

NACHTÜBUNG NATURLAUSCHEN

... HOLSTEINISCHES WATTENMEER, NORDERWARFT, GEEST UND MOOR

Sitze fest im Schilf, bin biegsame Ähre. Will hören lernen, verbinde mir die Augen, warte auf den Nachteinbruch. Es dauert lange, ehe ich blind hunderte von Geräuschen unterscheide, die Lebendigkeit der nahen Moorwiesen und Geest entdecke. Ich höre nicht angestrengt - gelassen, so wie man einem Liebenden lauscht. Ich höre auch, was nicht zu hören ist. Eine Welt hinter der Welt raunt rastlos Rat. Eine Welt der Laute. Hat man je eine Weltkarte der Laute gezeichnet? Warum gibt es keine Lauschwanderkarten? Weiß man, dass es reine Tonwelten gibt genauso wie Materielandschaften? Wir leben in einer gehörlosen Kultur, wir sind taub. Nachtübungen im Lauschen gehören mit zum Schönsten. Befreit vom Auge und Verstand wird jetzt das Gluckern zu einer Abhandlung über Naturgesetze, das Knistern grüner Schilfhalme zu einem ziemlich munteren Geplauder über Schilfgefühle. Ich spreche nicht wie ein Schriftsteller und romantischer Literat, ich spreche von wirklichen Wahrnehmungen, nicht, weil ich übersensibel bin, sondern weil ich dem 6. Tag im Schilfrohr entgegenschaue, ohne Essen, ohne große Bewegung ohne Maschinenmenschen. Versteht man mich! Ich sehne mich nicht nach überhöhter Naturromantik. Die Wesen leben, und ich lerne ihre Sprache. Hier beginnt ein neues Zeitalter. Nicht Französisch, sondern Schilfhalmig wird zu lernen sein. Versteht man, wohin die angebliche Evolution steuert - ins Schilfhalmmeer, zu Wurzeln im Schlick versenkt, zu planschenden Entenfüßen, die Wassererde aufwirbeln, zu Geräuschkulissensprache, die noch kein Linguist erfasst hat. Man glaubt, ich spreche symbolisch - Natur kennt kein Symbol: sie ist. Man erforscht die Satzstrukturen menschlicher Sprachen, besser ist´s, die Satzstruktur klappernder Storchenschnäbel oder das Flattern nasser Entenflügel oder den Summton von Libellenflügen zu studieren. Natur ist weit, es liegen in ihr versteckt Welten, die noch kein Mensch erahnt hat. Mein Körper ist ein Instrument und Experiment. Ich setze ihn aus den Elementwesen und den ernsten braunen Schilfrohrkolben. Als nächstes werde ich tasten. Ich streiche über Unterwasser Schlingpflanzen, untersuche flüssige Erde. Wie rinnt Wasser durch die Finger? Ich lebe eine Zeitlang mit verbundenen Augen. Ich lerne, wie wenig man hört mit Augen, wie viel man sieht mit Ohren. Nun strömt auch der Geruch klar hervor, meine Augen hatten ihn unterdrückt. Gerüche sind Welten für sich, sind Leben selbst. Wie riecht ein Moor? Wie schmeckt wässrige Luft? Der Geruch von Sein? -

Zum Schluss versuche ich, wieder zu sehen, ich meine nicht mit dem toten Blick der informierten Gesellschaft, dem Internetblick, weil kein Wissen dort zu finden ist, man sucht es darin, aus Angst, weil die Größe des Pan erschreckt. Ich nehme die Augenbinde ab am 6. Tag. Weißt du, dass man dann nicht nur anders sieht, auch anders hört, anders schmeckt? Um genau zu sein, du hörst Bilder, riechst Töne, Töne setzen sich um in Form und in erfühlte Philosophien. Aus vielen Sinneswahrnehmungen wird schließlich eine, weil ein Sinnesorgan jedes andere beeinflusst. Jetzt aber bin ich ein Wesen, das separat hört, sieht und riecht, ich bin mehrere Wesen in einem. Wer hat mir nur eingeredet ich sei einer? - Naturwesen bieten alles. Die Suche im PC und Buch ist eine Ersatz für die wirkliche Suche, weil kein Mut da ist, sich über Schilfrohre ganz in die eigenen Augen zu schauen. Natur ist kräftiger als ein Flimmerschirm. Ich rufe auf zum Naturverkehr!

Menschen anderer Art (Übung)
... Holsteinisches Wattenmeer, Nordstrand, am Watt

Drei Tage Alleinsein am Watt. Einsamkeit tut weh - nur anfangs. Oder ist es unser falsches Angehen das zu Einsamkeit, Leid und Langeweile führt. Tausend Lebewesen leben im Watt um mich herum. Wir sitzen auf dem größten drauf. Doch scheint Natur uns tot. Wie traurig! Wie sehr haben wir uns entfremdet. Wir müssen wieder lernen, Bäume und Gräser, Wasser und Wind als Menschen anderer Art wahrzunehmen. Das ist die große Kunst der Naturtherapie. Ein Mensch, der das nicht kann, ist keiner. Er hat seine Geschwister verloren, vereinsamt scheinbefriedigt er sich mit zivilisatorischen Errungenschaften: Fernsehen, Computer, Film, Kulturkunst, Geselligkeit, Arbeit. Ich spreche nicht gegen Kultur, ich spreche gegen die Saftlosigkeit von Kultur im Vergleich zu einer zarten Wollgrasfreundin, einem gelben Pfennigkrautfreund und dem jährlich wiedereinfliegendem weißen Storch. Natur heißt tiefe, tiefe Seelenverbindung, Kultur heißt flache, flache Verstandesverbindung.

Was das Berühren, das Wiedererkennen der anderen Naturmenschen vor allem verhindert, ist: Sie leben in einer zeitlosen Zeit! Ich aber ertrage keine Zeitlosigkeit. Zeitlos leben ist mir als Mensch ein Schmerz. Ein moderner Mensch leidet aber nicht, er handelt dagegen, indem er etwas tut! Aber ich als Naturwesen muss leiden, sterben, will ich geboren werden. Einsamkeit ertragen, Langeweile, die Schlichtheit der Natur, lange Zeit, die nicht verstreicht, Sinnlosigkeit, was könnte man nicht alles Anderes machen in dieser Zeit. Ja, unter der Nichtzeit leide ich mehr als unter der Zeit, die uns ans Handgelenk gebunden, so dauernd bewusst ist als das Verstreichende, womit ich fälschlich annehme, es verstreiche die Natur selbst, wo doch nur meine Illusion einer Zeit verstreicht, bzw. die innere Unruhe, welche eine Illusion von Zeit und Vergehen erzeugt. Tatsächlich aber steht alles still. Da ist ein Geheimnis: Ich sagte, Materie wird erzeugt durch Zeit. Und: **Wachstum und Verfall sind keine Erscheinungen der Zeit, sondern entstehen durch Gemütsschwankungen deiner Seele, wenn sie sich in einem Körper verdichtet!**

Deshalb musst du zeitlos werden. Wie das? Durch Nichtstun, Alleinsein, durch langes Sitzen am Wattenmeer. Das ist die einfachste Form der Zeitreise. Wir brauchen keine Raketen, um E.T.´s auf fremden Sternen zu besuchen, denn: **Sie sind bereits da! - als Seeanemonen, Seegurken, Seerosen und Binsen aller Art. Aber man muss hinschauen.**

Nur der Naturmensch ist Mensch (B-Übung)
... Frankreich, Pyramide von Autun

Man sagt, diese Pyramide besitze eine starke Strahlung und Energie. Ich bemerke nichts, ruhe mich aber hier aus, sitze einen Tag an ihrem Fuß und schreibe. - Viele Menschen wollen zurück in die Natur. Eine ganze Naturbewegung steht uns ins Haus. Aber kommen wir tatsächlich in Berührung mit Natur oder bleibt nur mentale Sehnsucht nach dem Urzuhause in uns zurück? Wir versagen im Allgemeinen jämmerlich in der rohen Natur. Wir halten die Langeweile, die Sinnlosigkeit eines bloßen Herumsitzens unterm Fliederbusch nicht aus, Warten beim Zahnarzt und in der Käuferschlange aber stehen wir durch. Natureinsamkeit wirkt doppelt schwer. Wir sind nicht gewöhnt, nichts zu tun und noch der Eibe zu lauschen, die stumm am Waldrand steht. Aber man kann sich auch der Moderne entwöhnen. Das geht nicht über Nacht. Doch Naturbeobachtung befreit uns von der Zeit. Ebenen, Täler und Höhenzüge zerstören die Macht der Zeit, schenken dafür den Augenblick der Ewigkeit. Ich will zurück in die Natur, ich erahne ihr Gedächtnis, ihre Kraft, ihre paradoxe Wahrheit: *Erst unter Naturmenschen, Gräsern, Schilfen und Schaumkronen werde ich Mensch.* Erst wenn ich das Naturgedächtnis in mir wieder entdeckte, werde ich voller Mensch. Doch: Das zu Hause ruft, die hektische Arbeit, Geldverdienen, geselliges Sein unter Mitmenschen. Ablenkung ist oberstes Gebot - insgeheim weiß ich zwar wovon, vom Nichtsgefühl, aber ich halte dies einfach nicht aus. Stattdessen lese ich besser ein Buch darüber und lasse die Sehnsucht gären. Natureinkehr ins nasse Grün ist nicht gefragt. Das Buch als zentrales Moment der Kultur ist ein Höhepunkt der Selbsttäuschung. Das Buch vermittelt Worte, Sehnsüchte, nie Wirklichkeit! Ich schreibe hier ein Buch über Naturtherapie, ein aberwitziges Unterfangen, es zeigt meine eigene Verwobenheit, mein Problem! Natur bedarf keiner Bücher, Natur spricht aus sich selbst, gesellst du dich zu ihr.

DAS NICHTSGEFÜHL ALS NADELÖHR
... SCHWARZWALD, FAULENFÜRST BEI DEN 21 TUMULI

Ich habe 21 keltische oder steinzeitliche Tumuli entdeckt entlang des bekannten Hotzenweges im Schwarzwald. Jeder Tumulus trug einst einen großen Stein, der aber heruntergestoßen worden ist. Hier sitze ich und gebe mich dem Wald hin und der Vergänglichkeit der Geschichte preis. - Es gibt ein geheimnisvolles Tor ins Gedächtnis der Natur. Sein Wächter nennt sich Ichlos, die Tür selbst Gehnichtauf, der Wachhund aber wird gerufen Bellenie. Dieses Tor ist gehüllt in Schweigen statt in Nebel, und das ist gleichzeitig sein Schlüssel. Dieses Tor heißt *Nichtsgefühl*.

Irgendwann kommt eine Zeit, in der wir zu sprechen beginnen mit Baummenschen, Strauchmenschen, Steinmenschen. Aber das Gespräch tönt anders als wir erwartet haben. Alle Vorgefühle entpuppen sich als falsch. Weder hilft Theorie noch Einbildung oder Hoffnung, gar Mut versagt und die vielgerühmte Intuition. Selbst der innigste Wunsch nach Naturkontakt und Verbindung wird bereits zum Hindernis. Was zählt, ist das *Nichtsgefühl!* Aber wer lebt das noch in diesen vollen Zeiten!

DAS ERDMUTTERGEFÜHL - SCHWEIGEN IST URSPRACHE (S-ÜBUNG)
... SCHWARZWALD, SCHLUCHSEE, GRÄBERFELD MUTTERGUT

Hier liegen ein paar hundert keltische Gräber, die ich entdeckt habe und die zu einer ganz besonderen Sorte gehören; sie sind in Form von Särgen, Türmen und Schlangen gebaut. Hier an diesen übermoosten tausendjährigen Steinen überkommt einen Seinsgefühl. - Es heißt: Innere Leere führt zur geistigen Fülle. Also: *Wer Fülle will, muss Leere leben.* Hier herrscht ein Paradoxon. Wer innerlich ganz leer ist, bekommt alles. Aber ist er leer hat er ja nichts - *also wäre die Fülle eine Große Leere.* Das ist das Paradoxon, an dem jeder Habenmensch scheitert. Das Tor zum Nichtsgefühl ist wie ein Schlagbaum, der alle, welche nach banaler stofflicher und seelischer Fülle streben, abhält einzutreten; denn hinter dem Tor herrscht Schweigen, Leere, Weite. Wer nun hinlauscht ohne Ohr, schaut ohne Auge, der wird eine Fülle der anderen Art erfahren. Wir kennen die Fülle der Fülle, immenser Reichtum an Vielfältigem. Die Fülle der Leere dagegen *ist die Erfahrung der Vielfalt als eine Einheit*. Diese Einheit aller Erscheinungen kann mit Sprache nicht mehr beschrieben werden, sie bleibt Erfahrung pur. In der Natureinheit sind wir in der Tat jenseits der Sprache, der Verstandeslogik, des kleinen Menschseins in der Kultur. Nun dämmert wahres Erdgefühl herauf. Das große Gefühl der Erdmutter. Ich flüstere ihr zu in der gleichen Sprache. Denn nur, weil sie schweigt, die Große Göttin, spricht sie *alle* Sprachen ihrer tausend Glieder. *Schweigen ist Ursprache, Lauschen Urlaut, Schauen Urschau.* Das sind die Augen, Ohren und Zunge der Erdgöttin, Begnadete werden ihre Diener. Und diese erschaffen sich erstmals zu Menschen!

Ich bin übersät mit Wunden
... Norddeutschland bei den Sieben Steinhäusern

Diese Dolmen darf man nur mit Genehmigung betreten, sie liegen in einer militärischen Sperrzone. Seit Kindheit hatte ich ein von ihnen gemaltes Bild von einem Onkel in meinem Zimmer hängen und habe davon geträumt, sie zu besuchen. - Bin eingelassen worden von der Wache und sitze für drei Stunden schauend an den Heiligtümern und notiere. - Leben ist hart und unerbittlich. Ich bin übersät mit Wunden. Sturm und Erdbeben haben meinen Leib erschüttert, Wasser hat mich eingeweicht und erkalten lassen, die Sonne hat mich ausgedörrt. Das Leben erscheint mir als Abfolge sozialer Ereignisse, tatsächlich aber sind es nur Wetter, die über mich hinwegfegen. Ich reiße mich auf an Felsen, wilde Tiere beäugen mich, Hitze und Kälte schaben wechselweise an meiner Haut. So bin ich verletzt durch Wasserwunden, Steinwunden, Wind-, Feuer- und Eiswunden. So wie die Landschaft abgeschliffen wird von Kräften, die um die Erde toben so auch wir; gehärtet, gebacken, vereist und ausgetrocknet erhalten wir eine Narbenhaut. Diese Abschürfungen bemerken wir im allgemeinen nicht, weil wir Wetter als gegeben hinnehmen, das Leben als Leben. Aber das Wetter ist der Atem der Erdmutter, er bäckt uns als Feueratem, gibt Frische als Morgentau, schlägt Wunden als Sturm. Dieser Atem heißt auch Lebenserfahrung. Hinzu kommen Wunden, die uns andere Menschen schlagen, aber gegen die des Lebenswetters bleiben sie harmlos, nur haben wir insbesondere sie im Blickfeld, überbewerten sie. Tatsächlich sind wir wie der Berg tausendmal umgeformt durch Erdgeschiebe, tausendmal durch Wassereinfluss. Wir sind Kinder der Erdmutter.

Ich schreie: Wie soll ich diese Wunden alle ertragen? - Dafür besitzen wir die Rituale!

Wunden schmerzen. Wunden verändern meine innere Landschaft. Im Grunde ist der Schmerz, den ich empfinde, eine Angst und Abwehr gegen meinen dauernden Wandel, denn die Wunden lassen uns nicht mehr gleich aussehen, Abschürfungen und Verwehungen verwandeln dauernd unser Gesicht. Das ist, was wir nicht wollen. Wir wollen im Spiegel immer gleich aussehen, sonst treten wir eines Tages einem Fremden gegenüber, wissen selbst nicht mehr, wer wir sind. Deshalb sträubt sich mein Ich gegen die großen Lebenskräfte, ihren Ansturm in Gestalt von Schmerz. Dem sich Wehrenden wird so sein Leben zu einem einzigen Schmerz, einem Spüren des Körpers - ich werde Körper! *Und das ist das Geheimnis der Fleischgeburt: Körper wird, wer Wandel meidet! Naturtherapie heißt: Verwandle dich jetzt, werde wandelnder Geist im Körper!*

Meine Gesichter wechseln (S-Übung)
... Nordsee, Hallig Hooge. Sitze am Watt, Nichtstun

„Aber: Es gibt doch auch Glück!"

„Das sind doch nur die anderen Sturmkräfte des Lebens, sie formen dich um durch fröhliche Bewegungen deiner Seele."

„Aber es ist doch die Lebensnatur, die dieses macht, nicht wahr?!"

„Die Elemente lassen nie locker. Kaum erlischt der Wind, nimmt Sonne seinen Platz. Alles wechselt. Wechsel ist die Natur der Natur. Natur ist ein Wesen, bestehend aus vielen Wesen und will die vielen Weisen der Wesen, die auch in dir schlummern, aus dir herausmeißeln, so wie Bildhauer Gesichter aus Felsen. Ich bin ein Stück rohes Holz, aus dem der Naturwechsel eine Figur geschlagen hat. Doch kaum war ich fertig, besann sich mein Bildhauer, schnitzt mir eine neue Form und so steh ich heute vor dir, doch morgen werde ich eine andere sein. Und wenn alles Holz abgeschnitten ist und nichts mehr übrig bleibt von mir, werde ich sterben. Mein Formenreichtum ist aufgebraucht, mein Tod steht vor der Tür."

Dies ist eine Übung im Gesichterwechsel. In den einsamen Moornächten und langen Bergsonnen steigt aus dem zerfallenden Wohlstands-Ich eine Heerschar wilder Gestalten hervor, Bienenschwärme von Naturgesichtern. Jetzt komme ich in Fahrt,

Island, Gletscher. Experiment: 2 Tage auf einer Eisscholle. Aus Ehrfurcht verbeuge ich mich zum Schluss vor dem schwimmenden Eisfelsen. Eis wird zum Lebewesen, wenn man auf es angewiesen ist.

werde Flugbiene und Stechpalme, werde nach diesen Wandelzuständen zurück in der Normalwelt Künstler, schöpferischer Geist, offen für alles, was nicht sein darf, hinterlasse keine Schneckenschleimspur persönlicher Meinung mehr. Habe mich hochgeschafft zur Naturnatur, reiß mich nicht mehr am Riemen und mir auch nicht die Flügel aus für ein paar abgekartete Gesellschaftsregeln; bin Künstler, Dichter, Sänger, lobpreise nur noch das Konzert der Lebensformen - selbst in den Kirchen.

DIE NATUR DER KULTUR (ÜBUNG)
... SCHWARZWALD, SERPENTINENWEG VOR MEINEM HAUS

Während ich dies aufschreibe, rast an meinem Haus eine Kolonne Motorradfahrer mit Beiwagen vorbei, eine Kolonie Genießer von 60er Jahre Modellen. Schöne glänzende Chromstangen. Ein Umzug aus einer anderen Welt und Zeit. Steh ich nun auf - geschockt vom militärischen Knattern - gegen Technikglanz und starken Lärm? Bin ich der hagere Naturapostel, der meckernde Antitechniker, das zurückgezogene Natur-Rumpelstilzchen, das in feierlichen Riten verwelkte Rosenblätter begräbt? Freunde, **es gibt nur Natur.** Die Natur des Chromauspuffs steht dem blauen Schillern der Schwertlilie in keiner Weise nach. Natur gebiert den Menschen und durch ihn hindurch neue Naturen in Gestalt raketenförmiger Beiwagen und gewienerter Auspuffrohre. Meine Natur kann es nicht erschüttern, wenn Hubschrauberbattalione und Motorradgangs sich durch meine Schluchten quälen, Natur kennt keine Grenzen, weshalb der Mensch im Innersten das Grenzenlose sucht.

Wer die Naturformen in sich erfühlt, sieht, wie sie sich zwanglos aus wenigen vorstofflichen Gesetzen entwickeln und wie sie als gewaltiger Formenreichtum hineinexplodieren in die Materie. Wenige Energiegesetze stehen am Anfang, ihre Ausfaltung in der Materie erzeugt jene Vielfalt, vor der wir sprachlos rätselnd staunen. So stehe ich nun andächtig lauschend, verfolge die Motorradkolonne, die an mir im Gefühl der Naturkraft eines knatternden Wolkengewitters vorübertuckert. Bin gebannt, erhoben, trete dem Pan in Gestalt eines Chromzylinders gegenüber. **Natur, Freunde erschöpft sich nicht in Naturen.** Also: Sucht große Fabrikgelände auf, verseuchte Chemieareale, weidet euch an verpesteten Himmelsgewölben und Flusskloaken und schaut genüsslich der Erdmutter beim Scheißen zu.

ZEIT ENTSTEHT DURCH DEN TRUGSCHLUSS DER VEREINZELUNG DER WESEN
... KANARISCHE INSEL EL HIERRO. SITZEN AUF DEM VULKANKEGEL

Sitze auf einem Vulkanberg, innen reißt ein tiefes Loch auf, das zugefallen nun vielen Kakteen und Dickwurzgewächsen ein Zuhause gibt. Ich überblicke von hier oben die Lavahänge, schaue übers nahe, silberne Meer. Ich fasse hier zusammen, was tiefe Einsicht war am Kraterrand, bei heißer Hitze, nassem Sommerregen, bei trockenem Sturm und feuchter Meeresbrise.

Aber der Wechsel unserer Gesichter trügt, **ein** *Gesicht bleibt unter allen andern stehen, unsere wahre wechsellose Natur, unser Urangesicht, unsere Seele aus der Anderswelt. Es wechseln nur Gesichter im Irdischen, hier an der Oberfläche, dem Stoff, herrscht Täuschung. Stoff heißt*

Wandel, Seele, Ruhe. In der Zeitdimension unterliegt naturgemäß alles dem Wandel, weil alles zeitlich materiell ist. Die Seele gefangen im Stoffkleid muss ihre wahre nichtstoffliche Natur erkennen. Diese ruht in einem Sein in dem alles miteinander verflochten ist, in der Materiewelt dagegen herrscht Trennung, Ausdehnung. Zugleich befindet sich die Seele im Seelenland in dauernder Bewegung, denn auch jetzt schwingt meine Seele in dauernder mentaler Bewegung. Da Seelenbewegungen blitzartig sind, gibt es keine Zeit im Seelenland. Zeit gibt es nur, wenn die Seele eingeschlossen in einem materiellen Körper und in einer materiellen Umwelt ihren Körper durch die ausgedehnte Welt schleppen muss, dann vermeint sie etwas - jetzt Zeit genannt - vergehe, aber das ist nicht ihre zeitlose Seelenzeit, in der sie mit allen anderen Seelenwesen vereint und nicht wie im Stoff durch deren Wachstum, Alter und Jahreszeiten von ihnen getrennt wird. Die Zeit des Stoffs entsteht durch das, was sie erschafft, den Raum. Wenn der zeitlose Nichtstoff der Seele in die Materie fällt, dehnt er sich aus zu Raum und Zeit, ab nun fühlen sich die Seelenwesen getrennt voneinander durch Unterschiede der Körper und Alter. Die durch die Abwesenheit von Raum und Zeit und Stoff unmittelbar auf einem Punkt tanzenden Seelenwesen, bekommen in der Materie ein Individualkleid, weil Raum und Zeit notgedrungen alles räumlich und zeitlich trennen. Nur im Instinkt, der Urahnung wissen sie um ihre Einheit und Abstammung aus dem einheitlichen Bewusstseinsfeld des Urstoffs, Äthers oder Plasmas. Doch das bleibt Ahnung, unbewusste Sehnsucht, die sich nun als tausend Sehnsüchte äußert, eben all unsere Kultursehnsüchte, die aber alle nur Echos der einen seelischen Sehnsucht sind: vereint zu sein mit allen Naturfreunden. Das Leiden der Welt ist damit das Leiden an der auseinander gezogenen Raumzeit, die alle Wesen voneinander trennt.

Ich weiß, „Zeit entsteht durch die Vereinzelung der Wesen" ist eine schwierige Übung.

Wandelgesicht und Urgesicht (Übung)

... Schwarzwald, Wutachschlucht, ein Sommermorgentraum

Sitze bei mir in der Wutachschlucht. Viele Schmetterlinge leben hier. Flatterhaft ihr Wesen. Kohlweißling, Pfauenauge, Zitronenfalter - sie lassen sich nieder auf meiner Haut. Bleibe ich in tiefer Ruhe, sitzen sie lange auf mir. Bin ich nun ein Schmetterling oder gibt es verschiedene Evolutionslinien? Zur Hölle mit der Evolution und mit Theorien. Ich betrachte das Pfauenauge, spüre sein Wesen, es zerrinnt mir aber beim Versuch, es in Worte zu fassen. Tiefe Verbindung erfasst mich mit dem Großgeflügelten, tiefe Einheit. Aber man kann noch eine Stufe tiefer gehen, aber etwas bremst mich da. Ein Widerstand in mir, Angst, mich aufzugeben als Mensch. Eine Wut, eine letzte Hilflosigkeit kriecht in mir eiskalt empor, weil ich nicht Schmetterling mit samtnen Flügeln sein kann. Welch ein Hohn der Geburt, beschränkt zu sein auf Menschenform. Es ist ein irrationaler Versuch, ganz Schmetterling zu sein, und doch öffnet sich für Bruchteile der Zeit ein Fenster, ich sehe mich selbst als Schmetterling. Der Schmetterlingsmann. Aber da ist noch ein Rest Trennung, eine tief sitzende archaische Angst, etwas loszulassen, ein eiserner Griff, der festhält an meinem Luftgebilde Ich. Für Bruchteile der Zeit, wenn die Zeit stillsteht, durchläuft mich ein wütender Schauder, als streife das Zittern die eigene Haut ab, aber das ist mehr als eine Schlangenhäutung, denn auch mein Ich streif ich mir ab im klaren Zorn des Geistes. Und da löst sich etwas: stoischer Geist schnallt sich gelassen breite Flügel an, bekomme Fühler, erfahre die Natur des flatternden Fliegers.

All unser einfühlsames Verstehen der Schmetterlinge beruht auf einer Sekundenerfahrung, Schmetterling zu sein. Jeder Mensch kann für Bruchteile von Sekunden Schmetterling sein. Dann aber bricht die Erfahrung ab. Mehr wäre zu viel, unser Ich litte sonst. Sekundenfäden großer Einfühlung, gewaltiger Verwandlungen sind eingewebt in den Prozess menschlicher Erfahrung, auf dass wir überhaupt andere Wesen und Dinge erleben. Der Überlebenstrieb erlaubt uns kurze Einsichten in andere Wesen, damit er weiter leben kann. Ganz das Andere zu werden gesteht er uns nicht zu. Das ist unser Schicksal, allein und gleichzeitig doch umgeben zu sein von anderen.

Das Leben hält uns bei der Stange, indem es uns für Bruchteile von Sekunden Einblicke in andere Lebewesen gestattet. Besäßen wir drei Sekunden geschenkt ein Schmetterling zu sein, meine Evolutionslinie als Mensch bräche abrupt zusammen. Ich würde mir dann der Relativität meines Wesens schockartig bewusst werden, all meiner Beschränktheit, all meines in dieser Beschränktheit wurzelnden Egoismus. Daher die Kürze des Genusses Schleiereule, Salamander oder Seeschwalbe zu sein. Diese Kürze der Einfühlung ist Ursache meiner Naturvernichtung, der äußeren wie meiner eigenen inneren, einfach weil eine halbe Sekunde nicht ausreicht.

Ich werde älter, mein Körper verwandelt sich. Eine unangenehme Vorstellung, kein dauerhaftes Gefäß zu besitzen. Doch schaue ich ehrlich in mich, bestehe ich aus tausend Formen. Mein Bild eines stabilen Ichs ist Täuschung. Morgen bin ich ein anderer. Es tummeln sich in mir viele Wesen, ich habe Begabungen, Kenntnisse aller Art. Jeder hat einen Beruf. Wenn man einen sagen hört, er sei Denker oder Dichter, dann schränkt er sich ein. Aber es ist die ausgesperrte Angst vieles sein zu können, die eine fragliche Sicherheit gibt. Die Angst schwindet, erlaubst du alle deine Wesen durch dich zu sprechen. Lass Fuchs und Wildhuhn aus dir treten, wozu dauernd Bär spielen, bist du doch Hase, Gans und Schmetterling da auf dem Strauch. Sei Schlange, winde dich im Sand. - Es gibt nur einen Weg: den Weg durchs ganze Tierreich. Sei Schlange, wenn sie gefragt, sei Stier, wenn Kraft erforderlich, sei Biene, wenn Einsammeln von Honig an der Zeit ist. Wehr dich nicht, sei alles, fließ mit den Wassern statt Staudämme zu bauen wie die Biber und der Wandel wird sich als deine neue Fähigkeit erweisen. Denn die Natur verwundet nicht, sie schenkt nur Neues. Und wenn sie dir den Tod schenkt, schenkt sie dir ein neues Leben in luftiger Gestalt. **Doch auf all deine Wandelgesichter schaut dein zeitloses Urangesicht herunter.** Dieses ist es, was vor allem zu erinnern ist.

MEINE SEELE IM STOFFGEFÄNGNIS

Die Seele bedarf des Körpers

    ... *Italien, Insel Capri, oben am Leuchtturm von Anacapri*

Der Leuchtturm ist aufgelöst worden, und da liegen hunderte von bunten Signalflaggen herum. Ich nehme sie alle mit. Es ist Winter, sehr ruhig, und ich schaue hinüber nach Afrika. - Es ist also eine Kunst, gleichzeitig körperlich und seelisch zu handeln, keinen Zwiespalt aufkommen zu lassen. Machst du eine Bewegung mit einer gleichzeitigen Bewegung der Seele dahinter, hat sie mehr Kraft, erschöpft dich weniger. Lächelst du, und deine Seele lächelt mit, sind alle von deinem Lächeln ergriffen. Es unterstützt so das innere Lächeln das Verziehen des Mundes und umgekehrt. Spürst du und führst dazu die entsprechende Körperbewegung aus, erhält dein Gefühl mehr Schwung. Ebenso beim Denken. Ein Denkvorgang drückt sich im Raum als Körperform aus; nimmst du zur Wut eine Drohgebärde ein verschärft sie sich. Daher haben wir den Körper, auf dass er das Seelische verdeutliche, mehr noch, zum Erwachen bringe, denn die Seele wird klarer durch die Haltung des Körpers, sie bedarf daher des Leibes. Das ist das größte Geheimnis des Lebens, dass die Seele lerne durch den Körper! Das ist ein Geburtsgrund: Die Seele möchte ihre Sinne im Leiblichen schärfen, genauer prüfen, ob sie ihre im Jenseits angeborene Sehschärfe auch wirklich verdient hat. **Das Diesseits ist ein Testgelände für Seelen!**

Maschinenwelt und Seelenverlust

    ... *Capri, in der Grotta Verde*

Bin allein in der grünen Höhle, es ist kalt. Schaue einen Tag lang aufs blaugrüne Meer und schreibe: Maschinen bewegen sich schnell. Sie sind Nachahmungen unseres Körpers, nur sind sie schneller. Nun kommt in unserer Welt, in der die Maschine die Geschwindigkeit angibt die Seele nicht mehr hinterher. Sie hat den Anschluss völlig verpasst, darbt dahin, verwelkt. Wir nennen das dann Krankheit und lassen die Seele mit weiteren Maschinen untersuchen, die jedoch so schnell sind, dass sie die Seele überhaupt nicht registrieren können, so behaupten sie stattdessen der Körper sei krank; sie bemerken nicht, eigentlich ist die Seele zurückgetreten, weshalb der Körper alleingelassen, keine Kraft und eigene Harmonie mehr besitzt. Die alten Kulturen sprechen zutreffender vom Seelenverlust.

Gehe ich in die Wälder, die langsam atmen, hier holt meine Seele auf. Sie findet in Dickicht und Unterholz in ihre eigene Kraft zurück, weil sie nur hier zu Hause ist. Die Seele ist zwar von Natur aus extrem schnell, da Seelengefühle kaum abgesandt immer gleich ankommen. Also dürfte die Seele nie hinter der Geschwindigkeit der Maschinenwelt hinterherhinken. Doch machen Maschinen und mechanische Kulturabläufe, Auto, Eisenbahn, Fernsehbilder dort keine Pause, verweilen nicht, wo die Seele lange verweilt. Weitergetrieben kann sie sich nie recht besinnen auf ein Ereignis, denn das nächste überrollt sie schon bis sie schließlich alles nur noch schattenhaft erfährt; so verflacht, verkümmert, versiegt sie als Seelenkraft. In der modernen Kultur ist die Seelenkraft versandet wegen der Zunahme der Geschwindigkeit und wegen des Absterbens der Wälder, denn Seele sucht im Leben ihre Brüder, doch die sind entwurzelt. Allein in einer öden Welt stirbt sie ebenfalls ab. Das musst du wissen: Unsere Seelen kommen in die Welt und wollen ihre Gefährten, die tausend Lebensformen wiedertreffen. Doch, wenn sie die Endschlacht gegen die Bäume hier miterleben, wollen auch sie sterben, ob der Mensch das nun bewusst bemerkt oder nicht. Die meisten Seelen sind im Angesicht dieses Endkampfes so ernüchtert und erschrocken, dass sie - taub und gefühllos geworden - aus Verwirrung den eigenen Untergang zum Programm erhoben haben. Man mag das für bloße Naturlyrik halten, wer aber Kraft zum tiefen Fühlen besitzt, wird dieses nur wenigen bekannte Geheimnis lüften. Ich habe dieses Geheimnis mitgeteilt bekommen von einem Bergmassiv, wohl weil ich zum Untergang meines Ich in seinen Falten ausgeharrt und eine Antwort erbeten habe. Dass ein Bergmassiv mit Menschen spricht, versteht der Zeitgenosse bestenfalls als überhöhte Schwärmerei. Ich kann nur sagen, Höhenzüge beginnen zu sprechen, wenn du am Sterben bist. Da unsere heutige Kultur keinen Tod kennt, kennt sie also auch das Leben nicht. Freunde, ich habe Meister gefunden in Wesen, die ihr nur als Steinbruch, Kuhwiese, Legehenne, Zugochse und als Baumaterial kennt.

Weisheit durch Seelenaneignung
... Capri, Grotta Azzurra

Wie viele Farbtöne weist Blau auf? Was ist Farbe? Wozu gibt´s Farben? - Wo Seele und Körper eng befreundet sind und im Gleichschritt gehen, besteht keine Möglichkeit, dass die Winde des Lebens sie angreifen. In der Jugend geht der Körper schneller als die Seele. Im Alter wird der Körper langsamer, so dass ihn die Seele einholen kann. So entsteht erst im Alter Weisheit, sprich Einheit von Seele und Körper. Ich spüre einen gewissen Alterungsprozess, ein echtes Identitätsgefühl dämmert herauf - ich kann mir vorstellen, einst Körper und Seelenbewegung ganz zu synchronisieren.

Das Leiden der Seele
... Capri, auf dem Monte Solaro

Ich erwache. Sonnenaufgang auf dem Sonnenberg. Ich genieße den Augenblick, an dem der Feuerball aus dem Meer steigt. Ein Augenblick größter magnetischer Kraft, irgendetwas verändert sich dann in der Atmosphäre, ich habe das oft beobachtet, es ist keine Täuschung.

Ich beobachte meine Gefühle. Sind sie stark genug die Wirklichkeit hundertprozentig nachzuerfühlen? Nein! Das, was es zu erfühlen gäbe, und das, was ich fühle - dazwischen klafft eine tiefe Wunde. Ich kann mich nicht ganz für die Wirklichkeit öffnen. Eine unbewusste, eine seit langem einprogrammierte Angst hindert mich. Mein Ich würde sich auflösen, gäbe ich mich allen Naturformen hin. Aber mein Ich will Ich bleiben. Doch dann bleibe ich allein im Formenmeer, erfahre nie das andere. Anders ist das bei Toten. Sie sind sehr empfindlich. Seelen essen reine Gefühle. Weil ihnen kein Körper im Weg steht. Sie sind allein das, was sie fühlen. Wir Lebenden dagegen schwanken zwischen Gefühl und Körperempfinden und wissen beides nicht richtig zu trennen. Gefühl vermag sich nicht in vollem Umfang durch unseren Körper auszudrücken. Darunter leiden unsere Seelen. Das ist das Lebensleid, die erste Tatsache des Lebens!

Die Namen der Toten
... Luganer See, italienische Enklave Campione.

Liege unten am Seeufer an einem kleinen Steinstrand, oben an der Klippe die Kirche, zu der zwei schöne alte Treppen emporsteigen. Während das Seewasser gemächlich ans Ufer schwappt schreibe ich. -

Es ist nicht gut, etwa den Namen deines Großvaters gedankenlos herauszuplappern, so wie wir es gewöhnlich tun. Der Name der Toten muss verschwiegen werden. Das Aussprechen des Namens des Toten ist eine heilige Tat. Nicht nur wenn er tot ist, da besonders, auch der Name des Lebenden sollte nicht ungefragt und gedankenlos gerufen werden. Du findest das übertrieben. Vergiss nie, Tote sind lebendiger als wenn sie leben, und sie mögen es nicht spricht man ihre Namen aus, ohne wirklich Verbundenheit mit ihnen zu spüren - sie wollen Echtheit. Ein Name ist kein Name, ein Name ist eine seelische Kraft, die sich zur materiellen Tatsache verdichten kann. Nennst du gedankenlos einen Namen ohne die Verbindung zum Träger des Namens zu spüren, beleidigst du die Seele dieses Wesens. Tote mögen nicht missbraucht werden. Und so ist es auch im Leben. Die Seele des Toten will Einheit von Gefühl und Handlung, sie kennt nichts anderes, ist dem Schisma des materiellen Lebens, hier Gefühl, hier Körper zu sein, entronnen, ist wieder identisch mit sich selbst geworden. Sie will hinter jedem Wort seelische Wahrheit spüren! Das ist es, was wir zu lernen haben, unsere Seele auf die Ebene der Welt hochzuheben, ganz Seele zu sein!

Breitbeinig wie das Land daliegen
... Kanaren, Insel El Hierro

Es gibt hier in der Nähe von El Pinar einen eigenartig geformten Berg, ein Restvulkan und Aschekegel, nur spärlich bewachsen. Er sieht aus wie eine Vagina mit Klitoris an der richtigen Stelle. Ihm gegenüber liegt ein kleiner länglicher Bergrücken, der einfach auf der Ebene liegt - ein Phallus. Begattet sich hier die Erdmutter selbst? Ich setze mich in ein ausgetrocknetes Wasserbett und schreibe in die Mittagshitze und das Grillenzirpen - es gibt nur eine Heilung. Jene, die grollt wie das Donnergrollen, plätschert wie der Regen, breitbeinig daliegt wie das Land. Dagegen benimmt sich moderne Medizin wie Kindergeschrei. Ich bin ein Bär, der Bär ist die ganze Natur. Entscheidet euch: Werdet Bären oder bleibt Kulturkrücken. Heilsein besteht im Rückfall in die Natur, nicht im Vorfall ins kulturelle Nichts. Es ist der Irrglauben unserer Zeit, der Mensch könne sich aus der Natur als dem Primitiven befreien. Umgekehrt: Der Mensch befreit sich, indem er wie der Schilfhalm in der Morgenluft steht, still, gerade und schweigend.

*Die Erkenntnis der Naturgesetze, der wir heute so überlegen frönen, als sei es unser himmlischer Auftrag, setzt nicht wissenschaftliches Wissen, sondern **Selbsterfahrung** voraus. Allein diese umgekehrte Reihenfolge erschafft echte Ergebnisse, geboren aus Weisheit und Lebensphilosophie: Also statt Bücherwurmstaub lebensnahes Erleben. Geben wir zu, wir haben unsere angeblich enorme Kenntnis über Naturgesetze nicht verinnerlicht und zu unserem Fleisch und Blut verdichtet. Doch darum geht es, bevor wir Naturgesetze anwenden, sonst werden wir sie gegen uns selbst anwenden. Und das ist doch der große Trugschluss der Naturwissenschaftler, allgemeine Gesetze zu entdecken und sie dann ohne unser Verhalten mit ihrer Weisheit und Gesetzlichkeit durchtränkt zu haben, zur Ausbeutung und künstlichen Wiederholung der Natur also gegen die Natur einsetzen.*

DIE GÖTTIN SCHENKT DEM SPIELENDEN
   ... MALTA, GIGANTJIA TEMPEL

Ich habe mich nachts in den Tempel geschlichen und schlafe dort. Der Gigantija Tempel liegt auf einem Kalksteinplateau nahe dem Meer; er gehört zu den großen steinzeitlichen Kultanlagen der Megalithkultur.

Ich beginne mit einer Anrufung, setze mich dann zur Meditation nieder. Es ist wunderbar, in lauer Luft unter dem Sternenhimmel zwischen den Riesenfelsen allein zu sein. Die Macht von Gigantija erhebt sich wie der Mond. Ich rufe mir und allen innerlich zu: Erfahrt zuerst die Macht der Landschaft, dann möget ihr herangehen und etwas von ihr nehmen. Ob ihr dann noch nehmt, genauer: noch braucht, ist eine andere Sache. Dazu muss man lernen zu sehen, angstlos ohne Vorausplanung zu schauen. Angstlos in der Natur leben zu lernen. Ich spreche nicht von Überlebenstraining, sondern von liebevollem, achtsamem Mitschwingen mit dem, was ist, auch dem, was in unserer eigenen Natur ist. **Doch die eigene Natur wird am ehesten offenbar, wird sie sich der äußeren Natur bewusst als lebendiges Wesen.** *Das ist das Geheimnis: Die eigene innere Naturweisheit löst sich wie Salz aus Gestein erst bei der Betrachtung der äußeren Natur, denn ich erfahre: Ich bin Du! Echte Ich-Erfahrung ist stets Du-Natur Erfahrung. Dann erst tanzt mein Ich als Sturmwind, dreht sich wie verwehte Herbstblätter. Naturwissenschaft verkommt dann nicht mehr zu Naturwissenschaft, wird Naturweisheit, Echo der Naturbewegung. Es ist eine landläufige Fehlannahme unserer Zeit, durch Naturerkenntnis wiederholten wir Naturbewegungen und das noch zu unserem eigenen Nutzen. Es ist vielmehr so: Unsere Wissenschaft isoliert lediglich Einzel- und Untergesetze der Natur und schlägt ihr mit diesen Versatzstücken ins Gesicht. Naturerkenntnis bleibt im Verstand, Naturerfahrung ist etwas, das vor der Erkenntnis liegt: Naturtanz. Das ist das Gesetz: Forsche, indem du es aufgibst, dann schenkt dir die Göttin alles. Die Göttin lebt das für uns paradoxe Gesetz: Sie gibt, wenn niemand will, entzieht wieder, wenn einer ungebeten stiehlt. Das ist das Gesetz der Naturtherapie:* **Die Göttin schenkt denen, die spielen, den hektisch Suchenden überlässt sie leuchtenden Abfall.**

DIE SEELE VERRINGERT SICH IM KÖRPER
   ... FRANKREICH, MONT ST. MICHEL, AM WATTENMEER

Sitze auf einem Felsen weit draußen im Watt, warte, bis die Ebbe einzieht, um mich mit dem Wasser die Priele entlangtreiben zu lassen zum Festland. - Mit der Eroberung der äußeren Natur geht paradoxerweise der Verlust der eigenen Natur einher. So rächen sich Göttinnen. Sie gibt dem Räuber wehrlos aus ihrem Schatz, verkümmert dafür im Innern des Räubers selbst; was sie materiell gibt, nimmt sie sich seelisch. Das ist ihre hintergründige Kriegsführung, der kein Räuber entgeht. Wir meinen dann, im Stofflichen umso mehr zu haben, je weniger wir wach sind im Seelischen. Wir müssen die haarsträubende Tatsache bestätigen: Indem ich von der Erdmutter im Stoff nehme, sinkt wie bei einer Waage meine Aussicht auf seelische Bewusstheit. Dies ist oberstes Gesetz der Naturmutter: Je mehr Körper, umso weniger Geist. Ganz ohne Körper sind wir frei fliegende Geister. Sucht nach Naturkonsum hat nur der Leib, die Seele nährt schmackhafte Luft. **Wer also Körper geworden ist, wird bestraft durch Seelenentzug!**

Das große Geheimnis
... Mont St. Michel, am Wattenmeer

Wir werden nicht weiser, wenn wir die chemische Formel kennen. Die Hoffnung, Technik und Wissenschaft könnten Natur ersetzen, bleibt ein Trugschluss, weil es ja nur Natur gibt, und der Wissenschaftler ewig hinter ihr herhinkt - einbeinig, lahm, stotternd. Man mag **Naturgesetze** *ergründen, aber stets nur teilweise und nur teilweise nutzen,* **ganz nutzen kann ich sie nur ohne Technik, indem ich sie selbst werde.** *Das ist das raffinierte, große, nie zu verstehende Geheimnis.*

Das Urgeheimnis: Stoff gebiert sich aus Urstoff
... Mont St. Michel, am Wattenmeer

Das Urgeheimnis lautet: **Stoff gebiert sich aus Urstoff. Materie ist geronnenes Plasma.** *Unser Körper ruht in der Plasmahülle, Seele. Unser ureigenstes Wesen, unser Seelen-Ich, ist plasmatischer Natur, und eben darauf entfaltet sich die Körperhülle oder anders herum gesehen: im Seelenplasma wird ein Sarg verdichtet, den wir Leib nennen. Daher bin ich nicht mein Körper. Mir mögen Hände, Haare und Haut abfallen, alle Glieder mögen mir beschnitten, alle Organe entfernt werden, ich bleibe dennoch Ich.* **Ich bin nicht der Körper.** *Seele vergeht nicht. Was ich dem Stoff hinzufüge als Körperluxus in Gestalt von Besitz, der durch Naturausbeutung gewonnen wird, wird der Seele genommen, weil sie so zu schwer ist, nicht mehr luftig fliegen kann.* **Denn der Stoff baut der Seele ein Gefängnis, zimmert ihr den Sarg!** *Das Geheimnis der Naturvölker war daher immer, wenig von der Erdmutter zu fordern, um viel an Seele zu gewinnen. Das sind Seelenkulturen. Wir sind eine Körperkultur.*

Unsere Körperkultur ist nur ein Übergang. Die Erdmutter lässt es zu, dass wir ganz ihre physische Seite leben; doch am tiefsten Punkt kommt es zur Umkehr und Rückbesinnung auf die Erdmutter als Seele und Urstoff. Denn erst am tiefsten Punkt des Stoffs, erkenne ich die Notwendigkeit des Urstoffs. Und dort werde ich hingeführt durch Naturwissenschaft. **Seele ist der Urstoff, aus dem der Stoff gewebt wurde,** *das ist das überwältigende Geheimnis. Naturtherapie ist nun eine Rückbesinnung auf den Urstoff.*

Die Seele im Stoffgefängnis
... Wildeshausen, Pestruper Gräberfeld, Heide

Liege im Heidekraut zwischen den unzähligen Erdhügeln; in der Nähe grasende Heidschnucken und der schöne alte Holzstall. Ich notiere zwischen langen Blicken über die Heide: **Die Seele entartet sich im Stoff.** *Warum? In ihrer raumzeitlosen Dimension konnte die Seele alle Ereignisse auf einmal überschauen, doch herrschte da auch das Gesetz: Die Dinge lassen sich nicht im Detail untersuchen, weil alles eine verwobene, spinnennetzartige Einheit bildet. Im Stoffgefängnis wie in einer Ritterrüstung muss sie nun langsam laufen. Der zeitlose Augenblick der in der Seelenwelt alles miteinander verband, dehnt sich im Stofflichen aus in Vergangenheit, Gegenwart und Zukunft und dadurch erfahren wir den ewigen Augenblick in einzelnen Zeitschnitten und lernen, was unser Dasein bedeutet. Ich weiß, das ist schwer zu begreifen, aber das ist das Geheimnis. Im Tod bleibt von uns das übrig, was wir als Seele sind. Das kann sich jeder* *bereits jetzt lebhaft ausmalen. So wie ich jetzt fühle, so im Todesreich als Seele. Vermutlich verfällt auch das, was wir hier Denken nennen, nämlich ein Denken in unterschiedlichen Begriffen; das scheint an die Stoffwelt gebunden zu sein, die recht feste und geordnete Formen besitzt, die wir im Denken übernehmen und zu Worten formen. Wir denken also hier so wie die Natur geformt ist, in Mustern, mit Regeln. Im Tod dagegen gibt es nur seelisch erschaffene Formen. Andererseits ist das Seelische im Tod so schnell, so unmittelbar, dass Begriffsdenken gegen diese „Lichtgeschwindigkeit" nicht mithalten kann. Alle Berichte von Zeitreisenden oder außerkörperlich Reisenden verweisen auf blitzschnelle Seelenerfahrungen, sofortiges Wissen ohne nachdenken zu müssen. Wenn der Körper wegfällt, treten wir sofort ein in diese überschnelle, blitzartige Verständigung mit den Wesen dort. Es wird immer wieder berichtet, Gespräche gebe es nicht, nur sofortige Erkenntnis dessen, was der andere fühlt, ist jedoch in einer Multifunktionalität und Rundumsicht, die uns alles Denken, das wir uns im Leben geleistet haben, in den Schatten stellt. Worte, Sprache, die ja Widerspiegelungen der Stoffwelt und durch sie geformt worden sind, können das Erlebnis unmittelbarer raumzeitloser Verständigung nicht mehr ausdrücken, einfach weil es dafür keine Sprache gibt. Diese Erfahrungen außerkörperlich Reisender gehören zu den wichtigsten, was wir wissen über die Andere Welt, sie geben Hinweise auf unser enges Leben in der Raumzeit. Von hier aus ist verständlich, dass die Physik, wenn auch bescheiden und unvollkommen, Theorien zur Raumzeit und Nichtkausalität entworfen hat.*

Materie neigt zum Zeitfluss und zur Raumbildung. Seelenplasma bleibt, ist raum- und zeitlos. Wir müssen uns einfach angewöhnen, uns selbst zweifach zu sehen: als Körper und als Seele. Ich bin mein Körper, jedoch nur als geronnenes Spiegelbild meiner Seele.

BIN DIE GANZE NATUR

... LUGANER SEE, AUF DEM SAN SALVATORE

*Der San Salvatore ermöglicht wunderbare Ausblicke auf die Tessiner Seenplatte. Hier habe ich mich oft aufgehalten und dem Weitblick gefrönt. Warum verehren wir den Weitblick - will die Seele so in ihr Seelenreich hinüberblicken? Ist der physische Weitblick ihr ein Echo des seelischen Alles- und Rundumblicks? Ich schreibe, erhoben und erhaben, thronend über den blau flimmernden Seen. - Naturgesetze sind nicht eine mechanische Aneinanderreihung von Gesetzen, sie gipfeln in einem universalen Plan, dem sie nur Zulieferer sind. Dieser Plan bleibt uns unbekannt, kann nicht sprachlich ausgedrückt und auch von Menschen nicht erfühlt werden. Allein Annäherung daran ist möglich. Der Mensch ist selbst Natur, kein Teil der Natur, das ist eine Missformulierung, **ich bin die ganze Natur in Kleinformat.** Durch mich selbst führt ein Weg zum Universalgeheimnis. Andererseits bin ich nicht als eine Ganzheit zu beschreiben, die stelle ich erst im Naturverbund her. Ich bin also Teil **und** Ganzes. Über mich allein kann ich die Ganzheit des Seins erfahren ebenso wie über eine Verbindung mit der Natur, die in mir letztendlich jedoch auch nur meine „Natur" hervorkatapultiert. Aber beides ist eins und die Naturtherapie beschreitet genau diesen Weg: Ich komme zu mir selbst, indem ich Natur werde - das ist das scheinbare Paradoxon. Selbstschau und Naturschau vereinigen sich an einem Punkt - sicherlich nicht am Anfang der Bemühung - aber irgendwann dämmert diese eigenartige Einheit als Naturmystik in uns herauf.*

WERDE NATURFLUSS
... COMER SEE, LENNO

Die stillen Orte am Comer See erfreuen das Herz des Menschen, weil er da, obwohl in der Kultur lebend, noch eingebettet ist von der See- und Seelennatur. Diese Mischung Kultur-Natur ermöglicht ein heiteres Leben. Besonders in Seen (See = Seele) findet unsere Seele ein Spiegelbild ihrer selbst. - Keine Analyse der Seele, sondern einfach in die Natur hineinschreiten, die nun von selbst die Existenzfrage aufwirft, persönliche Probleme auflöst und uns lehrt durch Natureinsamkeit, und uns damit in einem Abwasch gleich aller Kultur entwöhnt, was dann zur Natureinheit führt: Ich **werde der Naturfluss selbst**. Ich denke nicht mehr über Natur nach, weil die Einsamkeit, das Nur-Natur mein künstliches Kultur-Ich zerrieben hat zu Erdstaub, den nun frische Morgenbrisen wegblasen; übrig bleibt eine Leere in die nun Sonnenuntergang und Abendnebel ungeniert hineinfallen und ich erstmals werde, was ich sehe, jetzt beginnt Naturerfahrung.

In dieser Kulturleere setzen sich die großen Naturgesetze fest - nicht jene, von denen Naturwissenschaftler sprechen - ich werde nun Sanddüne und Salbeistrauch, ich erfahre, was mir bei all meinen Waldspaziergängen und Segelfahrten entgangen war: Der Wald beginnt zu sprechen, wenn ich leer bin. Alle alten Völker haben gesprochen mit den Naturwesen und darüber Verbindung zu sich selbst aufgenommen. Es ist ein großes und doch einfaches Geheimnis: **Alle Lebewesen sind gleichberechtigt, der Mensch ist keine Überspezies.** Die Erdmutter verströmt sich in Formenvielfalt, bleibt aber sie alle, erfährt sich durch sie.

Frage: Ist der Mensch durch seine künstlichen Handlungen aus der Natur herausgefallen? Das ist eine Scheinfrage. Wir fallen heraus, doch ist das selbst ein Verdauungsvorgang im Magen der Erdmutter. **All mein naturentfremdetes Tun selbst ist Naturprozess**, denn die Göttin schwankt; wie wir will sie heraus aus der Natur, ahnend nur, dass sie einer anderen, höheren, rein geistigen Heimat angehört, entdeckt sie diese, versucht sie zurückzureisen, jedoch bleiben ihre Mittel so ungeeignet wie die unserer Naturwissenschaft. **Die Erdmutter erahnt ihren Auftrag: Als jedes ihrer Einzelwesen sich als Ganzes zu fühlen, gleichzeitig aber in jedem ein Gefühl ihrer Einheit mit allen anderen zu hinterlassen.**

Ich habe das Ziel benannt: Das Ziel der Gesamtnatur über sich hinauszuwachsen, Geist zu werden. Die angeborene Sehnsucht jedes Menschen ist es, **ganz Natur zu werden**, sprich **alle Natur als Ich zu erfahren. Erdmutter will über ihre vielen Spezies mit sich eins werden.** Und das muss das Ziel der Naturpsychologie sein, damit ist sie Psychologie.

NATURBEOBACHTUNG, NATURSCHAU, NATUREINHEIT
... ORTA SEE, TESSIN, SAN GIULIO

Sitze am Bootssteg, beschaue das sanfte Plätschern der Wellen, die über das Steinufer schwappen. - Ich stelle mir die Frage: Wie sieht die Naturpraxis aus? - Wie komme ich der Natur, meiner Natur näher? Vorbereitende Übungen sind: Naturbeobachtung, woraus sich Naturschau entwickelt. Das geht einher mit einer Reinigung von Kultur. Aber es geht nicht um ein rationales Wegwerfen von Kultur, wir verlieren sie einfach aus den Augen während der einsamen Aufenthalte am Gipfel. Die Seele erstarkt und stößt bedenkenlos Kulturballast über die Klippe. Wir müssen uns keine Gedanken darüber machen, was wir tun sollen. Natursein heißt rein sein. **Naturtherapie kennt weder Theorie noch Therapie.** Die Seele der Natur löst für uns alle Fragen. Dann dämmert etwas herauf. Die große Erfahrung der Natureinheit: Alle Pflanzen und Elemente sind **ein** Wesen, ich gehöre dazu, bin sie alle. In der Praxis heißt das: Alleinsein in der Natur. Daraus ergibt sich „Ein Erahnen des Naturgeheimnisses!"

Das Naturgeheimnis zu erahnen erzeugt Glück: ruhig, zeit- und angstlos sein, und im Besitz der Erkenntnis zu sein, dass nach dem Tod ein Weiterleben mit rein seelischen Mitteln stattfindet. Dieses Glück besteht darin, sterben zu können, weil man um die Ekstase des körperlosen Zustandes weiß. Wissen tut aber nur derjenige, der vor dem Tod bereits einmal in ihn gereist ist. Die Erfahrung des Todes gehört daher zentral zur Naturtherapie. **Weisheit und Naturerkenntnis ohne Todeserfahrung schließen sich aus.**

ERDMUTTER ALS TODESGÖTTIN

Erdmutter ist alles
    ... Treiben auf dem Bodensee, Sommerfrische

Treibe im Boot über unbewegtes Wasser. Möwen lassen sich auf der glatten Spiegelfläche nieder und bringen ein paar Wellen ins Spiel. Auf dem Nichts ruhend entdeckt man sich selbst - **als wandelndes Nichts.** Daher die Sehnsucht aller Meerfahrer und Wasserfreunde - der Mensch will sich als Seele offenbaren, ohne abgelenkt zu sein von Äußerem, von einem äußeren Ich. Ich schreibe auf dem Kahn.

Der Mensch ist Natur. **Folglich ist die Natur ein Mensch.** Aber wenn die Natur der Fuchs ist, ist die Natur auch eine Füchsin. Das Verwirrende, was sich nun ergibt ist: Erdmutter stellt sich dar als Menschin **und** als Füchsin, als **alle** Lebensformen. Unser engstirniger Verstand aber kann sich eine Form nicht als viele Formen denken. Hier scheitern wir. Erdmutter aber macht es Spaß, alle Formen auf einmal zu sein. Also: Was ist das für ein Lebewesen? Eine Blutzelle wird sich kaum vorstellen können, wie ihr Mensch lebt, also muss sie das tun, was auch alle alten Völker in ihrer Auswegslosigkeit getan haben: Sie haben die Erdmutter einfach verehrt und ihre Unfähigkeit, sie sich vorzustellen, anerkannt. Die Kelten haben sich gar selbst der Erdmutter geopfert, weil sie so entgeistert waren von ihrer Größe, haben ihren Geist vom Körper befreit, um mit der Göttin eins zu werden. Ihre Sehnsucht, die ganze Erdmutter zu sein, ihre eigene hoffnungslose Kleinheit im Körperlichen hat sie das Menschliche leichthin verschenken lassen. Der frühe Mensch opferte seinen Leib aus tiefer Ehrfurcht. Daher gelten uns heute die Kelten als primitiv. Wer Erdmysterien feiert, gilt als abnorm. Wer würde sich derzeit noch für einen - wie wir sagen würden - erdachten Archetyp opfern? Wir setzen alle Hoffnung auf Weltraumreisen, interplanetaren Verkehr, aber das ist nur das Echo keltischer Sehnsucht. Nur wusste man mehr seinerzeit und ging unbeirrter mit sich selbst um. Die frühen Kulturen wussten einfach, die Seele hat sich einen stofflichen Leib geschaffen, und sie kann jederzeit zurückkehren, um im Jenseitsplasma näher am Busen der feinstofflichen Erdmutter zu sein. Ob der Selbstmord aus Natursehnsucht eine zustimmenswerte Handlung ist, sei dahingestellt. Für den einzelnen Naturmystiker mag das stimmig sein, für die Masse bleibt es Utopie. Man vergesse nicht, alle Mystiker wurden verfolgt von dieser Sehnsucht, Erdmuttersehnsucht ist der Kern jedes erhabenen Gefühls. Daher: Wer den mystischen Selbsttod *mit der Miene der Empörung ablehnt, enthüllt sein mangelndes Einfühlungsvermögen in die menschliche Ursehnsucht.*

Die Natur ist also alles. Sie ist ein Gefüge, in dem unglaublicherweise alles Platz hat. Die Natur ist ein Vielfaltshomunkulus. Die alten Völker sprachen von der Großen Mutter, die alles gebären kann, nicht nur Menschenkinder, alles. Eine Mutter also ganz besonderer Art. Die Frage ist nach dem Sein und Sinn der Natur, das ist die Urfrage.

Der Mensch ist umso größer, je mehr er der Erdmutter gleicht. Genauer: Je mehr er die Universalität, die Schöpferkraft, die Vielfalt, das Homunkulusartige der Erdmutter im menschlichen Maßstab verkörpern kann. Jeder Mensch ist Erdmutter in verkleinertem Maßstab, nur eine ihrer Facetten scheint stärker durch mich durch, während andere ihrer unendlich vielen Seiten nur schwach in mir leuchten.

Es gehört zu unserer großen Natur, die schöpferische Vielfalt der Erdmutter in uns zuzulassen. Je mehr wir Erdmutter werden, desto größer stehen wir da als Mensch. Ein Goethe näherte sich der Erdmutter mehr als ein Normalbürger. Macht das nun zwischen beiden einen Unterschied? Ist ein Goethe besser als ein Normalbürger? Goethe hat sich dem Dasein mehr geöffnet und das in eigenes Schöpfertum umgesetzt. Ein Normalbürger mag ebenso geöffnet sein, setzt seine Erfahrungen aber nicht um in neue, die Erdmutter widerspiegelnde Geistesprodukte. Sollen wir also so sagen: Die Höhe eines Menschen hängt ab von seiner Hingabe und Öffnung zur Großen Göttin und seiner Entschlossenheit, ihr Leben im Irdischen zu leben? Letztendlich jedoch muss gesagt werden: Alle Wesen verkörpern jeweils nur einige Aspekte der Großen Mutter. Man kann nicht sagen, ein Aspekt der Erdmutter sei größer als ein anderer. Erdmutter hat viele Seiten, sie braucht Trägheit und Lebenslust. Belassen wir alles wie es ist, werten nicht, suchen keine Stufenleiter der Natur. Es gibt nichts Hohes, nichts Tiefes, nur Vielfalt!

Verwandlung in die Erdmutter
... Arizona, Painted Desert

Wandere vom Wupatki Monument etwa 150 Kilometer Richtung Nordosten zum Gebiet der Hopi-Indianer. Diese rote Erde ist das Land der Erdmutter, hier tritt sie deutlich hervor. „Gemalte Wüste" ist ein treffender Ausdruck für diese weite Landschaft. Erhole mich im Schatten eines roten Steinmonolithen und schreibe. - Die Erdmutter will geheilt werden durch Zeremonie damit **sie uns** heilen kann **in** der Zeremonie. Erdmutter lebt als Gesamtnatur in tausend Gestalten. Erdmutter ist das Leben in all seiner Vielgestaltigkeit. Erdmutter ist insbesondere der Tod, genauer auch **das Leben nach dem Tod.** Die Erdmutter ist das Alles, also bin auch ich die Erdmutter. Daher: **Es gibt keine Einkehr bei sich selbst ohne den Umweg über die Verwandlung in die Erdmutter:** Denn wer nicht sie ist, sprich **alles,** ist gar nicht.

Keltische Weltalllehre und Lebensweisheit gründete sich auf der Verbindung mit der Erdmutter; so erlangte man das geheime Wissen vom Sein, konnte sich ihm hingeben ohne Angst, denn das große Geheimnis war: Auch der Tod besitzt die Gestalt der Erdmutter. In der Beschreibung dieser Ungeheuerlichkeit verströmt sich ein größter Teil keltischer Daseinskunde und Naturmystik. Daher die wilde Sehnsucht dieses Volkes nicht nur nach dem Leben, sondern auch nach dem Leben im Tod, der verstanden wurde als ein endgültiges Aufgehen im Schoß der Großen Göttin; daher die Ekstase der Naturverehrung, daher die große Liebe fürs Leben, daher der Kampfesmut dieses Volkes, der erst in der Sehnsucht nach dem Tod seine Wucht erhielt. Wir sind die Nachfahren dieses Volkes, doch haben wir uns ins Gegenteil entwickelt: Naturverachtung, Todesangst. Wir sind die negative Gestalt der Erdmutter geworden, eine kranke Erdmutter, denn sie kann sich erschreckenderweise auch in ihr Gegenteil verwandeln. Darum kreisen alle keltischen Geschichten: um die Erkrankung der Erdmutter und ihre Wiederherstellung, denn der Mensch ist die Erdmutter selbst. Da draußen ist eine anzubetende Erdmutter, aber auch in mir. Erdmutter ist eben ein ganz andersgeartetes Wesen als wir. Sie besteht aus einem Meer an Lebensformen, sie kann sich aufsplittern in Einzelnes und ist doch immer gleichzeitig ein Gesamtkörper. Ähnlich leben in unserem Körper unterschiedlichste Lebewesen, auch wir sind eine Erdmutter in deren Bauch es quillt und gärt von Lebensformen, die alle denken, allein und abgeschnitten zu sein, und doch schwimmen sie in meinem Bauch. Es ist also wie die alten Völker sagten: Das Weltall ist der Körper eines Lebewesens! Wann werden wir das entdecken? Kann eine Blutzelle herausfinden wie mein Gesicht aussieht? Kann ich als kleiner Körper herausfinden, wie die Weltallmutter aussieht? Unsere Raumschiffe haben nichts zu berichten, keine Sonde wird je Erdmutter entdecken. Es gibt ein allergrößtes Lebewesen „Welt" genannt.

Baja California. In der Natur trifft man überall auf Totes. Mich erschreckt das noch heute. Aber nur, wer ganz Erdmutter geworden ist, erfährt den Tod der Kreatur als Geburt

DIE MEERSCHAUMGEBORENE
   ... KRETA, LAGUNE VON TIGÁNI BÁLOS

Wandere über die Halbinsel Gramvoússa, überblicke die türkisblaue See und die vorgelagerten Inseln. Denke an die Große Göttin und spreche auf Band. - Aus dem Plasmaschaum wurde Aphrodite geboren, genauer aus den durch Liebe alles verbindenden Plasmaschaum verdichtete sich ein kleiner Teil zum Materieweltall in der Gestalt der Liebesgöttin. Die alten Völker wussten, was sie mit Schaumgeburt meinten. Plasma besitzt eine Physik des Zusammenhanges aller Zustände, die wir umgangssprachlich als Liebe bezeichnen könnten; unsere Liebe ist das Echo der in sich alles verbindenden Plasmawelt, die in uns als Seelenliebe und erotische Anziehung der Körper im dichten Stoff des Leibes übrig geblieben ist. Die Verlangsamung des Plasmas führt zu Stoffformen, die sich nun als Weltall mit all seinen Galaxien darstellen und das ist Aphrodite, die schaumgeborene, erotische Liebesgöttin, die nur eines will: Annäherung aller Lebensformen, sie sollen sich verbinden, paaren und genießen, sich kennen lernen in Spiel und Arbeit, in Orgasmus und Ekstase ebenso, aber auch im Krieg, in Feindschaft, Hass und Trennung. Erdmütter denken verschlungener als Menschen, die Trennung der Liebenden allein bewirkt nämlich die Begegnung mit dem neuen Geliebten. In der Vorstellung der Großen Liebesgöttin ist nichts auf ewig gedacht, weil sonst Einseitigkeit überhand nähme, sie will, dass alles sich begegnet, alles sich liebt, dazu bedarf es auch der Trennung. Zudem sind Trennung und Krieg nur eine umgekehrte Form der Liebe: **Weil man sich nicht lieben kann, erzeugt der Schmerz darüber Krieg - man will die Unfähigkeit zur Liebe töten, ist das nicht ausgeprägtes Erdmutterverhalten?**

Es bedarf des Todes, denn der Körper kann nicht ewig leben, er verschleißt sich. Die Plasmaseele kehrt kurz zurück in ihre Heimat, erholt sich, tankt sich auf in den allumfassenden Liebesgefilden, erfährt Liebe pur ohne das Hindernis des Körpers, trifft die irdischen Lieben wieder, verkehrt mit ihnen nun unmittelbar von Seele zu Seele - Seelenekstase steht da für Körperorgasmen. Jeder wirft dem anderen seine ungefilterten Gefühle hinüber. Im Tennisspiel überschwappender Herzinstinkte versteht man sich erstmals ganz, anerkennt ganz, was der andere spürt. Selbst die unguten Neurosen lassen sich im Liebesparadies schnell entschlüsseln: Ihr Urtrieb nämlich stellt sich ungeschminkt heraus als tiefste Liebessehnsucht. Doch weil ich mich nicht wage, ihn zu verwirklichen, kasteie ich mich selbst zur Strafe. Es leiten sich nämlich - und das dürfte die Kaste der Psychologen kaum verstehen - alles seelisch Krankhafte, Neurosen aller Art ab von einem **Urproblem:** *geboren zu sein als Seele im Körpergefängnis, dies als auch dies nun nicht anerkennen zu wollen. Der Leib ist eng, aber durch ihn kann ich die Zeit in jeder einzelnen Schnitte ergründen; wie unter einem Mikroskop erkenne ich hier - sofern ich mir dieser Erkenntnismöglichkeit bewusst werde - wie sich die ekstatische Nichtzeit des Plasmahimmels im auseinander gezogenem Zustand als Zeit zusammensetzt -* **damit wir die Nichtzeit tiefer verstehen lernen.** *Im Plasma ist alles sofort da, raumzeitlos wird wahr, was ich denke und fühle. Nun im Stoff erlebe ich in aller Einzelheit Zeitschnitte für Zeitschnitte und erfasse so, wie es zum zeitlosen Zustand im Plasma kommt. Das Leben in einem Körper ist wie ein Taucheranzug mit dem ich in die Meerestiefen des Zeitlichen hinabgleite wie in eine andere Dimension, um dort die zusammengezogene Nichtzeit genau studieren zu können. Sind wir Menschen Dimensionsforscher, ausgesandt in einen verfestigten Plasmazustand, um dort als „Naturwissenschaftler" das Zeitdasein zu studieren, indem wir es genießen und zu erleben, um, schließlich zurückgekehrt in unsere Heimat, berichten zu können, wie es im Vergleich zum Zeitzustand zum unglaublichen Zustand der Nichtzeit in unserer ätherischen Welt kommt? - Eins ist sicher: Die stoffliche Raumzeit-Existenz hat einen tiefen Sinn.*

Unsere Heimat ist das Plasma und die Reise zur stofflichen Erdmutter kann nur den Sinn haben, das Leben im Stoff als Plasmaseele kennen zu lernen, doch wozu? Ich sage: Damit die raumzeitlose Seele sich einmal von außen sehen lerne. Leben im Stoff ist ein solches Außenleben.

SPÜRE EROTIK IM ERDINNERN

Kultur: Liebe erblüht erst in der Vielfalt
    ... Urwald Baumweg

Dritter Tag im Urwald. Langsam beruhigt sich mein Ich, verfällt langsam. Um hier zu überleben, gehe ich einfach mit mit dem, was ist. Ich habe keinen Plan, keine Meinung, keine Angst. Die richtige Stunde wird mir die richtige Zeit läuten, meine Beine werden selbst wissen wie sie hintereinander her zu gehen haben. Das ist der Gang der Kraft, Instinktgang. Ich überlasse meine Bewegungen meinem Instinkt, ich gehe nicht. Sitze still, voll Freude im Kreis der hölzernen Uralten sein zu dürfen. Bin erhoben, erleuchtet. Langsam versiegen die Außengeräusche. Erste Baumrufe tönen zu mir herüber, es ist das Wispern zwischen den Blättern. Unter allen uns bekannten Tönen liegen andere Töne, die Sprache der Pflanzenwesen. Mein eng um meinen Körper liegendes Ich löst sich auf, werde weiter, erschrecke nicht mehr über die Absurdität, ein Baum zu sein. Als ob ich mit meinem Wesen hinüberschwimmen könnte zur Eiche, als wäre ich ein weltweites Bewusstseinsfeld in Gestalt eben von Eichen und Farnen und Moosen, als bräuchte ich meine Aufmerksamkeit nur hinüberzuschieben und würde erlauschen, was Enten schnattern, Eichhörnchen knabbern. Als wäre ich der Sinn der Natur selbst, in dem alle Wesen zusammengestrickt, verwoben sind in ein alles mit allem verbindendes Netzwerk. Ein beruhigendes, zutiefst gesättigtes Großgefühl jenseits des Gefühls ist das, nämlich ohne der Enge eines persönlichen Ichs verhaftet zu sein. Hier beginnt Menschsein, wenn man Baummensch geworden ist. Das ist das scheinbare Paradoxon: **Allein im Anderen werde ich ich selbst! Natur legt keinen Wert auf Individualitäten, Natur ist** *ein* **Wesen, Erdmutter ist nicht schizophren.**

Zunehmend findet unser menschliches Leben nur unter Menschen statt. Dies ist eine Fehlentwicklung. Der Mensch kann nicht alleine Mensch werden. Menschentum wird geboren unter Mithilfe anderer Wesen - Geburtshelfer sind Schilfhalme, Korkeiche und Libelle. Die frühen Menschen besaßen tiefes Menschentum, weil sie ihr Menschsein hingaben an die Farne, Fasane und Forellen. Weil die Erdmutter sie in all ihren Verwandlungen zwang, hinzuhorchen, sich hinzugeben, sich hinzulegen auf sie, damit sie schwanger würden. Die Verbindung mit der Erdmutter in ihren vielen Formen und Wesen ist ein erotischer Austausch, der uns verloren gegangen ist, wir bescheiden uns allein mit unserer eigenen Art zusammen zu sein, also einem Ausschnitt der Erdmutter. Aber: Die Erdmutter kann nur erfahren werden in ihren sämtlichen Erscheinungsformen; je mehr wir ihre Vielfalt in uns aufblühen lassen, desto größer wird die Liebe zu ihr, desto umfassender werde ich als Spiegelbild der Erdmutter. Es kann ein Geliebter sich nicht nur mit einem Fuß oder dem rechten Ohr der Geliebten begnügen, er will die ganze Frau. Unsere Kultur hat sich auf den linken Fuß der Erdmutter beschränkt. Und so spüren wir zwar noch Fußerotik, aber es ist eine begrenzte Liebe, ein kultureller Fetischismus. Die Liebe zur Großen Mutter ist abgeglitten in eine Perversion. Diese Kultur ist eine Perversion, was heißt, dass ein Teil für das Ganze genommen wird, was andererseits vollkommen richtig und möglich ist, der Fuß ist ein Abbild der ganzen Urmutter; und man kann in der Tat in ihrem Fuß ein ganzes Universum sehen. Dem Fuß gebührt alle Ehre, aber es ist unser Auftrag, den uns die Erdmutter gegeben hat, sie als ganzes, mit Brüsten, Vagina und Hinterteil, mit Wangen, Waden, in Wut und Wollust zu erleben. Du Mensch, so hat sie uns anfangs ins Ohr geflüstert, sollst mich durchwandern als Garten Eden, kosten von all meinen Früchten, daran dich laben und daran sterben. Diese Kultur, ich mache das klar, verehrt in ihrem einseitigem Tun nichts anderes als die Große Göttin in Gestalt all dessen, was wir erforschen und erfahren auch im kulturellen Rahmen, aber es ist dennoch Beschränkung auf das Äußerste, einen kleinen Finger den uns die Göttin reicht in Form der von uns selbst erschaffenen Kultur, den Großstadteinöden, den universitären Wissenseinöden, den alltäglichen entleerten Lebensläufen, den armselig dahinvegetierenden Berufskarrieren, den trostlosen Ehen und saftlosen Freundschaften, den zwanghaft-eckigen Hausformen und tristen Wohnmobiliars - es ist ein Dahinkümmern in selbst geschaffener Einfallslosigkeit, wie einfallsreich auch sich Kulturdesigner bemühen, täglich Neues und neue Wünsche anzuregen - misst man es mit den Spielen der Lilien, den Schaumwogen des Meeres, da hat Kultur nichts als sich selbst zu bieten. Natur ist größer als Kultur auch wenn man das im Hinterkopf und Hinterhof vergessen hat.

Laotses Baummensch (Übung)

Der chinesische Weise Laotse zog mit seinen Anhängern über Land und gelangte eines Tages zu einem Wald. Arbeiter waren dabei, alle Bäume zu fällen. Laotse sah, dass nur ein Baum verschont blieb. Unter seiner mächtigen Krone konnte eine ganze Viehherde Deckung finden. Verwundert fragten die Jünger, weshalb nicht auch dieser Baum gefällt werde. Die Arbeiter antworteten: „Er ist völlig unbrauchbar, seine Äste sind so krumm und knotig, dass man weder Boote noch Särge daraus machen kann; nicht einmal als Feuerholz taugten sie. Dieser Baum ist nicht der Mühe wert, die Axt an ihn zu legen." Laotse lachte und sagte: „Seid wie dieser Baum: Wenn ihr euch nützlich zeigt, werdet ihr abgesägt. Seid ihr schön, wird man euch auf dem Marktplatz verkaufen und ihr werdet zur Ware. *Seid wie dieser Baum, vollkommen unbrauchbar.* Dann werdet ihr in die Höhe und Breite wachsen, und Tausende werden unter euch Schatten finden."

Dies ist eine schwierige Übung. Suche dir einen alten Baum, setz dich drunter, frag dich *Wo bin ich „unbrauchbar"? Wo bin ich „brauchbar"?*

Natur als Höhepunkt von Kultur
... Hudewald Hasbruch (bei Delmenhorst)

Ein Hudewald ist ein Wald, in dem ehemals Tiere geweidet haben und wo einige alte Bäume versehentlich stehen geblieben sind. Hudewälder sind ein Versehen des Menschen und entpuppen sich heute als Urgeschichte in Gestalt von Baumriesen.

Beobachte hier im Hudewald Eulen. Käuze und Ohreulen fliegen hier nachts herum, und auch ich liege nachts wach, fliege mit Uhus aus. - Es ist heute in der Moderne, dem phantasierten Höhepunkt von Kultur und Fortschritt wie uns eingetrichtert wird, fast unmöglich, noch

*3 Tage und Nächte Meditation vor einem 1000jährigen Olivenbaum in der Toskana.
Es gibt Menschen der anderen Art - Bäume.*

Schwertlilien und Schafböcke zu unterscheiden, geschweige denn als Liebesausdruck der Großen Göttin zu erfahren. Wir bemühen uns, die Welt zu erfahren, indem wir uns anderen Menschen anvertrauen, die uns beraten, helfen, leiten: Psychologen, Ärzten, Marktberatern aller Kaliber. Menschen aber können Menschen nur bedingt helfen. In der Naturtherapie verlassen wir die Szene der allweisen Helfershelfer, beschränken uns nicht weiter. Wir kennen keine Therapien mehr, wir kennen keine Finanzberater oder tröstlichen Ratschläge der Eltern und guten Freunde. Wir treten heraus aus dem Karussell der Selbstbestätigungen und halten inne: Schauen auf das, was ist - weite Höhenzüge, brachliegendes Land, Horizont im Dunst. Wir treten ein in einen großen Körper, beginnen eine erotische Liebschaft mit der Großen Mutter, eine Liebe, von der der Orgasmus nur kündet, eine Liebe, mit der der Orgasmus zu seinem inneren Wesen geführt wird, eine Liebe, in der wir lernen, den Liebesakt mit unseresgleichen duftiger, vielfältiger, bizarrer und bewegter, sprich erdmütterlicher zu gestalten, denn unser Geliebter erscheint uns dann als Urvater, als Urmutter, und dabei schwinden alle Verklemmungen wie Eis an der Sonne. Naturerotik tut sich auf, schamlose Sinnlichkeit, ein Tanz langbeiniger Libellen am Moorteich.

Ich bin tausend Lebensformen
... Hudewald Hasbruch

Naturtherapie heißt: Der Mensch kann nicht nur unter seinesgleichen leben, er bedarf zur Selbstwerdung der tausend anderen Lebensformen. Indem er sie in der Schau erkennt, erkennt er sich selbst, erkennt wie die Große Göttin unter vielfältigen Gestalten alles zu einem Ganzen webt, mehr noch: immer wieder das gleich ist. Es lösen sich also die Probleme der Menschen auf, erkennen sie ihre Gleichheit mit Ungleichen, das ist Heilung, hier haben Philosophen und Seelenärzte ausgedient.

Es ist die Hingabe an die Seinsvielfalt, die alle Heiler und Helfer ersetzt, uns aber einen Heiler schenkt, der so groß ist, dass wir seinen wahren Namen nicht nennen, geschweige denn seine Fähigkeiten aufzählen dürfen. Daher mein schlichter, aber zentraler Satz: **Naturtherapie kennt nur ein Verfahren: Liebende Hingabe, die Erfahrung kommt ohne weiteres Zutun.**

Seelenlandschaft
... Tessin, Valle Màggia

Wandere das Tal von Anfang bis zum Ende durch, über alte Römerbrücken und Steinpfade. Das Maggiatal ist der Erdspalt direkt zwischen den Beinen der Erdmutter. Wer sich dieser Erotik kapitaler Größenordnung hingeben und vom Orgasmus extrapolieren kann zu einem schweißtreibenden Marsch entlang eines tosenden Wildbaches, der immer tiefer ins Gebirge kriecht, wer Naturformen und Menschenkörperformen deckungsgleich übereinander legen kann, wird Kraft gewinnen fürs Leben und Frauen sehen und Männer wo andere nur Kiesel, Wasserlöcher und Baumstümpfe beglotzen. Natur wird dann ein erotisches Potpourrie und überaus sinnlich, denn das ist es, was Erdmutter ist.

Es gibt keine Landschaft! Landschaft ist immer Seelenlandschaft! Die Berge sind die Brüste der Göttin, die Schluchten ihre Vaginas. Man schaue sich genau ihre Hügel an, laufe ihre Schluchten ab: Wie sieht die Scham der Erde aus? Wer so hinschaut, kann schauen lernen. Landschaften sind Sinnbilder, ebenso wie Körperlandschaften. Der Leib der Geliebten und der Leib der Hügelkette sind eins. Menschliche Erotik bereichert sich, kann ich die Erotik des Bachquells genießen. Dann öffne ich mich für ein verwickeltes und mannigfaltiges Liebesspiel. Frauen wissen wie einfallslos Männer sind im Liebesspiel, weil sie den Genuss, unter einem Oleander zu träumen und wie die Abendlibellen zu tanzen, nicht kennen. Der Mann ist eingeschlossen in seiner Männlichkeit, sprich kann sich nicht loslassen, nicht hingeben, nicht mitschwingen, das Weibliche neigt eher zum Mückenreigen überm Moor. Liebe besteht nicht aus Sex. Wer Liliendüfte wahrnehmen lernt, lernt erstens den blumigen Duft seiner Geliebten kennen, wenn der brausende Quellbach einmal ganz sich hingegeben hat, wird der nächste Wutanfall seine Verehrung zu genießen wissen. Naturwesen erweitern unsere Erotik, dehnen sie aus ins Uferlose, und uferlos ist die wahre Liebe. Seelenfreundschaften werden erst geboren, wenn Seelengemeinschaften mit Bäumen uns gelehrt haben, was Seele ist. Es kann mein Nachbar mir nicht die Seele zeigen, weil er nur ein Nachbar ist, es kann mir meine Mutter nicht die Seele zeigen, weil sie nur als meine Mutter gilt. Menschliche Normengesellschaft und ihre einschnürenden Rituale lässt nie den ganzen Menschen sprechen.

Erschaue das Land, werde das Land
... Tessin Val Calanca

Man kann einwenden, es sei nur billige Wunscherfüllung, in der Landschaft menschliche Seelenzustände zu erkennen, Natur sei anders, fremd und roh. Doch wer über die Narzissenwiesen schaut, wird es wissen, weil er fühlt. An erster Stelle steht der seelische Umgang mit Nelken und Narzissen, dann erst darf man Erlebtes verallgemeinern. Es ist ältestes und tiefstes Geheimnis, welches Zitterpappeln und Trauerweiden uns zuzittern: **Erschaue das Land, werde das Land!** Die große Erfahrung der Symmetrie von Land und Mensch hat alle alten Kulturen geprägt. Die Stammesvölker haben hieraus ihren Nutzen gezogen und so in der Natur überlebt. Der Mensch überlebt überhaupt nur, erkennt er sich wieder in Rotbuchen und Rhabarber.

Nur wo Unwissen ist, ist Leben
... Tessin, Val Verzasca

Das eigenartige der Urmutter ist ihre Vielartigkeit, dem Schauenden aber offenbart sich die Einheit aller Naturformen. Es gibt keine Verschiedenheit. Das ist das Geheimnis. An diesem Geheimnis werden wir ewig nagen, denn dieses ist es, das den Lebensvorgang erzeugt. Orakel bleiben, damit wir leben können. Ohne Rätsel und Geheimnis gebiert sich kein Leben, denn wo kein Rätsel ist, ist auch kein Grund zur Geburt. **Nur wo Unwissen ist, ist Leben,** und dieses strebt, wie Fliegen zum Licht, dem Wissen zu. Sobald aber Licht erlangt ist, erlischt Leben. Der Urpunkt, das rein Geistige, kennt also kein Leben im Seelischen wie im Körperlichen. Das innerste Wesen des Seins ist somit benannt als Suche nach dem Geheimnis des Lebens.

Ich setze mich unter die Eiche, warte. Ich befinde mich nicht auf einer sogenannten Visionssuche. Visionen kommen nicht zu Suchenden. Die Seelenstimmung des Tales erfüllt mich bald, sie strömt zu mir herein. Am Morgen betrachte ich das Land. Am Mittag schaue ich auf Wiesen. Am Abend werde ich Tal sein. **Naturbeobachtung** steht an erster Stelle, da leben wir noch mit Kultur. **Naturschau** steht an zweiter Stelle, da sind wir in unsere Seele gefallen wie der Stein in den Teich. **Natureinheit** steht an dritter Stelle, da heißt es: Ich bin Du! Die alten Völker haben nicht lehrerhaft beobachtet, ihnen war die Schau in die Wiege gelegt und die Härte des Lebenskampfes zwang sie zur Natureinheit. So - nicht über Analyse - erlangten sie Wissen. Sie befanden sich auf dem schnellen Weg unmittelbarer Schau, Einheit mit dem Ahorn und der Birke. Wer sich mit dem Vogelschwarm vereinigt, kennt dessen Wünsche. Es gibt einfach eine unmittelbare Wissenschaft des Naturmitempfindens, und das ist das Überleben.

Die gläserne Seele der Eiben (Übung)
... Neuenburger Urwald

Mein erster Tag im Neuenburger Urwald. In diesem Hudewald stehen Zeichen in Gestalt uralter Bäume. Es sind Menschenwesen wie du. Versuche nicht, sie als Baum zu diffamieren. Es sind Wesen, die an einem Ort stehen, deren übersinnliches Gehör aber überall hinreicht, denn nicht alle Wesen müssen wandern, um herumzukommen. Wenn du dich darauf eingespielt hast, einen Baum als Mensch zu sehen, wirst du anders mit ihm sprechen. Es gibt keine Trennung der Spezies in höhere oder niedere. Alle besitzen verschiedene Fähigkeiten, sind wach, beobachten, leben und kennen sich aus in ihrer Welt. Bäume sind nichts für Schreiner, sondern für Menschen. So, wie du dich über den Geist des Baumes wunderst, so wundert er über deinen. Man mustert sich. Ich habe den Wald begrüßt in einer Zeremonie und eine Darstellung meiner Person gegeben. Habe mental zu den Bäumen hinübergedacht, damit sie wissen wer kommt, was er will. Ich habe bescheiden um Einlass gebeten, gewartet auf eine Antwort. Sie kam nach ein paar Stunden; dann bin ich hineingelaufen und bin von einem Baum aufgefordert worden anzuhalten, zuzuhören. Das war eine Einladung. Wie aber bitte hört man Einladungen von Bäumen, wenn man sich nicht mit aller Kraft etwas einbildet? Im Allgemeinen stellen wir uns entweder taub oder wir bilden uns einfach ein etwas zu hören. Beides sind Nachwehen der Industriegesellschaft. Die Kunst, die es zu lernen gilt, ist ohne Dumpfheit und ohne Hysterie auszukommen und den einfachen klaren Pfad der inneren Stimme zu folgen. Die innere Stimme kann die eigene sein, aber auch die anderer Wesen, die sich über unsere Seele, sprich deren Energie, zum Ausdruck bringen. Die innere Stimme hört nur, wer ohne Namen ist, kein Geschlecht besitzt, noch spezifisch Mensch ist, dessen Ich abhanden gekommen und ersetzt worden ist durch reines Mitempfinden dessen, was da ist. Die innere Stimme hat nichts mit Mystik, Übersinnlichem oder Okkultem zu tun, es ist einfach unsere alltägliche Stimme mit der wir durch die Welt schreiten. Naturwesen haben diese Stimme verinnerlicht und versuchen, sie in uns Menschen zu wecken einfach durch die Art ihres Daseins. Deshalb begeistert uns ungepflegte, unbeschnittene Natur.

Ist man ganz wach, schläft man äußerlich fast, *weil man auf die wirklichen Töne, nicht auf die Autohupen hört. Daher wirken Wache verträumt, Verträumte wach. Tatsächlich träumen nur die Überwachen, die Rationalisten befinden sich weitgehend im Tiefschlaf. Da die innere Stimme, die Stimme der Natur unterhalb des allgemeinen Rauschpegels liegt, muss mein Ich schlafen, damit meine Seele hören kann, was Eibenwesen mir zuflüstern - und sie flüstern ständig. Das Schicksal als das in meine Seele eingelegte Programm flüstert ebenfalls ständig, aber das in der Kulturerziehung erworbene Ich, eine Verdichtung des Seelischen auf materiellem Niveau übertönt in seiner Egomanie lautstark mein wahres Ich. Naturwesen kitzeln durch ihr allgegenwärtiges Sein meine seelische Gegenwärtigkeit hervor. Naturtherapie heißt Leben auf einer feingestellten,* *zartdosierten Schwingung, dem Geheimsender des Daseins, der vor dem, was morgen passiert, schon letzte Woche gewarnt hat.*

In der Naturtherapie geht es zunächst um schlichte Naturbeobachtung, was bietet sich sonst an, allein im Großen Grün; tiefe Naturschau und alles auflösende Natureinheit folgen. Der Verstandesmensch beobachtet, der Künstler schaut, der Weise wird zur Eibe. In der Schau deutet sich eine Symmetrie, eine Gemeinsamkeit aller Mannigfaltigkeit an. Dies ist höchste Erkenntnis. Es gibt eine ganz eigenartige, dem Zeitgenossen völlig fremde Erfahrung: Durch einfaches Mitfühlen mit der Hemlockstanne spüre ich, was sie will, wer sie ist und was sie uns an Ratschlägen mitzuteilen hat. Der Mensch besitzt, wie alle Naturen, diese höchste Fähigkeit, sich eins zu fühlen mit Anderen, ansonsten wäre er lebensunfähig. Alle Naturen erfühlen sich einander und nähren so gegenseitig ihr Überleben. Überleben ist überhaupt nur möglich durch dauernde Warnungen, die jedes Lebewesen jedem anderen gibt. Allein die Humanität weiß davon nichts. Natur ist so durchlässig gebaut wie Wolkenbänke, sie nährt sich durch eine gläserne Seele. Natur ist, wie unser Leib, holographisch aufgebaut; Blutbahnen, Sehnen, Nerven, Knochen ergänzen sich nicht einfach zu einem Körper. Wir sind kein Gemenge verschiedener Körperfunktionen, das ist neuer mechanistischer Aberwitz, **jede Funktion enthält gleichzeitig alle anderen Körperfunktionen,** aber das wird nicht mit dem Stethoskop erkannt, und die Brille darf man gleich mit ablegen. So, wie die Vielfalt der Organe sich als **ein** Organ erweist, so die Vielfalt der Natur als eine Natur; und begegneten sich das **eine** Organ und die eine Natur, würden sich Zwillinge wieder finden.

Sämtliche genialen Erkenntnisse der Menschheit wurden gewonnen eben durch diese Fähigkeit zur Schau und Einheit. Sie werden selten geboren, jedoch in einigen Naturen drängen sie hervor, das sind dann Erfinder, Entdecker, Schauende.

Auch seelische Problemlösungen entstehen auf diese Weise, durch Aufgeben, durch Hingabe, Schau und lange Dauer, denn die Zeit gebiert eigenartigerweise bei großer Länge ihr eigenes Erlöschen, dann treten wir ein in die **zeitlose Schau.** Das ist die schlichte Lehre.

Die alten Völker haben die Landschaft erschaut, haben ihre Eigenarten erspürt, durch schlichte Ruhe, Nicht-Ich-Sein, Zeitlosigkeit, durch Langsamkeit. Sie haben an geeigneten Plätzen gesiedelt, ihre Weiden angelegt nach geomantischen Erfahrungen, einfach durch Erfühlen der Erde. Die Stimmungsschwankungen der Großen Mutter erahnend haben sie sich auf sie eingestellt. Die lokalen Stimmungen der Erde erahnend haben sie gute und schlechte Plätze für ihre Notdürfte erkannt. Die Elemente, Tiere, Pflanzen, Gesteine schaffen ihre eigenen Ortskräfte, sie zu erschauen war überlebensnotwendig. Ohne Kenntnis der Ortskräfte wäre Überleben nicht möglich gewesen, ohne sie hätte man Vor- und Nachteile nicht abwägen und balancieren können. Diese unbestimmte archaische Eingebung ringt dem Modernen nur ein mildes Lächeln ab, er hat die Naturberührung restlos verloren, hat sich in die auserlesene Menschenwelt geschleudert und sitzt hier zwischen Selbstbetäubung und Egorausch sein schattenhaftes Leben ab.

Die erste Stufe der Naturtherapie heißt. Werde Künstler! Werde Schauender. Werde mitfühlend, sprich ohne Worte, sei das Wipfelwiegen, höre das Gras wachsen. Der Künstler hat am ehesten Berührung zum Sehen, er ist der Rest der Seher, die die alten Kulturen hervorgebracht haben und den die Natur gebiert, wendet sich ein Mensch ihr zu. Kunst lebt noch ein wenig durch die Nabelschnur zur Großen Göttin. Aber die Kunst der Natur ist weitergestrickt als die Kunst der Kunst. Und so bleibt auch der Künstler ein schwacher Stern am Himmel der Urmutter.

Wer also nicht wie ein Künstler die Landschaft der Göttin seelisch durchdringt, hat als Mensch seine Urkraft eingebüßt. Wer nur als Tourist, Sportler oder Jäger die Berge durcheilt, hat seinen humanen Auftrag versäumt. **Human sein heißt, Natur zu sein.** *Aber: Es bedarf der Muße, der Dauer, langem Alleinsein, um mit der Großen Mutter ein Tete à Tete zu erlangen, denn sie hat so viel Zeit, weil sie zeitlos lebt.*

Häutungen im dauernden Wandel
   ... Tessin, Lago Maggiore, Cannobio

Sitze beschwingt am See, plötzliche Wellen rollen die Kieselsteine auf und ab. Schreibe...

Unsere menschliche Kultur ist statisch, das drückt sich insbesondere darin aus, dass sie behauptet, alle 10 Jahre durch wirtschaftliche und wissenschaftliche Umbrüche zu gehen. Das ist Blendwerk, es bleibt alles gleich unter einem dünnen Schleier der Maskeraden. Eine aufgeblähte Täuschungsmaschinerie sorgt für dauernd neue Skandale, Abwechslungen und Oberflächenneuheiten. Die lächerlichsten Neuauflagen alter Strümpfe werden als Sensationen verkauft und den verhärmten Bürgern das Staunen aufgedrängt. Tatsächlich bleibt alles beim Alten. Es bleibt das eingefleischte westliche Denken beim Alten und friert immer weiter ein. Der Mensch anerkennt den Wandel des Daseins nicht, alte Kulturen waren ganz eingestellt auf den Tod, und Geburt, Kriege und Lieben, die Zyklen überhaupt. Es waren Zyklenkulturen, die mit dem Wandel bewusst lebten, ihn verehrten, aber unter der weisen Annahme, dass er nur eine Maske ist auf einem ewig gleich aussehenden Gesicht. Welcher Büroangestellte kennt heute die Jahreszeiten, die Lebensalter, die Wandelgesichter der Großen Mutter? Wir kennen die Masken nicht und nicht ihr Urangesicht. Das Dasein ist zur trüben Suppe verkommen ohne das zyklische Erleben des Wandels und ohne das Geheimnis des Urantlitzes, stattdessen trägt jeder eine Armbanduhr und schaut hypnotisiert auf das Verstreichen der nicht vorhandenen Zeit, die er nicht einzuholen vermag, und so hinkt er ewig hinterher. So kommt es zur Hetze, zum Kampf gegen die Zeit, und er bleibt doch der ewige Verlierer. Der zeitgenössische Mensch besitzt keine Methode die Zeit anzuhalten, die alten Völker kannten eine. Sie entspannten sich, gaben sich dem Fluss hin, und dann stand mit einem Male Mutter Zeit still, sie erlosch. **Diese geheime Kunst,** Urzeit **zu genießen, hat uns die** Uhrzeit **ausgetrieben.**

Erdmutter Schlange
   ... Arizona, Painted Desert

Hier in der roten Steinwüste treffe ich oft auf Klapperschlangen. Ich störe sie, wenn ich durch den Staub stampfe. Man kann ihre Fluchtspur leicht verfolgen - wenn man ein Auge dafür bekommen hat. Ich setze mich auf einen Stein, vertiefe mich in einen schönen Schlangenmenschen, der gerade unter Steinen sich verkriecht. - Erdmutter gleicht einer Schlange, diesem sich durch Häutung wandelnden Wesen. Erdmutter verwandelt sich dauernd. Was soll man von einer Frau halten, die jeden Tag anders aussieht. Man muss sich daran gewöhnen, dass heute eine Frühlingsfrau, morgen eine Winterfrau bei einem liegt. Man kann auch sagen, es ist immer wieder eine neue Frau. Andererseits weiß man, es ist stets die gleiche. **Liebe zu einer Frau in Gestalt von vielen.** *Aber wir wollen immer nur eine gleiche Frau haben, wir scheuen den Wechsel, feste Charaktere* sind gefragt, Wandel beängstigt. Die Erneuerung galt als größtes Wunder, und deshalb stand sie im Mittelpunkt der Naturreligion. Der Mensch muss sich zur Veränderung bekennen ansonsten leidet er an ihr. Man muss die Lebensalter annehmen, den Wandel der Erde und den Tod. Darin bestand die „Psychotherapie" der Alten, das zu verinnerlichen, tief in sich aufzunehmen. Eine Therapie des Wandels hat in der heutigen Gesellschaft keine Stützen. Die Verwandlung, die wir anstreben, bezieht sich auf „mehr", auf mehr Geld, mehr Luxus, mehr Wissen. Aber das sind künstlich angeregte Wandlungsbedürfnisse, sie unterliegen dem Kommerz und suggerierten Lügen. Es geht um die großen Wandlungszustände, sie zu verinnerlichen - dafür gab es Zeremonien und Feste. Das Leben erlebte man als Abwechslung und an den Nahtstellen von einem zum anderen wurde sich durch Ritus auf den neuen Zyklus eingestimmt. Es ist einfach schön, sich auf den Winteranfang vorzubereiten. Dieses Fest verdeutlicht: jetzt wird es kälter, andere Lebensweise, anderes Leben. Man mag das schlicht finden, aber die Seele lebt von Schlichtheit. Heute gibt es trotz oder gerade wegen der Psychologie keine Wandlungsfeste mehr, so verkümmert die Seele, leidet, erkrankt, sucht Ersatzbefriedigung und klammert sich nun krampfhaft ans magere Angebot der Psychologie. Der Mensch muss wissen wie es Erdmutter gerade geht, und er muss mit ihr leben. Wir leben gegen sie, wir kennen sie nicht mehr. Wenn in einer Kultur die Große Göttin gestorben ist, lebt diese Kultur ihren Bankrott aus in Gestalt der Ausschweifung des eigenen Ichs. Wenn keine Leitlinie mehr da ist, verbleibt nur noch das eigene Ich, das sich dann aufbläst zum Ballon, der so schnell platzen kann. Die derzeitige Egokultur hat die Naturkultur abgehackt, wir leben nun allein mit uns selbst.

Das Gesetz des Wandels - die Wiederkehr des Immergleichen
... Kreta, Wanderung entlang des Libyschen Meeres

Ich will zum Asklepios-Heiligtum in Lissós, laufe verträumt am Meer entlang und über Bergrücken. „Was ist Dasein", frage ich mich, lege die Füße ins Salzwasser und spreche auf Band.

Eines der größten Geheimnisse des Daseins, jenseits menschlichen Fassungsvermögens, das niemals erfasst werden kann, ist der Wandel. Wer philosophisch erfahren, wer ehrlich fühlen und sich neben sein Dasein stellen kann, sieht den Fluss des Lebens, sieht Wandel. Wir werden älter, Dinge verfallen, neue werden geschaffen. Geschichte verrinnt vor unseren Augen. Menschen kommen und gehen. Natürlich sieht jeder den Wandel, aber ihn dauernd zu erfassen als Geheimnis, ist wenigen vorbehalten. Im Alltagsgetriebe des modernen Menschen gelten Geheimnisse als aberwitzig, tiefe Fragen gehören nicht hierher, sie sind überladen mit Zucker und Luxus.

Aber damit ist das Geheimnis nur angerührt, es entfaltet sich erst, wenn wir erfahren, **dass es keinen Wandel gibt,** *dass er Täuschung ist. Die Erdmutter füttert uns mit Bildern des Wandels, sofern wir nicht reif genug sind, ihn tatsächlich zu erfahren als die* **Wiederkehr des Immergleichen.** *Alle Geschichte wiederholt sich, alle Taten blühen neu auf, jeder Lebensfilm ist eine Wiederholung - alles schon da gewesen, nur Kleider wurden gewechselt. Was die Große Göttin uns sagt, ist: „Unter tausend Gestalten verführe ich euch zu tausend Verhaltensweisen, um euch die Möglichkeit zu geben, sie alle als eine,* **meine** *Gestalt zu erkennen. Bin ewig die Eine, die Immergleiche. Ich bin auch ihr. Erfahrt ihr das, werdet ihr Ich, zuvor werdet ihr mich nie verstehen und immer im Wettstreit mit mir liegen. Ich habe euch mein tiefstes Geheimnis verraten, doch ihr habt es nicht gehört - sonst hätte ich es nicht verraten."*

II. DIE WELTENMUTTER ALS URSTOFF

HEIMKEHR IN DIE WELT HINTER DER WELT

Bild Vorderseite: Urmutter der Tarahumara-Indianer, Mexiko.

SEELENSTOFF IST PLASMA

„Auch Seelen dampfen herauf aus dem Feuchten."

- Heraklit -

Bei der Beschäftigung mit der Todesdimension gelangte ich zu einer recht genauen Landkarte dieses mentalen Bereichs. Ich spreche - um den vielen abgenutzten Ausdrücken für diese Zone zu entgehen - von der Plasmadimension. Nach den Kosmologien der Völker und den Berichten von Schamanen handelt es sich um ein energetisches, superflüssiges Feld, das selbst aber einer noch höheren Seinszone entspringt, die ich als Geistfeld bezeichne. Das Energie- oder Plasmafeld führt bei Verdichtung sowohl zu Materie als auch in seinem subtileren Aspekt zu seelischen Regungen in Gestalt von Fühlen und Denken. Ich spreche vom Plasmakörper, sofern ein individuelles Plasmafeld gefragt ist, und von einer Plasmadimension, sofern eine kollektive Datenbank aller individuellen Plasmafelder, bzw. eine energetische Dimension jenseits des Materieozeans gemeint ist. Plasma besteht einerseits aus der Energie unserer Gedanken und Gefühle, im etwas verdichteteren Zustand ist es Urmaterie, Urbaustein, aus dem Stoff geboren wird. Das Plasma besteht wie gesagt nach allen Überlieferungen aus *einem höheren Psychoplasma* und dem niederen Materieplasma, womit die ungeheure Aussage getroffen wird: Psyche und Materie sind Verwandte, Psyche und Materie beeinflussen sich gegenseitig. Urmaterie ist also Energie und Psyche, und diese sind scheinbar das gleiche, daher ihre Wesensverwandtschaft. Überraschenderweise ist das Plasma also nicht nur superflüssig-halbmateriell, sondern gleichzeitig seelisch. Überdies ist das Plasmafeld gleichbedeutend mit der Todeszone. Beim Tod bleiben unsere Gefühle und Gedanken übrig als kollektives Plasmafeld (kollektives Unbewusstes nach C. G. Jung!), und sie leben weiter als materiefreie Energieeinheiten (zweites Thermodynamisches Grundgesetz: Energie vergeht nicht!). Lebewesen scheinen zu bestehen aus dem Stoffkörper und seinem Energiefeld, das nicht zerstört werden kann, darüber hinaus aus einem materie- *und* energiefreien reinen Geist- und Seinsfeld. All das ist grundlegendes schamanisches Wissen, darauf gründet sich das schamanische Weltbild. Nur, wenn man diese *Einheit von Psyche, Tod und Urstoff* erst versteht und später selbst erfährt, nähert man sich dem Rätsel des Schamanentums und der Naturtherapie.

Mit solcher Erkenntnis überschreite ich den Rahmen psychologischer Forschung gänzlich; seit 25 Jahren arbeite ich daran, die Theorie des Plasmafeldes auf alle Lebensbereiche anzuwenden. Dabei bleibe ich dem Schamanen ganz verbunden, denn seine mentalen Handlungen (Rituale, Gesänge, Gebete, Meditationen) spielen sich ab im Plasmafeld, in dem er mit seiner Psyche operiert wie der Astronaut im Orbit, wo er aber auch Zugang zu allen vormateriellen, feinstofflichen Zuständen von Tieren, Pflanzen und Steinen besitzt.

Über das Plasma erreicht er alle Lebewesen, und das ist sein Zugang zur Natur; nicht der Baum als Materie, der Baum als Plasmafeld ist sein Ansprechpartner. Seine Religion ist die des Plasmafeldes - Geisterreligion - mit seinen eigenartigen Gesetzen von Synchronizität, Synergie, Raumzeitlosigkeit, Akausalität, Alinearität, Nonlokalität und paranormalen Wirkungen. Im Plasma leben die toten Ahnen, ihnen gilt seine Aufmerksamkeit ebenso wie nicht-menschlichen Wesenheiten, Halbgöttern, Göttern. Eigentlich ist der Schamane Meister unserer Ursprungswelt, die interessanterweise auch die Welt ist, nach der die moderne Physik fahndet. Wie einst Schamanentum und subatomare Physik sich verbinden werden deutet sich bereits schemenhaft an (Kalweit, *Liebe und Tod jenseits der Zeit* und *Die Plasmadimension*, in Vorbereitung).

DAS GEISTKONTINUUM

Mir erschien das Wirrwarr unterschiedlicher Bewusstseinszustände, die beim Menschen recht wahllos angenommen werden, als Hilflosigkeit, da eine umfassende Lehre des Bewusstseins nicht vorliegt. Mit dem Modell des *Geistkontinuums* gelangte ich zu einem ebenso einfachen wie universalen Modell. Dies ist kein aus den Fingern gesogenes spekulatives Modell, sondern gründet sich auf Berichten von Nahtoderfahrungen. Menschen, die reanimiert wurden berichten von drei Ebenen des Daseins, die sie durchlaufen, und von drei „Körpern", die sie haben. Beim Tod löst sich ein zweiter Körper, die Seele oder die Plasmaseele vom Leib, danach durchfliegt sie einen Tunnel und erlebt an dessen Ende einen Lebensrückblick, mit dem sie ihren Seelenleib abstreift und dann eintritt in eine dritte Zone, die ich Geistzone nenne, ein Lichtland. In diesem Lichtreich erst scheint der Mensch zu werden, was er naturgegeben ist. Es deuten sich bei der Todeserfahrung drei scharf voneinander getrennte Existenzbereiche an. Während unser Wesen durch diese drei Reiche aufsteigt, verliert sich unser Ich zusehends. Besser wäre, zu sagen, wir sind wie eine Dreistufenrakete, die beim Aufstieg erst den untersten Raketenteil abwirft, sprich den Körper, dann den zweiten Teil, sprich unser Seelenplasma, womit nur noch die Spitze, reiner Geist, übrig bleibt. Körper, Seele, Geist - das ist die heilige Trinität.

DIE ACHT LEBENSFAKTOREN

Untersuchen wir nun genauer die einzelnen Faktoren, aus denen unserer Existenz besteht, dann bilden sich acht Lebensfaktoren heraus. Es zeigte sich, dass *acht Lebensfaktoren* mein menschliches Normalbewusstsein ausmachen, und diese verändern, genauer: verstärken sich, wenn ich mich im Geistkontinuum aufwärts bewege. Es verstärken sich die *zwei Quartette*. Quartett I besteht aus Materie, Raum, Zeit (Kausalität) und Bewegung, Quartett II aus Körperempfindung, Gefühl und Denken und dem, was diese drei zusammenfasst, unsere Ich-Individualität. Unser Dasein scheint mir im Wesentlichen aus diesen acht Lebensfaktoren zu bestehen, die sich entlang eines Kontinuums verstärken (nicht verändern!), welches ich, wie gesagt, Geistkontinuum nenne. Die Stufen des Geistkontinuums nun sind folgende:

Unser *Normalbewusstsein* (Basisinstinkt), wie es jeder aus dem Alltag kennt, in dem unsere acht Lebensfaktoren sich gewissermaßen im Ruhezustand befinden, stellt das letzte Echo des reinen Geistbewusstseins dar. In einem Abwärtsfall verdichtete sich Urgeist zu Plasma, also zu Seelen, und diese verdichteten sich weiter, indem sie ein Stoffabbild ihrer selbst um sich schufen. Geist - Seelenplasma - Materie, das ist die Abfolge. Die Existenz verschiedener Bewusstseinszustände, wie sie naiverweise von der Psychologie propagiert werden, sind nichts anderes als Intensivierungen der acht Lebensfaktoren des Normalbewusstseins in den drei Dimensionen. Mit diesem Modell des Geistkontinuums kann ich sämtliche Bewusstseinszustände logisch und folgerichtig einordnen auf ihrem Weg zum Urzustand. Damit erhalten wir ein natürliches, umfassendes Muster für alle Bewusstseinszustände und fürs Dasein überhaupt.

Größere Klarheit des Bewusstseins entsteht durch Wegnahme aller Bedingungen, die uns ablenken. Reizentzug aller Art intensiviert unser Bewusstsein, genauer: unsere acht Lebensfaktoren. Engt sich unser Bewusstsein ein auf sich selbst, so kommt es bei allen acht Lebensfaktoren zu einer Erhöhung ihrer Kapazität und Ausdrucksform.

MATERIEDIMENSION

Die Sinnesempfindungen Hören, Sehen, Riechen und Schmecken werden empfindsamer, ich höre schärfer, sehe klarer usw. Mein Gefühl verstärkt sich zum sogenannten *veränderten Bewusstseinszustand*, zum *magischen Augenblick* oder, wie ich sage, zum *Super-Gefühl*. Ein *Super-Gefühl* ist lediglich eine Steigerung unseres normalen Gefühlslebens, es handelt sich eben nicht um einen veränderten, abnormen, pathologischen, tranceartigen, transpersonalen oder paranormalen Geisteszustand, wie man das bisher versucht hat zu benennen, sondern schlicht und ergreifend um eine *Intensivierung* unserer normalen Gefühlswelt. Hier einige Merkmale der Bewusstseinsintensivierung:

- *Raum* wird größer oder kleiner, schwankt, ist plastisch
- *Zeit* wird langsam oder schnell oder ist gänzlich abwesend
- *Kausalität*, sprich die Abfolge der Zeit (sprich der Ereignisse), zieht sich auf einen Gegenwartspunkt - zeitlose Zeit - zusammen
- *Bewegung* wird langsamer oder schneller oder kommt zum Stillstand
- *Materie* erscheint jetzt lebendig, wirkt wie ein Lebewesen, ich kann mit ihr sprechen
- *Empfindungen* werden überempfindsam, wir hören brillanter, sehen wahrhaft 360 Grad im Umkreis, schauen hinter die Dinge, erkennen ihre wahre Bedeutung
- *Gefühle* dehnen sich aus zum Mitgefühl; wir fühlen über Entfernung hinweg: Telepathie und Hellsehen werden normal
- *Denken* verschärft sich, wird glasklar, enorm schnell, wird zur direkten Erfahrung, alles vernetzt sich
- Unser *Ich* wird umfassender, bezieht alles in sich ein und entpuppt sich dergestalt als unser wahres Selbst, das aber alles an Außenwelt mit enthält. Wir erfahren: Ich bin alles!

Plasmadimension

Nun kommt es zum Bruch. Unser Bewusstsein (Seele, Psyche), das nur locker mit dem Körper zusammenhängt, löst sich von diesem, wird ganz frei von leiblichen Reizen, kommt ganz in seine eigene Kraft.

Außerkörperliche Erfahrung

Bei weiterer Intensivierung durch Reizentzug, aber auch andere Faktoren wie etwa Schock, kommt es zur *außerkörperlichen Erfahrung* (AKE). Unser Bewusstsein befindet sich dann außerhalb des Leibes. Die Lebensfaktoren werden nun - da der Körper, der nichts als ein Filtersystem fürs Bewusstsein darstellt, wegfällt - märchenhaft gesteigert erlebt, was zu transpersonalen, spirituellen Erfahrungen aller Art führt. Wir können in diesem Zustand in der materiellen Welt bleiben, aber auch die Plasmadimension, die sogenannte Unterwelt betreten. Unsere Sinne, Gefühl und Denken sind so gesteigert, dass es zu paranormalen Erfahrungen kommt. Aus Sehen wird Hellsehen, aus Hören Hellhören, aus Gefühl wird raumüberbrückende Sensitivität, aus Denken wird Intuition und Inspiration, d. h. Erkenntnisse kommen direkt ohne Nachzudenken zu uns. Körperempfindungen gibt es nach der Trennung vom Körper nicht mehr. Raum und Zeit sind weitgehend erloschen, Materie spielt keine Rolle mehr, d. h. sie kann zeitlich und räumlich überschaut werden, und sie ist transparent wie eine Glasscheibe, sprich wir können durch sie hindurchgehen.

Nahtoderfahrung

Schließlich kann es zur *Todeserfahrung* kommen, wobei wir die stoffliche Welt verlassen. Wir treten ein ins Totenreich, treffen dort unsere Ahnen und auf eine Welt mit anderen Gesetzen. Die acht Faktoren lösen sich hier weitgehend auf. Eigenartigerweise heißt hier z.B. Steigerung des Gefühls, dass man es schließlich verliert und es raumzeitloses Seinsgefühl wird! Unser Ich hat sich mit dem Verlassen des Körpers seiner materiellen Hüllen entledigt und ist nun das, was es wahrhaft ist: Nicht-Ich. Die Zeit wird zur Nicht-Zeit, der Raum zum Nicht-Raum. Denn Ich, Zeit und Raum sind nur Verdichtungen, die sich aus dem Nichtszustand entwickelt haben.

Wenn die Seele an einen materiellen Körper gekoppelt wird, sprich sie einen Leib um sich bildet, so wie eine offene Wunde eine Kruste bildet, dann frieren die Seelengefühle gewissermaßen ein, erstarren in Raum und Zeit und verlangsamen sich im festen Stoff, so wie unser Ich sich auseinander zieht in der Zeit zu einer Geschichte, einem Lebenslauf. Im Seelenplasma ist Raum und Zeit fast ausgelöscht, alles tanzt auf einem Fleck, alles geschieht sofort, es gibt keine Entfernung, man ist überall, wenn man nur daran denkt; es ist ein sofort- und-alles Universum, in dem ich immer das bin und tue, was ich gerade denke und fühle. Ein schwankendes Gefühlsterrain. Die an den Raumzeit-Körper gebundene Seele wird nun gewissermaßen eingefangen und in Raumzeitschnitten zerlegt wie ein Kuchen. In diesem Kleid nun fühlt sich die Seele keineswegs gut und will dauernd flüchten, was ihr jedoch nur im Traum und durch Außerkörperliche Erfahrungen gelingt. Daher unser Streben nach Freiheit, womit letztendlich nur Freiheit vom Körper gemeint ist, Freiheit von Raum, Zeit und Stoff. All unsere Handlungen drängen auf Freiheit, hin zu einem Zustand, der dem des Seelenlandes gleichkommt. Freiheit von Körper und Schmerz, Freiheit von Entfernungen und Räumen, von der Abfolge der Zeit, aber auch Freiheit von der Enge unseres Ichs wird gesucht in tausend Beschäftigungen, in tausend Denkvorgängen und hunderttausend Gefühlsstimmungen. Ziel des Menschseins ist Freiheit vom Leib. Das aber geschieht nur unter seltenen Konstellationen definitiv nur beim Tod, da löst sich die Seele vom Körper - das nur heißt Tod - und kehrt in ihre wahre Heimat zurück.

Geistdimension

Auch der Seelen- oder Plasmazustand ist nur ein Übergang. Hier dominiert uns zwar kein Körper, dafür umso mehr unsere Psyche, unsere Gefühle, ganz gleich wie intensiviert und wie weit und frei sie jetzt sind. Diese noch von Egozentrismus und Illusion gekennzeichneten Gefühle lösen sich erst auf, wenn der seelische Plasmakörper - denn Gefühle sind Plasmastoff - so abgeworfen werden wie zuvor der Stoffkörper. Dieser Schritt wird in der Nahtoderfahrung beschrieben als Lebensrückblick, als Abwerfen des Lebens und daraus folgt der Eintritt ins Licht, in die Geistdimension.

Wir betreten nun das *Geistfeld* - das vermutlich in sich selbst eine weitere Stufenfolge enthält - in dem wir letztendlich unsere Ich-Persönlichkeit ganz verlieren, und eingemeindet werden ins universelle Hologramm, einen Zustand, den ich nenne: „Alles ist in Allem." Hier enden Worte und Beschreibungen endgültig. Im *Geistfeld* fallen alle Unterscheidungen zusammen zu *einem* Zustand; alle acht Lebensfaktoren verdichten sich zu einem einzigen Sein, die Weltvielfalt schrumpft auf nichts zusammen, das Nichts dämmert herauf, das gleichzeitig ein Alles ist. Alle physikalischen Konstanten verdichten sich zum einheitlichen Feld, werden eins, ebenso wie Denken, Fühlen, Empfinden und unser Ich, sie schrumpfen zusammen zum Universalsinn, aus dem sie sich ursprünglich herausentwickelt hatten.

Das Dilemma der Psychologie

Bewusstsein besteht aus acht Lebensfaktoren, die sich den jeweiligen Bedingungen, sprich dem Körperzustand oder Plasmazustand, anpassen. Ohne das universelle Geistkontinuum, an dem entlang sich Dasein und Leben bewegen, gibt es keine Wissenschaft des Bewusstseins. Kennt man diese naturgegebene Abfolge nicht, so erscheinen die Bewusstseinszustände als kunterbunte Mischung, weshalb man dann gezwungen ist, zwischen normalen und abnormen Zuständen zu unterscheiden, was das ganze pathologische Pandämonium, also das Dilemma der westlichen Psychologie, heraufbeschwört.

Die Echokette des Daseins

Zu betonen ist für das Geistkontinuum immer wieder, dass es nicht *verschiedene* Zustände kennt, sondern nur die stetige Steigerung unseres Normalbewusstseins bestehend aus den acht Lebensfaktoren. Andererseits, von der Warte des Geistes aus betrachtet, fällt die Einheit der Welterfahrung mit zunehmendem Abstieg auf dem Kontinuum auseinander, bis schließlich unsere vielfältige, trennende Welterfahrung erreicht ist. Damit ist gesagt, die acht Lebensfaktoren sind bereits im höchsten Einheitsfeld potentiell angelegt, so wie im Samen die Blume. Basisinstinkt und Geisteinheit, Vielfalt und Nichts sind damit grundsätzlich nicht verschieden! Es gibt keine willkürlichen und getrennt in uns herumflatternden Bewusstseinszustände: Es ist der reine Geistzustand, der sich gesetzmäßig verringert und, wie ein Komet einen Schweif, eine Echokette mentaler Zustände hinter sich herzieht.

Verwandlungsverfahren führen durch die Echokette

Auch die Verwandlungsverfahren, die die Reise durchs Geistkontinuum bewirken sollen und die von sämtlichen Kulturen und in allen Epochen als Weg zur Erleuchtung etc. entworfen wurden, unterliegen festgelegten Gesetzen. Ebenso wie die Vielzahl angegebener Bewusstseinszustände verwirrt, so auch die Vielzahl angepriesener geistiger Verfahren, doch lassen sich alle auf wenige Grundgesetze zurückführen. Das dauernde Entwerfen angeblich neuer Therapieverfahren und Methoden zur Bewusstseinsveränderung dient lediglich dem Gelderwerb und erzeugt den falschen Schein, die Bewusstseinsforschung habe etwas Neues entdeckt. Tatsächlich wird nie etwas Neues im Bewusstseinsbereich entdeckt, es handelt sich stets nur um alte Hüte, neue Verkleidungen, neue Namensetiketten. Das ganze Pandämonium der Therapien und Bewusstseinsmethoden ist nichts weiter als ein neuer Versuch, ein wahres Wissen über unsere Geistnatur zu verhindern. Es scheint: Ein geheimes Gesetz lastet wie ein Damoklesschwert über der Menschheit: Sie darf nicht erwachen!

Intensivierte geistige Zustände treten unwillkürlich auf oder können künstlich hervorgerufen werden. Die wesentlichen Verfahren sind Einsamkeit, Fasten, Konzentration, Monotonie, Entfernung vom normalen Weltgeschehen: Besondere Methoden gehen meistens mit Monotonie einher, mit Wiederholung von Handlungen bis zur Erschöpfung, wodurch die acht Lebenskräfte intensiviert werden; aus Hören wird dann Hellhören, Tasten kann man über Entfernungen hinweg, wir erkennen die wahre Bedeutung usw. Diese einfachen Techniken dienen der Entwöhnung von den Bewegungen unseres Basisinstinkts und leiten - je nach Intensität - über zu höheren Stufen des Geistkontinuums. Die Verfahren nehmen sich bescheiden aus, je nach Dauer und Stärke treiben sie einen jedoch zu höheren Stufen.

In diesem Rahmen kommt es zu allerlei auffälligem gesellschaftlichen Verhalten, werdende Schamanen benehmen sich in intensivierten Zuständen nicht entsprechend den Sitten und Regeln, insbesondere schamanische Clowns, Transvestiten und Umgekehrte verletzen Aufsehen erregend die herrschende Ordnung; das ist eine Folge des Verblassens des kontrollierten Basisinstinkts. Diese Zustände sind weder pathologisch, noch sinnbildlich oder poetisch zu deuten, es handelt sich um Eigenarten einer bestimmten Stufe des Geistkontinuums, wo rationale Gesetze sich paradox umdrehen und sich uns als Narretei, als Verrücktheiten darstellen. Das hängt aber nun damit zusammen, dass es in höheren Bewusstseinszuständen keine Logik, keine Kausalität und kein Normverhalten mehr gibt.

Wissen der Naturtherapie: Natur, Naturzeremonie, Überlieferung

In der Naturtherapie geht es um das Ausloten der eigenen Größe als Mensch aus Stoff, Seele und Geist. Es geht darum, die Ausdehnung des eigenen Wesens zu erkunden. Dazu verhilft die tiefe Berührung mit der Natur durch Einsamkeitsaufenthalte an herausragenden Naturplätzen. An zweiter Stelle steht die kollektive Naturzeremonie. Den dritten Platz nimmt die geistige Beschäftigung mit den alten Naturphilosophien ein. Dies sind die drei Grundpfeiler der Naturtherapie.

Rückkehr zur Seelenbasis

Es geht im Leben um Eigenerfahrung, Selbsterfahrung, den ganz eigenen Lebensweg, als Einzelgänger, einsamer Weiser, der seiner Inspiration, seinen Eingebungen folgt, unabhängig von Anderen, der allein dasteht, ganz er selbst ist, bzw. anstrebt, es zu werden, also seine Seelenbasis zu erlangen. Die Kunst, schöpferisch eigenständig zu sein, ganz seinen inneren Impulsen zu folgen, die stets bereit sind, Materie zu verklären, ist jedoch nur wenigen beschieden. Lebe ich ganz aus mir selbst, werde ich frei, entsinne mich meiner Berufung. Die Frage ist, ob alle Menschen eine Grundlage dafür besitzen. Ich sage: Ja, aber wenige sind berufen! Es geht hier um den Übermenschen, würde Nietzsche sagen, den Schaumenschen, würde Goethe sagen, den Genius, würde Schopenhauer sagen. In der Naturtherapie sprechen wir einfach vom Geistkontinuum, das der Mensch in sich trägt und durchlaufen muss.

Im Verständnis der Naturtherapie ist ein Mensch kein abgeschlossenes Wesen, er ist *ein* Gesichtspunkt der Natur und kann nur ganz zu sich selbst gelangen, sofern er seiner angeborenen Berufung, Geistnatur zu werden, folgt. Der schwere Gang in die Natur mit ihren tausend anderen Lebensformen gehört aus der Sicht der Naturtherapie unumgänglich zum Erwachen des Menschen. Der rein geistige Weg ohne Naturberührung allerdings ist auch möglich. Der Herzweg über das direkte Mitempfinden mit anderen Naturwesen ist ein unmittelbarer Weg, der jedem Menschen möglich ist und ihn dort abholt, wo er steht - in der Natur. Naturtherapie ist der älteste Heilsweg der Menschheit, einfach weil er der einfachste ist und weil er sich jedem freiherzig anbietet. Sämtliche andere Heilweisen sind menschengemacht und künstlich, es sind Ersatzwege, weil der direkte Weg ins Herz der Natur gescheut wird. Sehen wir klar: Weil ich als kulturalisiertes Wesen die Berührung mit der Natur verloren habe, schrecke ich vor ihr zurück und wähle lieber aus dem Angebot kultureller Heilmöglichkeiten etwas aus. Das betrifft nicht nur Heilweise, das betrifft die gesamte Psychologie, sämtliche spirituellen Methoden und Lehrsysteme, es betrifft auch weitgehend die Naturwissenschaft, die sich ja eigentlich der Natur ungeschminkt nähern sollte, es betrifft letztendlich unser Leben insgesamt, sprich die Kultur, die ja ein Versuch ist, der Natur zu entkommen. Kultur ist ein Filtersystem, das sich gegen die Natur richtet. Je weiter wir uns kulturell aufbauen, desto mehr stirbt paradoxerweise die Kultur ab, je offener wir die Kultur zur Natur hinlassen, desto umfassender bildet sich Kultur, genauer Naturkultur heraus. Das ist das Geheimrezept für große Kulturen: nicht Kultur zu werden. Das jedoch ist nur zu verstehen, besitze ich ein tiefes Verständnis für Naturvorgänge, für Naturzusammenhänge. Da dies bei heutigen Menschen sehr selten ist, kann man diesen Satz nur begreifen als billige Rückkehr zur Natur, doch davon spreche ich nicht. Hier deutet sich ein gewaltiges Geheimnis an, das ich hier nicht besprechen, aber in einigen Sätzen andeuten werde.

Das Erwachen von Kultur zur Natur: Die alten Kulturen

Je weiter wir in die Geschichte der Menschheit zurückgehen, desto größer scheinen die kulturellen Leistungen gewesen zu sein. Wir befinden uns dagegen heute auf einem absterbenden Ast. Die Bauten waren nicht wie heute einfach nur Bauten, sondern kosmologisch orientiert, sie waren Sternenkonstellationen angepasst, es herrschte das Prinzip „So wie oben am Himmel, so unten auf der Erde". Die Erde wurde zudem als lebendiges physikalisches Wesen gesehen und man baute dorthin, wo das Gebäude mit den physikalischen Bedingungen des Erdmutterkörpers harmonierte. Das war die eine Seite echter Kultur, dann gab es jedoch eine Seite, die gar nicht erst Kultur aufbauen, sondern gewissermaßen nackt in der Natur verbleiben, Natur bleiben wollte. Ich spreche von Naturvölkern und Stammeskulturen. Je einfacher die Lebensbedingungen, desto mehr musste ich mitschwingen mit den mich umgebenden Naturgesetzen; ohne Maschinen zu entwerfen, die die Naturgesetze nachäffen, entdeckte der Mensch in seiner Verkörperung sich selbst als wandelndes Naturgesetz und damit seine Gleichheit mit anderen Naturwesen. Dies ist die größte Kunst: nicht Natur zu entdecken über ihren mechanischen Nachbau, sondern ruhig bleibend, sie in sich selbst ganz hervorscheinen zu lassen. Wie das konkret zu verstehen ist, bespreche ich hier nicht, Andeutungen mögen genügen (siehe dazu mein Buch *Die Welt der Schamanen*, Scherz).

Kultur ist ein langer Umweg zur Entdeckung unserer Natur. Völker, die diesen Weg nicht gegangen sind und ohne Kultur gleich Natur sein wollten, nennen wir zu recht primitiv, sprich ursprünglich.

Der alles verbindende Urstoff

Im Allgemeinen versuchen sich Mensch und Kultur herauszuheben aus der Natur. Wir sehen Natur heute als einen archaischen Rückstand aus, dem wir uns Gott sei Dank entwurzelt haben. Auf dieser Täuschung gründen sich sämtliche modernen sozialen, psychologischen, wissenschaftlichen und kulturellen Anschauungen. Es gibt, so meine ich, für den Menschen nur den Weg *durch* die Natur, weil er selbst nichts anderes ist. Die moderne Wissenschaft hat sich, um sich aus der Natur herauszuheben, eines billigen Illusionstricks bedient, sie behauptet, allein der Mensch besitze Bewusstsein, Natur sei tot und willenlos. Individualität sei Markenzeichen des Menschen, alle anderen Daseinsformen seien wachsende Tote. Tiere seien Maschinen, Pflanzen Automaten, Steine wurden noch gar nicht bemerkt, die Elemente seien Chemie. Das gesamte Abendland baut auf dieser Täuschung auf. Tatsache ist jedoch, es gibt nur Lebensformen, nichts Totes. Wasser ist ein lebender Organismus, alle Elemente sind wie Menschen, nur von anderer Gestalt. Den Schlüssel für dieses Verständnis besaßen alle alten Kulturen und alle Stammeskulturen. Es gibt zudem einen Urstoff, auf dem sämtliche materiellen Lebensformen schwimmen. Über den Urstoff, das Plasma, sind gleichzeitig alle Lebensformen raumzeitlos verbunden zu *einem* Lebewesen. Der Urstoff ist kein Stoff mehr, sondern Bewusstsein. Bewusstsein ist aber nicht, wie im Abendland landläufig angenommen wird, rein immateriell, sondern besitzt etwas gleichsam Feinstoffliches, ist nicht vollkommen stofflos. Äther war ein griechischer Name dafür. Äther ist Bewusstsein, hat aber im Vergleich zum reinen stofflosen Geist jene leicht stoffliche Eigenschaft. Unser Bewusstsein scheint durchsichtig, besitzt aber ein Gerüst, so wie Wasser ein kristallines Gefüge, das zum Ausdruck kommt, wenn es gefriert, so wie Bewusstsein bei Verdichtung zu unserem Körper wird.

DER VERLUST DES ICHS

Es geht darum, das zu vergessen, was man ist als mitmenschliches Ich-Wesen, seinen Namen, sein Geschlecht, seinen Verdienst und Beruf, seine Freunde. In dieser Übung besinnt man sich auf das Jetzt, wo nichts und alles weg ist. Jetzt gibt es mich als Einzelwesen nicht mehr. Das Körpergefühl verändert sich, alles läuft langsamer. Die Zeit schleicht, und dadurch nimmt die Kraft zu. Es ist ein Kraftgefühl da, eine Wärme, ein Kokon der Sicherheit und des Vertrauens in sich selbst, eine Selbstgenügsamkeit. Keine Abhängigkeit an äußere Rhythmen, ich bin nur meine Plasmakraft, das ist eine Schwingung, ein Rhythmus. Ich muss mich vergessen, vergessen, was ich tue, nichts hat mehr Bedeutung, keine Worte, keine Deutung, die Dinge haben keine Geschichte, ergeben keinen Sinn - sie sind. Man kann sich da hineinsteigern. Das ist der Anfang der Psychologie. Tiefer gehen ins Jetzt, ins Kraftgefühl, ins Vergessen, keine Worte, keine Erinnerung, der Blick verschwimmt. Der Kanal der Kraft führt zu einer intensiveren Seinsstufe, der Körper wird taub, das Wahrnehmungsfeld schränkt sich ein. Es ist nur noch Kraftbewegung da, kein Ich mehr.

EINSTIEG INS TIEFENGEFÜHL: ICH BIN ALLES

Das erste, was uns die Natur fühlen lässt, ist, dass wir klein sind, allein im Universum, gleichzeitig aber auch groß, Prinzip des Universums. Das auch bezogen auf Menschen. Ich habe keine Vorteile im Vergleich mit anderen Wesen. Intelligenz, Wissen, Kenntnisse, Kräfte, Besitz sind alle beliebig, stellen nichts Herausragendes dar. Sie sind austauschbar, es gibt an sich nichts, worauf sich unser Selbstwertgefühl gründen kann. Selbstwertgefühl zu benötigen, ist Schwäche. Aber jeder schöpft dieses Gefühl aus irgendwelchen Überlegenheits- und

Sicherheitsgefühlen. Es geht darum, unsere ichlose Tiefenschicht zumindest gelegentlich zu spüren, dann erhalten wir den alles verbindenden Blick fürs Dasein. Wir erfahren uns dann als universell, nicht als individuell, als Natur- und Kraftfluss.

Spiritualität wie Alltags-Ich leben weitgehend von Gemeinplätzen, Einbildungen, Übertreibungen und Irrwitzigkeiten. Wer sich entleert davon, kommt zurück auf den Boden der Tatsachen, auf den Boden der Erdmutter.

DIE URHEIMAT MEINER SEELE

Darin besteht der gesamte Nachteil zeitgenössischer Psychologie: Sie ist sich ihrer christlichen Einbettung nicht bewusst, sie kennt die wahre Geschichte ihrer Entstehung nicht. Psychologie entstand als Ersatz für die Naturreligion und als Wiederaufleben dieser unter dem öffentlichen Schauspiel des Christentums. Naturreligion und Naturphilosophie der Stämme erfassten einst den Menschen in seinen tiefsten Bedürfnissen. Der Krieg der Römer und Christen gegen die Psychologie keltischer und germanischer Völker, ihr vollkommener Vernichtungskrieg gegen Wissenschaft, Kultur und Religion, die mit Feuer und Schwert, Vernichtung der Heiligtümer und Forschungsstätten, der Ausrottung aller Priester, Druiden und Astronomen betrieben wurde, ließ verbrannte Erde zurück. Daher scheint es heute so, als sei nichts gewesen vor dem Christentum.

Seit der Vernichtung der Naturreligion der europäischen Stämme bildete sich ein Vakuum an Wissen und Kultur. Auf der einen Seite bildete die alte Kultur die Grundlage und erhielt sich in abgeschwächten oder verballhornten Erscheinungen, andere Teile wurden aus dem Volksbewusstsein restlos herausgefoltert und herausgebrannt während der Hexenverfolgungen. Wieder andere Teile wurden ihm künstlich aus Palästina und Rom aufgezwungen, so dass eine unerquickliche Mischkultur entstand.

Die zeitgenössische Psychologie entstand auf den letzten verstümmelten Wurzeln vorchristlicher Seelenwissenschaft. Sie streifte aber alles Kosmische, alles Naturgemäße ab, man empfand das als unschicklich, denn die Angst vor Folter und christlicher Vergeltung saß noch als eine Art Ahnenbewusstsein all ihrer gemarterten, verbrannten und zu Tode gequälten Vorfahren in allen Köpfen. Die Kirche hatte die Psychologie der Seele, das Wissen der Naturkraft ausgemerzt zugunsten eines Jesus und abstrakten Allgottes. Die Forscher stießen nun unter dem Deckmantel Wissenschaft auf das, was alle alten Stämme kannten: Das Vorhandensein einer Psyche. Aber eine kollektive Urangst sitzt den europäischen Völkern im Nacken - auch nach 2000 Jahren christlicher Fremdherrschaft und Gehirnwäsche - die wahre Natur des Seins, die Seele zu ergründen. So versucht man es mit der Strategie der kleinen Schritte, man bleibt nominell Christ und verwandelt das Christ-Sein jedes Jahrhundert in ein Stück sogenannte Wissenschaft. Doch schleicht sich jedes Mal geschickt das Christentum unter verschiedenen Deckmänteln wieder ein. Alle Gesetze der Wissenschaft sind vollkommen durchdrungen von monotheistischer Weltschau. Was heute Naturwissenschaft ist, ist in Essenz christliches Gefühlsleben. Das will sich keiner zugestehen und kann es nicht leben, weil westliche Weltschau in sich selbst zu viel Christliches absorbiert hat, als dass wir uns aus diesem geistigen Käfig befreien könnten.

An dieser Küste auf einer der Kanareninseln habe ich viele Male viele Wochen gelebt, genährt von blauer See und rotem Fels. Wenn dann das Ich erlischt, gelangt man in die Urheimat jenseits der Worte.

DIE GEHEIME SEHNSUCHT MEINER SEELE

Es gibt ein großes Geheimnis der Menschheit. Das sind das Urgeheimnis und die Ursehnsucht gleichermaßen. Seine Preisgabe, seine Entdeckung würde uns nicht mehr an einen materiellen Planeten fesseln. Um die Befreiung zu verhindern, liegt ein Schatten über der Erde, der sich ausdrückt in mangelndem Bewusstsein, geminderter Seelenklarheit. Wäre nämlich meine Seele wach, würde sie die Fesseln sprengen. Dies ist verboten von einem Gesetz, welches in den Tiefen des Alls schlummert.

Wonach ich mich sehne?

Was sind unsere tiefsten Impulse? Sie können von jedem leicht benannt werden, öffnet er sich für sich selbst. Die Seele will fliegen wie ein Vogel, schwimmen wie ein Hai. Die Seele will nicht gebunden, nicht schwer sein, federleicht. Seelen wollen an keine Zeit geknüpft, in keinen Raum eingepfercht sein, weil sie von Natur aus luftiges Gas sind und nicht den Gesetzen von Zeit und Raum unterliegen - das tut nur der Körper. Oder fühlst du wirklich deine Seele an die Uhr und an räumliche Entfernungen gebunden? Nein, das sind die Bedingungen des Stoffes,

Seele ist Seele und fühlt sich eingeengt in einem Stoffkörper. *Alle seelischen Leiden, denen wir unterliegen, sind jene, die uns die Materie in Gestalt von Raum und Zeit aufzwingt.* Aber da ist noch etwas, was die Seele ablehnt: Den Fluss der Zeit, in der die Dinge folgerichtig nacheinander geschehen. Erst kommt eins, dann zwei, dann... Diese festgelegte Reihenfolge von Ereignissen, erst wird man geboren, dann stirbt man, das lehnt die Seele instinktiv ab. Sie fühlt sich bei einem Tagesablauf erst Morgendämmerung, dann Mittagshitze, dann Abenddämmerung und Nacht furchtbar eingeengt. Sie überschaut einen Tag mit einem Blick und kann aus dieser Jetztzeit entscheiden, ob sie lieber den Abend oder den Morgen genießen will. Weil Seelen im Zeitlosen leben - Zeit ist nur da wo Materie ist - können sie, werfen sie einen Blick in unsere Welt, die wie ein Kaugummi auseinander gezogen ist, gleichzeitig unser Gestern und Morgen erkennen, wozu wir aus unserer engen Perspektive Zukunftsschau, Hellsehen etc. würden. Eingeengt in die Evolution des physischen Alltags leidet unsere Seele, ermüdet schnell, weiß insgeheim alles im Voraus und langweilt sich. Allerdings ist im Stoffkleid ihre Fähigkeit zur Zukunftsschau unterdrückt. Sie wird gezwungen, so zu tun, als unterliege auch sie der stofflichen Folgerichtigkeit, den Jahreszeiten, dem Tagesrhythmus, als seien das ihre Gesetze. Sie wird zum Mitläufer und Jasager, leidet aber und geht daran zugrunde, erkrankt, wird melancholisch an dieser langweiligen Abfolge, gibt schließlich auf, hat genug, ermüdet vom Nacheinander des Lebens, von der Enge des Körpers, von der Eintönigkeit des Zeitflusses, das heißt sie stirbt, verkümmert zum sozialen Ich. *Die Seele will zurück in ihre Heimat, will das Schneckengehäuse Leib abwerfen, endlich sie selbst sein. Daher der Tod*: Die Seele strebt nach Erholung vom Körperkleid. Die großen Vier, unter denen wir als Seele leiden sind Raum, Zeit, Abfolge der Ereignisse (Kausalität, Bewegung, Geschwindigkeit) und der Stoff. Aber im Grunde sind sie aus verschiedenen Gesichtswinkeln gesehen alle vier das gleiche. Wenn die ewige Jetztzeit sich verlangsamt, dehnt sie sich aus zu Vergangenheit, Gegenwart und Zukunft und damit entsteht das Nacheinander der Ereignisabfolge.

Damit kommen wir zu einem großen Geheimnis. Wir müssen uns fragen: „Was dehnt sich aus? " Mir scheint, wenn die Seele sich mit Stoff umkleidet, dass ihre „Schwingung " eingeschränkt wird. Die Geschwindigkeit ihrer „Schwingung " wird langsamer. Es ist also die Geschwindigkeit das oberste Gesetz: Große Geschwindigkeit bewirkt das dauernde Jetzt, langsame Geschwindigkeit bewirkt Raum, Zeit und Materie. Es gibt keinen Raum ohne Zeit, keine Zeit ohne Kausalität und diese nicht ohne Stoff. Wo Stoff ist, ist Raum, Zeit, Kausalität. Eins bedingt das andere. Wir sind zwar gewohnt, alle vier als getrennt zu erleben, doch ist das eine Täuschung. Wenn kein Raum mehr da ist, stirbt die Zeit. Wo keine Zeit ist, ist kein Körper. Die Seele - und das ist unser stärkster Drang - will frei sein von den großen Vier, will in ihrer angeborenen Jetztzeit und Nichtzeit leben. Und so richten sich all unsere seelischen Bestrebungen nur auf eines - die Vernichtung der Großen Vier. All unsere Spiele, Lüste zielen nur auf das eine: Freiheit. Wir sind uns jedoch nicht bewusst, welche Freiheit wir wirklich anstreben, weil die Seele verunreinigt und verschattet ist von den körperlichen Bedürfnissen - Hunger, Durst, Bewegungsdrang, schmerzlos sein, Streicheleinheiten - diese jedoch nicht trennen kann von rein seelischen Bedürfnissen. So sind Körperempfindungen keine Seelengefühle! Wir müssen uns wieder erinnern: Was sind seelische, was körperliche Bedürfnisse? Deswegen ist die Erkenntnis, dass Seele und Körper zwei paar Dinge sind, das erste Gesetz des Lebens.

Bei einer Nachtübung vor einem Moai der Osterinsel schaute ich so tief ins Wesen der Seele, dass ich anschließend 2 Jahre das Schreiben aufgab.

Die Seele sehnt sich nach der raumzeitlosen Daseinsweise ihrer Heimat. Alle Mystik ist die Sehnsucht der Seele danach, sie selbst zu sein. Auch alle wissenschaftlichen Bemühungen, ganz gleich welcher Art, verfolgen nur eine Richtung: es will die Seele sich mittels neuer Erkenntnisse befreien aus dem Netz des Stoffs. Alle Wissenschaften sind solche Fluchtversuche, Techniken, wie man die Gefängnismauern der Materie durchgräbt. Fast alle Fluchtversuche werden jedoch vereitelt, entdeckt, und zwar indem man den Flüchtenden erzählt, sie seien bereits entkommen und sie wären nun frei. Der Seelenverbrecher steht nun außerhalb der Gefängnismauer und wähnt sich frei. Aber irgendetwas stimmt nicht, er leidet weiter, warum? Doch: Beschwingt vom erfolgreichen Fluchtversuch schwebt er einige Zeit im siebten Himmel, doch dann holt ihn seine Pseudofreiheit wieder, und er forscht weiter, wenn er Mut hat. Doch die meisten geben nach *einem* Fluchtversuch auf. Sie dämmern dann den Rest ihres Lebens dahin in ihrer neuen Pseudofreiheit, genannt Religion, Mystik, neue Theorie, neue Schule, neue Erkenntnis, Weisheit, Wissen, Reife, indem sie anderen erzählen, wie großartig sie geflüchtet sind und ihre Freiheit, sprich Religion und Wissenschaft, sei ja der Beweis ihrer richtigen Technik, die sie nun jene lehren, die noch flüchten wollen. Aber es gibt andere Flüchtlinge, die mit anderen Methoden geflüchtet sind, und auch die eröffnen Schulen zum Flüchten; nun bekämpft man sich gegenseitig, welche der Methoden die richtige sei. Darüber wird man etwas unglücklich, es stärkt aber auch das Selbstbewusstsein. Nur wenige merken, wenn sie älter werden, dass sie nicht wirklich geflüchtet sind, nur in einen freien Raum hinter der Gefängnismauer, der von einer weiteren Mauer umgeben ist, gelangt sind. Doch darüber schweigen sie, erwähnen es nur in ihren schwachen Stunden.

Sämtliche menschlichen Tätigkeiten sind Versuche zu flüchten oder Versuche, die misslungene Flucht zu verstecken oder Zukunftsentwürfe, sprich Hoffnungen, wie es wäre, hätte man die Flucht gemeistert. Auch Ahnungen, wie es nach der Flucht aussieht, gibt es zur Genüge, das sind Himmelfahrtsideen, vorweggenommene Lustgefühle der befreiten Seele. Aber alle bleiben Ersatzhandlungen. Dann gibt es noch jene, die Startrampen zur Verfügung stellen, um zu flüchten, jene, die Flugzeuge verleihen, mit denen man flüchten kann, doch der Sprit fehlt gewöhnlich. Dann gibt es die Propheten, Alleswisser, die einem sagen, wie man flüchtet, weise Leute, die es aber selbst nicht erlangt haben, und nun, indem sie anderen predigen, davon träumen, wie es wäre, wenn … Es gibt auch die Hoffnungslosen, die aufgegeben haben und die nun gegen die Flucht sprechen, weil sie es selbst nicht geschafft haben. Sie versuchen, gleichgesinnte Miesepeter um sich zu scharen, damit sie sich wohl fühlen unter Gleichen. Es gibt natürlich noch die ewig Kämpfenden, die dauernd kurz vor dem Abheben stehen Dank einer vor der Endreife stehenden, gänzlich neuen Technik. Diese Techniker der Seele haben hohen Zulauf, denn eine neue Methode ist immer gut, sie zieht all die hoffnungslosen Hoffnungsvollen an. Da alle Methoden grundsätzlich versagen, überholen sich die Theorien und Methoden dauernd, und es werden neue entworfen, bzw. wird von den alten nur der Name geändert und ein modisches Vokabular verwendet, und erneut stehen die Hoffnungswilligen Schlange. Da grundsätzlich alles versagt, durchläuft jeder Mensch mehrere Phasen im Leben, indem er erst einer Methode folgt, sie dann frustriert verwirft und eine neue Methode aufgreift, um erneut einen Versuch zu wagen. Das macht dann sein Leben aus: Techniken zu erlernen, sie abzuwerfen, neue zu erlernen. Jedes Mal ist er stimuliert, bald darauf deprimiert, dann schnell wieder stimuliert, preisen sich neue Techniken an. Dieses Auf und Ab nennt sich schlichtweg Leben. Diesen Rhythmus gibt es nur in der Materieexistenz, denn Materie ist ausgedehnte Zeit. Im raumzeitlosen Jenseits dagegen lebt die Seele all das zur gleichen Zeit, sie tanzt sozusagen auf einem Punkt, d h. alle in der Materie auf den Faden der Zeit aneinander gereihten Gedanken, erscheinen der körperlosen Seele nun als *ein* Gedanke. Dass in der Materie mit dem Zeittrick gearbeitet wird, bemerkt keiner von uns. Der Stoff ködert uns mit Zuckerbrot und Peitsche, mit Zukunftshoffnung und Gegenwartsverzweiflung. Eingelullt von diesem Rhythmus sterben wir entweder mit einem letzten Hoffnungsschimmer oder eben resigniert. Es geht im Leben nicht darum, zu hoffen oder zu resignieren mittels neuer oder verworfener Theorien, sondern darum, sich zu erheben über diesen illusionären Rhythmus. Tatsächliche Erfolge wurden jedoch bisher nicht gesehen. Es handelt sich immer nur um Behauptungen, dass ein Erfolg möglich ist. Doch werden aus den eigenen Reihen immer einige erhoben, die es angeblich erreicht haben, man dient dann diesen sogenannten Heiligen, Mystikern, Weisen. Bei genauerem Hinsehen stellt sich jedoch meistens heraus, dass auch die Heiligen nichts erreicht haben, sondern nur von den Anhängern heilig gesprochen wurden, damit sie ein Vorbild haben. Zudem weiß man wenig über diese Heiligen, ebenso wenig wie die Seelenablösung sich eigentlich anfühlt. Man weiß es zwar instinktiv, doch rational nicht. Dieser Widerspruch zwischen tiefem Fühlen und denkerischem Anspruch klafft in jedem, und das verwirrt. Der Körper kann nicht wissen, was die Seele fühlt. Und die Gefühle der Seele können sich nicht denkerisch ausdrücken, weil Denken ein Kind des dreidimensionalen Körpers ist. Denken gehört zur dreidimensionalen Struktur des Körpers, Fühlen zum raumzeitlosen Sein der Seele. Man kann auch sagen, Denken ist ein Echo des Seelengefühls in einem materiellen Gehirn. Das Gehirn ist ein Filtersystem durch das die zarten windbewegten Seelenklänge keine Klaviertasten finden, sich auszudrücken, und so von ihnen nur ein blasser Abglanz, ein müder Ton sich absetzt, und den nennen wir dann stolz das Denken. Denken ist also nur ein fernes Echo tiefer Seelengefühle. Nun lässt sich flacher und tiefer denken. Flaches Denken ist stark gemischt mit sozialen Übereinkünften und bindet sich eng an die Konvention von Worten und ihren Bedeutungen. Tiefes Denken geht über ins Poetische, es lässt die Wortbedeutungen hinter sich, benutzt Worte sinnbildlich. So befreit von der Enge sozialer Übereinkünfte wird unser Denken seelischer. Aber Denken ist nicht der direkteste Weg, dem Bedürfnis unserer Seele, sich auch im Körperlichen ganz auszudrücken, entgegenzukommen. Klänge sind unmittelbarer, Musik übersetzt Seelenstimmungen feiner, denn die verwendeten Instrumente sind Naturstoffe und diese übersetzen das Wesen des Seelischen ungefilterter als unser Gehirn, weil Natur sprich, Holz, Stein, Metall - so scheint mir - dem Wesen des Seelischen verwandter sind, näher stehen als ein Menschenkörper.

DER URWIDERSPRUCH

Da ich aber Kind von Körper und Seele bin, will ich auch beide zu Wort kommen lassen. Im reinen Gefühl bin ich meiner Seele am nächsten, in der leiblichen Handlung ihr am entferntesten. Ich muss mich daran gewöhnen, jeweils nur eine Stimme sprechen zu lassen, doch fühle ich mich dann nur halb. Dennoch durchdringt unsere Seele echohaft auch unsere gesamte stoffliche Natur, so dass letztendlich auch der Körper seelengeschwängert ist. Die Geschichte aller Völker und Menschen ist ein Versuch, aus diesem Gegensatz Seele-Körper flüchten zu wollen mit unterschiedlichen Mitteln. Das ist die Triebkraft hinter allem irdischen Leben. *Unser Urwiderspruch, Seele und Körper in einem zu sein, beschwört alle tausend Lebenswidersprüche herauf.*

Die alte Frage, wie wir uns mit der Natur verbinden können, was heißt, uns mit unserer eigenen wahren Seelennatur zu verbinden, bleibt z. B. in der Ökologie ganz unhinterfragt und unbeantwortet. Ökologie ist der Ruf des Erschreckens über das, was wir an Leiden verursachen, aber eine Rettung kann nicht geboten werden, weil sich hier alle großen Geheimnisse des Seins zusammenziehen und uns gänzlich überfordern. Die Naturvernichtung wirft die Frage nach dem Dasein des Menschen auf, und die können wir nicht beantworten. So ergeben sich aus der Naturbewegung allerlei Richtungen, die einem sagen, was Rettung ist. Aber alle versagen, weil alle nur Teilwahrheiten liefern.

Ökologie ist nicht nur äußeres Heilen. Ökologie heißt seelische Einheit mit allen Naturwesen. Aber wer kann behaupten, das verwirklicht zu haben. Die Naturwarner müssten alle ihre eigene Seele erfahren, um Natur zu werden, um dann mit den Pflanzengeistern und Steinriesen zu verhandeln. Dafür jedoch sind wir als Kultur nicht reif, wir könnten lernen von den letzten Stammesvölkern, aber sie liegen im Siechtum unter dem Ansturm von Christen und Kapitalisten. Es scheint keine Rettung zu geben. Verzweifelt setzen daher die meisten auf Zauberei, Wunder, Endzeit oder auf Luxus, Licht oder Liebe. Der Weg in die Steine und Wasser ist lang, weil es ein Weg in die eigene Seele ist und Waldspaziergänge und Naturlehrpfade gar nichts helfen.

Dass der Mensch König sei über die Erde und all ihre Lebensformen, ist ein modernes Märchen. Es bildet den Höhepunkt eines krankhaften Vorganges, den die euroamerikanische Kultur erfasst hat. Dazu hat man sich viele Stützen geschaffen: Christentum, Evolutionstheorie, Wissenschaft und vor allem Naturzerstörung und Ausrottung der alten Völker, denn die Zerstörung beweist nachdrücklich unsere Überlegenheit. Wir müssen heute keine Angst mehr vor Bären haben, einfach, weil es sie nicht mehr gibt. Je mehr wir alle anderen Lebensformen ausrotten, desto mehr wird die Überlegenheit des Menschen deutlich. Je mehr wir uns so in Sicherheit vor Regen und Kälte wiegen - was ja ein natürliches Anliegen ist - desto lautstarker erklingt die Hymne „Der Mensch ist die Krone der Schöpfung und allen andern Lebensformen überlegen." Das ist leicht zu behaupten, denn es melden sich keine Gegenstimmen mehr. Es ist ein wundervolles Gefühl für uns Menschen, nicht mehr bedroht zu sein von außen. Allein andere Menschen können uns noch bedrohen. Es steht ein großes Sicherheitsbestreben im Hintergrund. Woher rührt dieses? Schauten wir es uns genauer an, entpuppte es sich als ein Bestreben unserer Seele, den Körper loszuwerden, bzw. hat die Seele durch ihre Identifikation mit dem Körper Angst bekommen, sie könnte verletzt werden via Körper. Das veranlasst sie, sich gegen Feinde ihres Körpers zu wehren und alles zu tun, damit es ihrem Körper gut geht. Es ist schwierig für die Seele, zu spüren, dass sie nicht der Körper ist. Sie weiß es instinktiv, aber gegen den körperlichen Lebenserhaltungsinstinkt gibt es kein Ankommen, denn dieser ist nur das Echo des Überlebensinstinkts der Seele. Die Seele fühlt sich durch die falsche Identifikation mit dem Körper verantwortlich für ihn, sie meint, sie sei er, sie meint, mit seinem Tod gehe auch sie unter. So unternimmt sie alles, den Körper zu schützen, zu retten und das drückt sich aus, seit der Geburt des ersten Menschen, als Naturzerstörung, denn der Körper lebt allein von der Natur, durch Ausbeutung und Töten. Der materielle Körper hat nur den Stoff als Überlebensquelle. Im Reich der Stoffe ernähren sich die Lebewesen voneinander. Das ist das Gesetz unserer Stoffnatur. Auch dies ist nur ein Echo des gegenseitigen Seelenverzehrs im Urstoff des Plasmas, wo Seelen sich nähren durch Austausch, durch Gib und Nimm.

Die Seele erzeugt Gutes und Schlechtes. Sie erzeugt das Gute, das sind meine Versuche, mich zu erinnern an die Heimat meiner Seele, wo das Leben eine Einheit mit sich selbst bildet, wo ich tiefe seelische Berührung mit allem erfahre; aber meine Seele hat etwas hervorgebracht, ein Kind, meinen Körper; dieser ist in seinem Aufbau und seinen Gesetzen Spiegelbild meiner Seele unter dem Vorzeichen der Raumzeitmaterie. Eine immaterielle Mutter hat ein stoffliches Kind gezeugt, das sie nun schützen will. Das ist ein recht widersprüchliches Unterfangen, daher bleibt unser Dasein ein dauernder Widerspruch. Solange wir Kinder zeugen im Stoff, werden wir diesem Widerspruch unterliegen, da kann keine noch so ausgefeilte Rettungstheorie gegen an. Den Urwiderspruch zu lösen, das geht nur, indem ich als Seele keine Kinder mehr zeuge in der Nachbardimension Materiewelt. Nehmen wir an, keiner würde mehr zeugen, die Menschheit stürbe aus, alle Seelen verblieben nun im Jenseits. Aber da tut sich das Urgeheimnis auf: Die Seele *will* die materielle Verkörperung, sie sucht eine Stoffhülle, genauer gesagt die Verlangsamung ihrer raumzeitlosen Supergeschwindigkeit und das führt zum Stoff, zu Zeit, zu Raum und Kausalität und langsamer Bewegung. Der Grund dafür verliert sich in den Schluchten der alten Überlieferungen, des Mysterienwissens, der Geheimwissenschaften und bleibt hier unerwähnt.

Lysis: Die Loslösung und Rettung der Seele

Lysis heißt griechisch „Loslösung", „Rettung". Wer seine Seele vom Körper loslöst, so wussten die Griechen noch aus archaischen Zeiten, der allein ist gerettet, er ist nämlich wieder zu Hause. Alle alten Völker und alle Stämme der Welt definieren Rettung gleich: Die Seele muss lernen, sich zurückzuziehen aus dem Körper, entweder für immer, was Tod heißt oder im Leben zumindest zeitweilig. Der zeitweilige Rückzug nun geschieht jedoch häufig - jede Nacht. Im Tiefschlaf verlässt die Seele den Körper 4-5 mal pro Nacht, ohne dass wir davon etwas bemerken. Das ist der wahre Grund für unser Bedürfnis nach Schlaf. Es scheint die Seele auch während des Tages gelegentlich für Augenblicke, Bruchteile von Sekunden den Körper zu verlassen. Dies ist notwendig, damit sie sich erholt von der erdrückenden Enge des Körpers, ansonsten würde sie schnell zusammenbrechen, sprich sich zurückziehen, was wir Sterben nennen. Die außerkörperlichen Erfahrungen, die wir dauernd haben, auch wenn sie vor dem Wachbewusstsein im Dunkeln bleiben, bewirken, dass die Seele sich eine Zeitlang im Körper halten kann. Dieser eingebaute Seelenabtrennungsmechanismus bewirkt, dass wir überhaupt leben können im Körper. Aus sich selbst heraus kann der Stoffkörper nicht leben, allein eine plasmatische Nabelschnur verbindet ihn mit der Seele, die ihn als Spiegelbild ihrer selbst auf materieller Ebene hervorgebracht hat. Hier liegt natürlich ein weiteres großes Geheimnis: Wie kann eine immaterielle plasmatische Seele in sich eine Struktur besitzen, die sich im Stofflichen als menschlicher Körper ausfaltet? Mein Charakter ist der der Seele, und dieser übersetzt in Stoff als Form, Farbe und Bewegung, als Gengut, Zellen und Gehirn verdichtet sich zu meinem Leib. Niemand kann also behaupten, nicht verantwortlich zu sein für seinen Leib. Ein Energiefluss von der Plasmaseele ins Stoffliche hält den Körper aufrecht, die Seele muss sich immer wieder erholen in ihrer umfassenden plasmatischen Welt, auftanken, um dann wieder in die Enge ihrer verdichteten stofflichen Hülle zu schlüpfen; dort muss sie eine Zeitlang die Gesetze des Stoffs, die großen Vier - Materie, Raum, Zeit, Bewegung - ertragen immer auf die Nacht hoffend, in der sie sich vom Körper zurückziehen darf, was sich bei ihm zunächst als Müdigkeit und Schlaf ankündigt und schließlich im Tiefschlaf oder in Quasiträumen - als Fallen, Schweben, Fliegen, Aufsteigen, der sogenannten Loslösung oder Lysis der Seele - endet. Der Schlaf darf also neu bestimmt werden als Flucht der Seele, und das drückt sich körperlich aus als Müdigkeit, Erschöpfung und schwerer Konzentrationsverlust.

DER KÖRPER ALS PROJEKTION DER SEELE

Befreit vom Körper fühlt sich unsere Seele schnell vereint mit ihrer Umwelt, sie ist dann größer, weiter, erreicht alles sofort, da raumlos, ist sofort in jeder Zeit, sofern sie die Absicht hegt. Im Jenseits der Raumzeit geschieht alles nach Willen und Bedürfnis. Wer jedoch nichts tun will, erreicht auch nichts. Aktivität, Phantasie der Seele ist also Voraussetzung nicht anders als hier auch. An solche Zustände wie Denken ist sie nun nicht mehr gefesselt. Sie erfasst gefühlsmäßig unmittelbar und sofort die Umwelt, mehr noch, wird diese selbst. Die Seele ist kein Egozustand, dazu heruntergeschraubt wird sie nur im Kleid des Körpers, sie ist ein umfassendes Seelenfeld, in dem sie durch Mitgefühl sich in alles einfühlen kann. Allein im Körper kann die Seele nicht sein, was sie von Natur aus ist. Sie ist im Jenseitsfeld nicht ein Vieles im Sinne eines Bauklötzchenuniversums, denn im Seelenland stellen sich die Wesen nicht als so unterschiedlich dar wie hier. Hier ist ein Löwe etwas anderes als eine Schnecke. Nicht so im Seelenland, dort sind beide Bewusstseinsfelder, sie stehen auf gleicher bewusstseinsmäßiger Stufe und verständigen sich, indem sie sich per Mitgefühl vereinen, jedes sich ins andere verwandeln kann. Gesprochen, verständigt, geliebt, gelebt wird also durch Verwandlung ins Andere, nicht durch langatmiges Sprechen. Falten sich die Bewusstseinsfelder von Schnecke und Löwe jedoch ins Materielle aus, nimmt ihr Seelenzustand die bekannte Gestalt an. Deshalb: *Der Körper ist eine Projektion der Seele.*

In unserer Dimension der langsamen Bewegung formt sich ein Schneckenbewusstseinsfeld zur schleimig kriechenden Schnecke mit einem gewundenen Gehäuse, und das Löwenbewusstseinsfeld formt sich zum brüllenden, mähnigen Fleischfresser. Schnecke und Löwe sind von nun an getrennt und können nicht mehr miteinander sprechen. So kann auch ich als Mensch nicht mehr mit Schnecken und Löwen verkehren. Im Stoff werden die Seelenwesen voneinander getrennt, weil sie spezifische materielle Lebensgewohnheiten haben und unterschiedliche Nahrungsgebiete aufsuchen. Im Seelenland ist unser Unterschied weniger groß. Es herrscht Bewusstseinseinheit der Lebensformen, universaler Verkehr, globales Mitgefühl mit der Vielfalt der Schnecken und Schnabelartigen, der Befellten und der Nackthäutigen, der Fliegenden, Schwimmenden und Kriechenden. Was für eine Welt, in der ich am Bewusstsein von Stachelrochen und Stieglitzen teilnehmen darf, was für eine arme Welt hier, an der ich nur Ego sein darf und aus Trauer über den universalen Verlust versuche, mein Ego über alles andere zu setzen. Das ist ein Feld der Trauer in dem wir leben, das ist das wahre Feld des Todes, in das wir gefallen sind, eine Gefängniszelle, in der ich an den Gitterstäben hänge und zum Nachbarn Wald, zum Nachbarn Walross hinüberschaue, sie sehe, mich aber mit ihnen seelisch nicht vereinen kann. Was bleibt, ist jene geheime Sehnsucht, die ich selber nicht begreife.

Dennoch besitzt das Seelenfeld auch im Körperlichen eine gewisse Kraft und überstrahlt den Körper. So verstehen wir Menschen uns untereinander oft sofort, ich weiß, was der andere fühlt und fühle dieses mit, doch die Körperschranke bewirkt, dass ich die Gefühle des Mitmenschen nur schwach erfahre. Unsere Psychologie nun lebt von diesen schwachen Mitgefühlen und versucht stümperhaft, aus diesen klanglosen Echos der Seele eine Psyche zusammensetzen.

Solange wir keine Dimensionsforschung betreiben und das Seelische als Ausdruck des Gehirnaufbaus betrachten, kommen wir in der Psychologie keinen Schritt weiter. Psychologie muss den Sprung wagen in die Nachbardimension. Der große Sprung muss vorbereitet werden. Naturtherapie ist *eine* solche Vorbereitung. In meinem wahren seelischen Bewusstseinsfeld sitze ich vereint mit Lilien, Luchsen und Libellen und begreife: *Alles Leben ist eine Projektion der Geistwelt.*

BIN URSTOFF

Der Luftkörper - Der Raumkörper

Raum drückt sich nicht unmittelbar aus, er bedarf, wie die Luft der Wolken, der Lebewesen und der Erde, damit wir uns von ihm ein Bild machen können. Der Raum hat dann einen Körper. *Wie also drückt sich Raum aus - in den Formen der Materie.* Raum selbst ist formlos und ausdehnungslos, solange er im Plasma ist, wird er jedoch heruntergezogen auf die stoffliche Ebene, verdichtet er sich zum Dreidimensionalen und verheiratet sich hier mit der Zeit. Raum und Zeit ergeben ein Paar, das Urpaar des Stoffs. Statt von Raum ließe sich auch von Zeit sprechen, alle Raumausdehnungen sind gleichzeitig Zeitausdehungen und umgekehrt. Im Grunde sind Raum und Zeit Geschwister oder zwei Seiten des Plasmas. Plasma teilt sich aber im Stoff auf in Raum, Zeit und Materie. In Wirklichkeit aber ist dieses Trio *eines* - Bewusstsein. Im Plasma leben wir als reine raumzeitlose Bewusstseinswesen weiter. Unsere mentalen, sprich plasmatischen, Bewegungen äußern sich in unserer Welt als Raum, Zeit und Materie.

In der Materie stellen sich Raum und Zeit auf stoffliche Weise in Gestalt von Bergen und Meeren dar. Stoff, Raum und Zeit sind verschwistert, im Grunde nur drei Sichtweisen des gleichen. Wo das eine ist, muss auch das andere sein. Im Grunde sollten wir nur von *Plasmaverdichtung* sprechen. Plasma verdichtet sich, aus der Urzeit wird Zeit, aus dem Urraum Raum, aus dem Urstoff Stoff. Das Samenkorn des Plasmas entfaltet sich durch Wachstum ins Materielle hinein und gebiert unsere scheinbar reale Welt. Unsere Welt ist wirklich, so wie sie ist, aber *sie ist geronnenes Bewusstsein.*

Es haben sich in unserer Welt verschiedenste Bewusstseinsformen verdichtet. Berggeister zu Bergen, Wassergeister zu Wasser, Erdgeister zu Erde und Baumgeister zu Bäumen - und Menschengeister zu Menschen. Man glaubt sich ins Märchen versetzt, ja wir leben ein Märchen, und es heißt: *Wie sich das Volk der Menschen verkleidet mit Stoff*. Aber warum ist das geschehen? Ich habe das gelegentlich angedeutet. Hier erneut: Der Grund unseres stofflichen Daseins ist, dass in der Festigkeit des Stoffs und in der Abfolge der Zeit sowie in der Ausdehnung des Raums Bewusstsein wie in einem Haus oder Gefängnis zu sitzen kommt. In diesem muss es sich an Raum, Zeit und Materie wie an einem Geländer entlang hangeln. So wird es gelehrt, sein flüchtiges Wesen Schritt für Schritt durchzuarbeiten und in der langsamen Zeit, sprich im Detail, jede Zeitschnitte, jeden Bewusstseinsschritt genau und überlegt zu bewältigen. So schult es sich selbst und erfährt sich in logischer Weise. *Der Widersinn ist: Es geht im materiellen Leben um Bewusstseinsschulung.* Es bedarf offenbar der Geist über die Verdichtung zur Seele, hin zur weiteren Verdichtung im Stoff, des Abstiegs ins Feste, um sich in seinem Spiegelbild des Stoffes als Nichtstoff zu erfahren, um damit sein Sein, das er vielleicht als Nichtstoff nicht erfahren kann, sich selbst zu vergegenwärtigen.

DAS ZUSAMMENSPIEL DER PLASMAWESEN

Im Plasma bin ich über die rein geistige Verbindung mit allen Plasmawesen schnell bekannt, wir durchdringen uns wechselseitig. Das ist schön, aber auch gefährlich: es ist schwer, sich gegeneinander abzugrenzen. In der Materie dagegen fallen alle Plasmawesen auseinander, ja entfremden sich, weil sie durch die Eigenschaften des Stoffs - Form und Farbe, Klang und Geruch, sprich die Sinneserfahrungen, und natürlich durch das dadurch entstehende Ich - sich als unterschiedlich voneinander wahrnehmen. Daher unsere Gegnerschaft zu anderen Wesen, zu den Naturformen insgesamt, ebenso die Fremdheit anderer Menschen. Wir sollen lernen, auch in der Enge des Ichs, auch in der auseinander gezogenen Zeit, auch im ausgefalteten Raum und auch der Enge des Stoffs unsere Geistexistenz zu erahnen, zu verwirklichen. Wir sollen lernen, Geist auch im Nicht-Geistigen zu sein, denn alles ist Geist. *Der Geist prüft sich also selbst im Stoff.*

Einheit im Geist, universelle Verwandtschaft im Plasma, völliges Getrenntsein im Stoff. Das ist die Hierarchie, die heilige Ordnung.

Dennoch bleibt ein Grundgefühl der Gemeinsamkeit und gleicher Herkunft auch in der Materie übrig. In Gestalt der Naturerfahrung, also der Hingabe an nichtmenschliche Wesen, dämmert eine universelle Verwandtschaft aller Wesen herauf. Was, wenn alle Lebensformen im mentalen Urstoff in *einem* Reigen tanzen und im Geist gar *ein* Wesen sind? -

Der Mensch wird in der Landschaft zu dem, was er sieht, hört und spürt, er wird zum Abbild der Landschaft. Sturmwind beunruhigt, sanfte Brisen lindern, aufgepeitschte Wellen beängstigen, gleichmäßiges Schwappen der Meergischt ans Gestade macht schläfrig. Einförmiger blauer Himmel öffnet, während sturmzerzauste Wolken alarmieren. Daher beschreiben Kunst, Literatur und Dichtung Naturerscheinungen, sprich die Gesetze der Natur, als Parallele zu seelischen Strömungen. Die Beschreibung der Natur als Hilfe fürs Seelenverständnis. Denn: Waldwiesen und Ich sind wesensmäßig eins, wir leben die gleichen Gemütszustände.

Skizzen von Luftbewegungen und Wasserstrudeln

Alle irdischen Zustände und Dinge besitzen Spiegelbilder im Plasma. Wir können von so vielen Plasmaarten wie irdischen Dingen und Zuständen ausgehen. Klang gründet auf Klangplasma, Hitze auf Hitzeplasma, Leben selbst auf Lebensplasma, Luft auf Luftplasma, Materie auf Materieplasma, Leben auf Lebensplasma. All das sind Variationen des Urstoffs. Fällt der Urstoff in Richtung Materie, tritt mit der Geburt von Raum und Zeit ein Teilungsbestreben auf, woraufhin sich Lebewesen aller Art entwickeln.

Die große Symmetrie

Das Wasser entspricht unseren seelischen Zuständen am ehesten. Die Natur erzeugt Klang. Vögel zwitschern, Wale singen, Luft rauscht, Blätter knistern, Erde schwingt. Wir kennen nur einen kleinen Teil der Töne der Natur. Alle Materie tönt. Wir werden von den Elementarzuständen ganz geformt. Aber es sind nicht die letzten Elementarzustände, sondern nur vordergründige, dahinter stehen die abstrakteren Gesetze des Plasmas und hinter diesen die großen Geistgesetze. Und je weiter wir diese Kräfte zurückverfolgen, desto einfacher werden sie, desto wenigere gibt es, es engt sich die Vielfalt brennglasförmig auf *ein* Urwesen hin ein. Heerscharen von Erscheinungen schmelzen dahin wie Eis im Sonnenstrahl, das ist das Gesetz der Großen Symmetrie, denn die verschiedenen Erscheinungen lösen sich auf, nicht wie Wasserlachen an der Sonne, sondern indem sich eine innerliche Verwandtschaft zwischen ihnen herausstellt und ihnen ihre Unterschiedlichkeit raubt, sie sich als *eines* herausstellen. Der Schrumpfungsvorgang der Erscheinungen - über das Plasma zum Geist - kommt zustande nicht durch einfaches Kleinerwerden, sondern durch das Erkennen, dass verschiedene Dinge sich symmetrisch sprich ähnlich sind, sie entpuppen sich nämlich bei genauer Betrachtung als das gleiche in verschiedenen Kleidern. Dies ist die große Kunst in der Naturtherapie: die Formenvielfalt durch Schau aufzulösen zur Formeneinheit. Es mag ein intellektuelles Verständnis als Ausgangsbasis helfen, allein die Schau löst sie ganz auf.

Symbole als Verkehrssprache des Plasmas

Das Sinnbild oder Symbol ist ein Echo der Verschmelzungstendenz im Plasma. Da im Plasma nicht so ohne weiteres die Wesen geschieden werden können, drückt ein Symbol sehr treffend diese Gemeinsamkeiten aus. Das Sinnbild fasst die Welt der Tatsachen in einem Punkt zusammen, dem des Plasmas. Das Plasma ist sozusagen eine symbolische Welt. Im Plasma herrscht reine Symbolsprache. Genauer: Im Plasma erkennen wir durch den Wegfall des Körpers leicht unsere Gemeinsamkeiten und unsere Einheit, allein der Körper überzieht die universelle Gemeinsamkeit aller Wesen mit dem dunklen Schleier des Stoffs. Hinter dem Soff aber schwelt die tief empfundene Gemeinsamkeit aller Wesen. Im Geist dann erfahren sich alle Wesen als *ein* Wesen.

Im Plasma, im Todesreich erkenne ich, Fisch und Fichte sind nicht unterschieden von mir, ich erfahre die Gemeinsamkeiten in Gestalt gleicher Gefühle, gleichen Erlebens. Aber ich erfahre auch, alle Berge sind im Grunde *ein* Berg, der Weltenberg und alle Flüsse sind *ein* Fluss, der Totenfluß des Plasmas. Das besagt letztendlich, *alle Dinge lassen sich zurückführen auf eines.* Aus dem Geist, in dem alles eins ist, entspringen die plasmatisch-seelischen Wesen, und aus dem Plasma entspringen die Stoffformen von Tieren, Pflanzen, Bergen und Gewässern, auch Menschen; doch in allem bleibt der Einheitsgeist lebendig und mittels diesem können sie, obwohl eingeschlossen in Körperform und Seelenkleid immer noch sich rückbesinnen auf ihre einstige Größe als Universaleinheit. Das ist das Geheimnis, dass die Mücke sich als Kosmos fühlen darf.

Wir sind Geist, dieser trägt alle Entwicklungs- und Ausfaltungszustände in sich, aber so, dass jedes darin mit jedem identisch ist, also alles enthält. Jede einzelne Ausformung enthält alles. Anzunehmen, ein Ding sei nur ein mechanisch abgeschnittenes Stück des Ganzen, ist naiv.

Beschaut man tagelang die kleinen Dinge, dringt man hinter den Schleier der Materie, tritt ein in die Urstoff-Welt, die wahre Welt.

SPALTUNG ZWISCHEN HERZ UND LEIB

In mir schwebt ein Wissen um die Kraft der Bergwände,
der Felsschreine und Wolkentürme,
und die hole ich hernieder.

Der bewusste Mensch, der nicht den Schlaf der Masse schläft und nicht den seichten Traum des Volkes lebt, ist gezwungen, achtsam zwischen dem Irdischen der Form und dem Geistigen der Kraft zu leben. Diese Bewusstheit erzeugt anfangs ein Leiden, später formt sie einen zum Clown des Lebens, zum Weisen. Der Weise badet genüsslich in der Vielfalt irdischer Formen, sprich andersweltlicher Kraft, welche die Formen und Ereignisse hervorbringt. Er sieht Ursprung und Wirkung - Seele und Körper - auf einmal, vermag sie kaum zu trennen, was ihm den Namen Narr einträgt. Er sieht mit klarem Auge einen Fluss von Ereignissen wie er dem Quell der Anderswelt entströmt. Normalmenschen dagegen erleiden die Welt, opfern sich den Formen, geben sich ihnen hin oder überwinden sie, das ist ihr Auftrag. Aber hinter all dem steht ein Stachel, der uns leiden lässt, und dieser Stachel ist jene Kraft, die die Formen hervorbringt. Diesen Ursprung nicht zu kennen, darunter leidet der Normalmensch. Ein Schatten verfolgt ihn, den er nur leise ahnt. Der Zauberer dagegen erkennt den Schleier, der Form und Kraft trennt, reißt ihn nieder, erfährt Kraft und Form als Einheit, lebt in der Welt, stammt aber nicht von ihr. Er ist ein Zauberer, weil er weiß, wie aus Schatten Form gerinnt, wie Leben wächst aus Luft. Es heißt: Der Zauberer gibt sich dem Strom der Kraft hin, der Mensch versucht, im Strom der Kraft nicht unterzugehen.

Die Suche nach der Einheit der zwei Welten

Seit ihrem Beginn leidet die Menschheit an etwas, das ich hier deutlich benennen will: An der Spaltung ihres Daseins in *Form* und *Kraft*, genauer in *Stoff* und *Seele*. Wir fühlen uns als *eine* Person und sind doch zwei. Körper und Seele passen nicht zusammen, entfremden sich, missverstehen sich. Oder wollen wir behaupten unser irdisch-körperliches Dasein sei ein unverfälschtes Spiegelbild unserer seelischen Wirklichkeit? Vielmehr: Das Seelische kommt nicht sofort und unmittelbar in der Stoffwelt zum Tragen, der Körper selbst, obwohl zu Stoff geronnene Seele, ist ein Filter gegen die Seele. Anders gesagt: Der Stoffkörper ist das, was er ist und lässt sein seelisches Spiegelbild nicht durch, einfach weil er nicht seelisch, sondern leiblich ist. Wir aber wollen, dass unser Seelisches - dem wir uns primär verbunden fühlen - anerkannt wird und sich durchsetzt, erst sekundär, so müssen wir uns eingestehen, sind wir unser Körper, aber das ertragen wir eher als eine Notwendigkeit, weil wir ihn ununterbrochen spüren; unsere Seele hat sich ein Fahrzeug gebaut, mit dem es durch die Landschaft kreuzt. Im Grunde aber bin ich unehrlich: Ich gestehe mir nicht ein, Seele *und* Körper zu sein, ich vertusche diesen Zwiespalt und spreche nur von mir, dem Seelenmenschen. Ich vermeide es, über diesen offenkundigen Widerspruch nachzudenken, denn eine Antwort wäre zu revolutionär. *Es ist doch die unglaublichste Tatsache des Daseins, dass sich etwas Seelisches in einer stofflichen Hülle bewegt.* Hat man schon einmal darüber nachgedacht? Wer hat es gewagt, in aller Entschlossenheit so kompromisslos zu denken? Unser Zwitterwesen verlangt zwar nach einer Antwort, aber wir wissen instinktiv, wir werden keine finden. Allein die Sehnsucht nach Erkenntnis bleibt. Und das ist die tiefste Sehnsucht der Menschheit: Seele und Stoff zu verbinden, als Einheit zu erfahren. Da dies nicht möglich ist - der Körper kann nicht Seele, die Seele nicht Körper werden - haben sich alle alten Völker bemüht, die Stoffwelt mittels eines Kunstgriffs zu beseelen: Indem sie die Seelenwelt verstofflichten und vermenschlichten. Ich will nicht alleine leben als Körper, ich will vor allem Seele sein. Deswegen versuche ich, über Religion, Naturritual und Meditation mir meine Seele zu vergegenwärtigen. Ich will bewusst seelisch leben, denn mein Geist sagt mir dauernd: alle Naturformen sind nur Abbilder meiner selbst. Daher suchten alle alten Völker nach Hinweisen des Seelischen im Stoff. Es entstand der gewaltige Versuch, das Dasein in *einer einzigen* Philosophie zu lösen: der *Analogiewissenschaft*. Sie entspricht der innersten Sehnsucht des Menschen, auch als Körper nichts als Seele zu sein, und in einer Natur zu leben, die nichts als Seele ist in stofflichem Gewand. So verbanden und verflochten unsere Vorfahren alle Dinge miteinander, denn das ist das Rätsel der Seele: Sie ist alles in immer neuen Varianten! Wenn alle Formen und Zustände Seele in Vermummung sind, dann ist alles nur Seele, alles befreundet, alles *ein* Wesen in tausend Gestalten. Folglich wäre alles zu würdigen, als sei man es selbst. Überall in den Naturerscheinungen tritt man sich selbst gegenüber. Welch ein Weltbild! Was für ein Leben bewirkt das? Wir nennen das Religion, dieses Verweben der zwei Dimensionen, Magie oder Philosophie, Kosmologie oder Psychologie, aber es ist einfach das Dasein selbst, das nicht unterscheidet, ob etwas Geist, Seelenplasma oder Stoff ist, denn Seele zeigt sich eben in vielen Gestalten.

ANALOGIEWISSEN

Aus diesem ureigenen und tiefsten menschlichen Drang entstand die zentrale Weltsicht der alten Völker, man entwickelte eine Unmenge an Techniken und Theorien, um zu beweisen, dass das Geistige im Stofflichen schlummert und auch umfassend im Menschen selbst. Man schaute den eigenen Körper an und versuchte, aus seiner Form das Wesen der Seele zu erschließen. So entstand das Analogiewissen der Formensprache. Jeder Form entspricht eine Dynamik des Seelischen. Die Naturtherapie kann es nicht anders als die alten Völker sehen: Natur ist Seele, Seele Natur!

Darin besteht eigentlich die Naturtherapie, das Stoffliche nicht abzuwerten, sondern es als geronnene Seele zu begreifen. Damit entsteht Achtung vor den Naturformen, und ich bekomme ein inniges Verhältnis, einen künstlerischen Blick, ein Gefühl der Erhabenheit. Ich spüre, dass es Totes nicht geben kann, selbst erstarrter Stein, erkaltete Lava, Nachtschwärze und Sonnenleuchten enthüllen sich als Mimik der Seele. Das nun ganz zu erfahren, darin besteht die Menschwerdung. Nur der ist umfassend Mensch geworden, der physische Menschheit wie Natur als Mimik unseres Plasmakörpers erfährt, der hat sein Menschsein erreicht, weil er über die Form hinausgegangen ist, alle Formen als Seelenzustände erfährt.

Die Flucht

Der moderne Mensch hat sich selbst vergessen, er lebt in einer Flut auf ihn einstürzender, auf ihn geworfener Banalitäten, die wir Kultur und Wissen nennen, ihm aber in keiner Weise helfen, seine Geistnatur zu erlangen. Die Neuzeitkultur ist auf der Flucht, sie schafft sich dauernd neue Reize, um nicht der Wirklichkeit zu begegnen. Der moderne Mensch flieht etwas, selbst wenn er schläft, verfolgt ihn ein dunkler Schatten, nämlich das instinktive Wissen, dass er nicht ehrlich ist gegenüber dem Leben. Das treibt ihn immer weiter fort in die Leere des Pseudowissens, der Pseudohandlungen, eines Pseudolebens.

Sämtliche Wissenschaften, so sehr sie sich um Wissen bemühen, sehnen sich nur nach einem: der Welt des Seelischen zu entkommen: Weil die Welt der Seele erschreckt. Seelenerfahrungen sind keine Schummerlichtidylle, sie sind ein Schlag ins Gesicht, von dem jeder alsgleich stirbt: denn Seelensein heißt Tod! Damit treffen wir auf ein neues Ungetüm: *Die Wahrheit des Seelischen geht verloren im Körpergefängnis!* Irgendwie passt das Seelische nicht durch die Gehirnkapillaren. Die Seele ist verbunden mit dem Tod. Die Seele gemahnt an die Vergänglichkeit des Körpers. Aber nur ein Leben als Seele kann sich der gebildet-verbildete Europäer nicht mehr vorstellen. Der nüchterne, wache Bürger lehnt daher den Tod ab, indem er ihn vergisst, ein Gespräch über ihn meidet, ihn ganz verdrängt, wodurch er immer nüchterner, eben moderner wird. Wer aus seiner Verfolgungs- und Fluchthypnose erwacht zur Seele hin, stirbt. Der Körper hält die Durchschlagskraft des Seelischen nicht aus. Wer es wagt, sich dem Seelischen zu öffnen, den überfällt eine Armada ungelöster existenzieller Fragen, es wird klar, man weiß nichts, man schwimmt im Dunkeln, getrieben von einer uneingestandenen Angst, zu erfahren, wer man ist als Mensch, als Seelenwesen - nun geflüchtet ertrinkt man im Stoff. Keine Wissenschaft hilft dann mehr, keine hat irgendeine Antwort zur Hand, alles Wissen verfällt in einem Augenblick zu Staub. Schauen wir also der Seele ins Auge. Das Seelische ist zu groß für den Körpermenschen, daher flüchtet er zu Recht in kleinkariertes Körperdenken, sucht Sicherheit in Nestwärme und Notfreundschaft. Aus den großen existentiellen Fragen - Was ist Seele? Was Körper? Was Natur? Was Leben? - entwickeln jetzt Kleinkarierte Fragen der persönlichen Art: Wer bin ich? Was ist mein Auftrag? Wohin gehe ich? Die persönlichen Lebensfragen sind aber nur eine verengte Wiederholung der Großfragen. Dass wir auf Fragen Antworten zu erhalten gedenken, ist jedoch eine Falle. Denn: Die Seele kennt keine Antworten, weil sie keine Fragen hat, *sie ist!* Sie lebt abgehoben in einer raumzeitlosen Welt. All unsere Fragen sind ihr gegenstandslos, das ist der Grund, warum wir keine Antworten erhalten von ihr, und wenn doch, so sind es Antworten, die sich unser Ich im letzten Anflug von Verzweiflung selbst zurechtschneidert und als seelische Antworten ausgibt. So belügen wir uns dauernd selbst. Das heißt: Sämtliche Philosophie, die wir als Antwort auf tiefe Fragen erhalten, ist eine Form des Selbstbelügens. Wir halten letztendlich nichts in der Hand außer unseren Ängsten und Sehnsüchten. Diese Aussage ist unerträglich für Menschen, ich weiß.

Es bleibt also beim Vorgang der langsamen Aneignung des Seelischen, doch jeder erlangt letztendlich beim Tod einen Überfluss an Seele, hier jedoch bekommt er ihn nur in Pfennigen ausgezahlt. Das Rätsel des Lebens bleibt ungelöst. Wer es löst, macht sich verdächtig, Betrug zu leisten. Wer klare Antworten hat, belügt sich, wer weiß, wo es lang geht, verirrt sich. Doch suchen wir weiter nach Wegen. Die Wegsuche kennzeichnet die eigentliche Bewegung der

Menschheit, sie ist dauernd auf der Suche, *weil die Seele sich in der Materiewelt unwohl fühlt und nach Rettung sucht. Die seelische Dynamik, eingebunden im Körper, drückt sich als körperlicher Drang und als Aktivität des Gehirns!*

DIE SEELENHEIMAT

Ich leide, weil ich nicht in meiner Seelenheimat lebe. Diese Aussage gestehen sich wenige ein, sie flüchten in rationalistische Alternativen, die hohl und leer sind, nichts als Wortklauberei und Armut. Aber wenn jemand sich tief fallen lässt in seine ureigensten Triebe, spürt er, was ich hier Seelenheimat nenne, was kann er denn sagen über die Eigenarten der Seelenheimat? Er kann nichts sagen, und wenn er es benennt, bleibt es so banal konkret, dass wir nur mitleidig lächeln. Es ist eben das vertrackte Paradoxon, die Seele spricht nicht, sie fühlt. Worte zerteilen wie Messer, machen aus einem vieles, und dieses Viele gerät auf der Suche wieder zusammenzukommen, noch weiter durcheinander. Da jedes Teilstück glaubt, wichtig und zentral zu sein, stoßen alle zusammen und finden ihren Platz im Gesamtmuster nicht mehr. Schneller, unerschrockener ist ein Gefühl, aber es wird überlagert von Worten, vom Wortdenken und Wortwissen. Also kann man kaum noch fühlen, noch sich sicher sein, hier rein gefühlt zu haben. Denn was, wenn Wortdenken dazwischen geraten ist, wenn Gedanken und Gefühl sich vermischt haben? Es kommt unvermeidlicherweise immer zur Vermischung von Gefühl und dem, was sich als solches ausgibt. Wir sind keine reinen Gefühlsmenschen mehr, der Instinkt führt uns nur selten auf den richtigen Weg. Wir sehen nicht mehr in der Dunkelheit. Das Gefühl hat uns verlassen, insbesondere je mehr wir glauben solches zu haben oder welches haben wollen.

URERINNERUNG

Urerinnerungen sind unsere frühen Kindheitserfahrungen. Dabei gilt es, sich zu erinnern, was wir als Kind gedacht haben über das Leben und was uns beschäftigte. Das, was uns beschäftigte, das hätte unser Lebensziel werden sollen, doch wird dies zu einem großen Teil überlagert durch materielle Ereignisse und unser Leben nimmt einen anderen Lauf. Erinnern wir die Urerinnerung, dann können wir unser Lebensziel wieder aufnehmen, vielleicht gar verwirklichen.

Alltag heißt, wir werden überschüttet mit Handlungen, die sich wie ein Schuttberg höher türmen, jede neue Schicht drückt auf die untere, während die unterste vollkommen zerquetscht unter diesem Wust von informiertem Wissen, Ereignissen Gefühlen, Gedanken ganz in Vergessenheit gerät. Mit dem Fortschreiten des Lebens verlieren wir immer mehr Kindheitserinnerungen und Grund und Bestimmung, warum wir hier sein wollten. In dieser *Urerinnerung* ist unser gesamter *Lebensplan*, wie er sein sollte, enthalten, all unsere geheimen Lebensziele, die wir in der Tat vollenden könnten, wüssten wir sie noch. Da wir sie aber im Überlebenswirbel aus den Augen verloren haben, schwanken wir, sind beeinflussbar geworden, lassen uns nun forttragen von alltäglichen Einflüsterungen und Verführungen. Zwar gärt die Urerinnerung unbewusst weiter und versucht, uns in ihre Richtung zu lenken, aber der

Ansturm der Ablenkungen und Schicksalsschläge ist zu gewaltig; sind wir einmal in eine Bahn hineingeschleudert, ist im Materiellen kaum noch daraus zu entfliehen. Das Materielle hat die Angewohnheit, immer fester zu werden, und irgendwann mögen zwar Urerinnerungen in unserem Bewusstsein und Wünschen auftauchen, aber alle stofflichen Tatsachen sprechen dagegen. Es gibt dann keine Umkehr mehr, wir leiden an unserer inneren Zerrissenheit, hier wollen wir die Urerinnerung zur Wirkung entfalten, da drängt uns die Materie in eine andere Richtung. Wir leiden am Schicksal, fühlen uns unwohl, unverstanden, leben unsere Instinkte nicht aus, werden körperlich und seelisch bettlägerig. Wir versuchen, die unerfüllte Urerinnerung abzuspeisen mit Ersatz, doch das hält nur kurz vor; so leiden wir weiter, geben uns neuen Schimären und Ersatzbefriedigungen hin.

Es ist eine in der Psychologie weitgehend ungewürdigte Tatsache, dass ein Kind alles weiß, was es ist, wohin es gehen will, was sein Lebensauftrag ist. Doch: Wie kann ein Kind das wissen? Wir gehen normalerweise davon aus, es sei ein unbeschriebenes Blatt dem erst Wissen und Lebensziel mit der Erziehung eingetrichtert werden muss. All unsere Erziehung baut darauf auf, dem Kind zu geben, weil es nicht hat, das Kind zu formen, weil es formlos ist, das Kind erst einmal als Mensch zu erbauen, weil es nur eine Art Protoplasma ohne Gehirninformationen ist. Die alten Völker sahen das genau umgekehrt. Erziehung besteht darin, das, was das Kind mitbringt, und das ist alles, einem Eigenlauf zu überlassen, es zu fördern, indem man es nicht stört mit unsinnigem Wissensballast. Man versuchte, es nicht zuzuschütten, sondern im Gegenteil: fernzuhalten von Erziehung.

Leben besteht darin, dass die Urerinnerung überlagert wird und wir uns zusehends vergessen. Aber es ist kein Lebensprozess, eher ein Absterben, ein Fremdbestimmtwerden und Niedergang des eigenen Wesens. So gehen die meisten Menschen im Leben unter, während sie sich einreden, sie stiegen auf. Dennoch setzt sich ein großer Teil der Urerinnerung durch, wider alle erzieherischen Widerstände. Aber viele Schichten der Urerinnerung bleiben unerlöst, sie sterben ab, und damit ein Teil unseres Wesens. Wir stehen dann so im Leben wie ein alter Baum mit vielen abgestorbenen Ästen, die sich durch den zu engen Wald nicht ausbreiten konnten. Das Leben hat uns gezeichnet, sagen wir dann schlau.

Zwar gärt die Urerinnerung ganztägig in uns und versucht, zum Durchbruch zu kommen, aber sie bleibt oft wie ein erloschener Vulkan. Welche Möglichkeiten gibt es nun, doch meine Urerinnerung aufzudecken? Manche Menschen sagen, sie könnten sich an wenig erinnern, doch verfolgt man den Prozess, tauchen mehr Einzelheiten auf als man denkt. Es ist eine Übung, eine hartnäckige Untersuchung: Was habe ich als Kind gedacht, wie habe ich mich gefühlt, was waren meine Bedürfnisse und tiefsten Sehnsüchte?

Und schließlich muss ich mich fragen: Warum bin ich ins Leben getreten, mit welcher mir selbst gestellten Aufgabe? Das ist am schwersten zu erinnern. Ist jedoch die Urerinnerung einmal angezapft, kommt etwas ins Rollen. Wir erhalten Inspiration. Wir wollen unseren Lebensplan auf alle Fälle verwirklichen. Und so erhalten wir Kraft, das Unmögliche zu erlangen, was in unser Genplasma eingeschrieben ist. Oft zeigt sich, die Widerstände sind gar nicht so gewaltig, eher fließt alles wie von selbst, wir verwirklichen uns. So erlangen wir unser angeborenes, mitgebrachtes Lebensziel, werden mit uns selbst eins.

Die Urerinnerungsmethode wirft eine neue Psychologie und Sicht des Menschen auf. Es geht hier nicht um Aufdeckung von Neurosen, das sind oft nur Folgeerscheinungen mangelnder Urerinnerung. Naturtherapie setzt an den Wurzeln an, nicht den Erscheinungen.

Zuallererst muss erkannt werden: Ein Mensch taucht als fertiges, vollkommenes, ja sich selbst ganz kennendes Wesen aus einer umfassenderen Urwelt auf. Ein Kind wird geboren aus seiner Seelenheimat, einer Seelenmatrix, die rein energetisch ist. Es entscheidet sich, da diese Dimension unserer ganz nahe, ja mit ihr verschwistert ist, seine seelischen Urkräfte in der Härte des Stoffs zu beweisen, gewissermaßen sichtbar zu machen und zu vollenden, denn das Stoffliche ist der stärkste Beweis. Wer also in Stoffform hier ankommt, kommt mit einem selbstgestellten Auftrag, sich zu beweisen in einer Sache, die ihm wertvoll erscheint. Das ist die Urerinnerung.

Wie aber sieht die Urerinnerungsmethode aus? Sehr einfach: Wenn wir ab und an in die Schau eintreten, d.h. unser Kultur-Ich durch lange Natureinsamkeit aufgelöst ist, führt eine anschließende Befragung sehr schnell zum Ziel. Ich frage die aus der Schau Auftauchenden: „Wer bist du? Woher kommst du? Was dachtest du als Kind?" Das zeichnen wir auf und besprechen es anschließend noch einmal im rationalen Gespräch.

ZEITERFAHRUNG GEGEN RAUMERFAHRUNG

„Der Stammesmensch wartet nicht auf etwas. Er erscheint zum richtigen Zeitpunkt!" Man lässt in Stammeskulturen den Ereignissen einen Spielraum. Den Begriff von Zeit als sich schnell veränderndes Geschehen gibt es nicht. Stattdessen gibt es etwas uns Unbekanntes: Seinsgüte. Ohne Zeitgefühl lebt man mit einem dröhnenden Gefühl des Seins. Es wird einem dauernd vermittelt: Jetzt geschieht Sein. Sein bleibt dabei ein Allgemeines, wird nicht unterschieden in vorher oder nachher und das vermittelt ein Euphoriegefühl, zeitloses Sein überhaupt zu erleben. Im Europa der Moderne erfahren wir immer nur Ausschnitte des Seins, etwa einen schönen Baum, einen freundlichen Menschen, eine klangvolle Stimme, aber das Sein als Ganzes zu erfahren heißt, dass sich alle Töne, Farben, Bewegungen zu einem Netz verdichten, das nach einem Muster gestrickt ist und nun erfahren wir eine Symphonie, einen Orchesterauftritt, alles tanzt zusammen unter einem Motto. Das harmonische, zu einem Ganzen vereinte Seinsorchester vermittelt Glücksgefühle, Ekstase, Vereinigung mit dem Göttlichen - das ist es, was heilt. Statt Zeit scheint in den alten Kulturen der Raum mehr hervorzutreten, und eine Qualität des Erlebens, dass alles zusammenhängt, *einen* Film ergibt, in dem alle Szenen nur aus diesem Film stammen. In unserem Alltagsleben dagegen erleben wir ein Szenenwirrwarr, das wir nicht unter einen Hut bringen.

Im Allgemeinen geschehen für die moderne Zeitwahrnehmung alle Dinge zeitlich getrennt voneinander. Steht man dagegen im zeitlosen Raumgefühl, vereinigen sich alle Tatbestände und Bewegungen und ergeben ein zusammenhängendes, aus einem Guss geformtes Ganzes, und das ist dann unsere Seelenheimat, hier fühlt man sich geborgen, ist dem Sein ganz hingegeben. Dieser Zustand ist dem modernen Europäer fast unbekannt, tritt beim einen oder anderen ein oder zweimal versehentlich im Leben auf und gibt Anlass zur Sehnsucht. Alle spirituelle Suche des Europäers zielt hierher und er unterstützt diese mit ausgeklügelten geistigen Verfahren, stets jedoch erfolglos, denn er ist ganz verwurzelt in seiner in Zeitschnitten aufgeteilten Kultur, er sitzt wie in einem Zeitgefängnis hinter Zeitgitterstäben.

Der Geist auf der Suche nach sich selbst

Die große Sehnsucht des Menschen ist es, ganz aus dem Vollen zu leben, körperlich wie seelisch. Aber es klappt selten. Wir nehmen daher Zuflucht zu lächerlichen Ersatzbefriedigungen. Weil wir nicht vollends im Da-Sein stehen, versuchen wir es durch kleine Handlungen, die uns in den Genuss des zeitlosen Augenblicks versetzen: eine Zigarette in der Hand löscht die Zeit aus, ein kleiner Schluck Alkohol bringt mich dem intensiven Jetztgefühl näher, mich Verbreiten in großen Worten vermittelt mir ein Vorgefühl, was göttliche Größe ist, der Liebesaugenblick lässt mich Formen und Farben, Leben stärker erfahren, Seinsflut brandet jetzt an gegen hohlen Alltag. Jede frei gewählte Tätigkeit des Menschen ist ein Versuch, dem Sein, wie es wirklich ist - also zeitlos, von majestätischer Größe, ichlos von göttlicher Größe, materielos seelisch überall seiend, körperlos frei von den Fesseln des Stoffs - näher zu kommen. Wir wollen ein Übergewicht an Geist erlangen, fett an Geist werden, im Überfluss geistiger Erkenntnisse schweben wie in einem Blumenmeer. Denn: Geist gibt es zuviel, alles ist Geist, sofern man es als solchen erkennt. Daher sein Übermaß, und übermäßig will er, dass wir ihn genießen. Geist kennt keine Grenze. Vom Geist kündet unsere irdische Erdmutter mit ihrer Fülle. *Vom Geist künden all unsere Versuche, ihn zu erlangen, denn Geist will nichts kostenlos erhalten, er möchte sich durch Eigenbewegung selbst bewusst werden.*

Natur ist *ein* Lebewesen

Wer lange einsam in der Natur wandelt, erfährt die materielle Welt als eine Haut über *einem* großen Lebewesen. Die zieht sich zusammen zu einem großen Wesen, seine Haare, Haut, Nase und Beine sind jetzt keine Einzeldinge mehr, ergeben *einen* Organismus ungewöhnlicher Größe, und wir sind nur der Bazillus darauf.

Der Schreck der anderen Welt

Eine Art von Schreck ist, wenn sich eine Art Fenster auftut von unserer bekannten in eine andere Welt und wir daran keinen Zweifel mehr hegen. Wir sehen nun, unsere Welt ist bestenfalls ein Fensterrahmen gewesen, der eine unfassbar weite Welt freigibt. Wir sind erschüttert von der Erfahrung, zuvor ein Leben lang nur durch ein Fenster gesehen zu haben. Unsere Weltkonstruktion des Fensterrahmens bricht zusammen. Das ist der Schreck.

Eine Art von Schreck tritt bei der Begegnung mit nicht-irdischen Lebewesen auf. Kaum zeigen sie sich, bricht unsere gesamte Welt in sich zusammen. Andere Wesen stehen da als Bäume und Büsche, aber auch in der Schwingung der Nachbardimension leben unsichtbare Wesen - Seelen. Natur beschränkt sich nicht auf die sichtbare Natur, andere Wesen beäugen uns versteckt und wissen mehr als wir, sie leiten uns. Die Natur ist das geheime Wohngebiet anderer Wesen. Wir sind nicht allein! Sie sind da!

Es leben in der Nachbardimension die Feinstoffkörper aller Pflanzen, Steine, Tiere, Erden, ebenso wie die Feinstoffkörper der Feen, Elfen oder Alben, die ausschließlich Feinstoffkörper sind, sich jedoch teilweise dem materiellen menschlichen Auge sichtbar machen können, was zu der irrigen Vermutung Anlass gab, sie seien stoffliche Wesen.

Der Schreck, Seele unabhängig vom Körper zu sein

Natur reguliert sich selbst. Dabei muss betont werden, Natur besteht nicht nur aus ihren materiellen, im Wesentlichen aus ihren feinstofflichen Formen. Alle Materiewesen sind Teilausstülpungen ihres Feinstoffwesens, das Feine stößt so in die Dimension des Festen hinein. Materieformen sind Ausschnitte von Wesen, die plasmatisch viel umfassender sind. Auch der Mensch als Seele ist umfassender als das, was er im Körper vorstellt. Hinzu kommt, durch die Gebundenheit eines Teils unserer Seele an den Körper wird dieser Teil des Seelischen durch die Enge des Stoffs weggefiltert. Daher unser dauerndes Gefühl, in diesem im Körper eingesperrten Seelenabschnitt unvollkommen, halb gar zu sein. Und solange wir im Körper stecken, werden wir das auch bleiben. Es hat ein Teil unseres Seelischen ein Experiment unternommen und sich hineingeworfen in die Materiewelt. Die Seele lebt jedoch in der Plasmawelt, wir könnten auch sagen, unser unbewusster Anteil lebt im Jenseits.

Der Schreck über den Zyklus von Tag und Nacht

Die stoffliche Natur ist Ausdruck der ihr zugrunde liegenden plasmatischen Vorgänge. Wenn wir Natur beschreiben, beschreiben wir eigentlich das Seelisch-Plasmatische. Da gibt es den Vorgang von Tag und Nacht, von hell und dunkel. Er wiederholt sich dauernd. Ein Zyklus liegt der Natur zugrunde. Jahreszeiten sind zyklisch, kommen in gleicher Abfolge immer wieder. Man muss sich fragen, wozu Zyklen? Die Natur ist ein Wellenschlag ans Ufer, sie wiederholt sich ohne zu ermüden. Der Zyklus enthält einen harten Wechsel, erst wächst alles, dann verfällt alles. Wachstum und Tod. Einen härteren Gegensatz kann es nicht geben. Wachstum heißt, etwas wird geschaffen, was zuvor nicht da war, doch wird es nach einiger Zeit wieder zurückgenommen. Wozu das? Warum bleibt etwas einmal Geschaffenes nicht immer da? Hier ruht das große Geheimnis. Naturtherapie, heißt diesen Zyklus ertragen lernen durch Leben mit der Natur. Keine Psychologie kann das jemals ermöglichen, nur die Natur selbst. Die großen Geheimnisse lassen sich nur erfahren, indem man das Geheimnis aufsucht - und das ist die Natur selbst. *Menschengemachte Psychologien und Therapien bleiben immer eine Flucht!* Das hört der Flüchtende ungern.

Die Wahrheit der Langsamkeit

„Du musst langsam gehen, langsam, mein Sohn. Hörst Du, nimm kurze Schritte, halte die Sohle lang auf der Erde! Andächtig, mein Sohn!" -

Ich glaube, ich spreche zu mir selbst. Das eben tu ich nicht. Eine Stimme, vielleicht ein Rauschen der Waldluft oder des knirschenden Schnees spricht da. Nein, ich täusche mich, ich bin erschöpft.

„Lass die Sohle langsam gleiten übers Felsgestein, mein Sohn! Ruf die Bäume an im bedächtigen Schritt. Schwing dich vorwärts, Liane im Wind." -

Ich glaube, ich träume im Vorwärtsschreiten. Man wird leicht abwesend, wenn man lange geht. Man vergisst sich. Ich vergesse mich immer, sehe nur noch, aber nur am Anfang, dann sehe ich nicht mehr. Was bleibt noch übrig? Innere Gespräche? Aber wer durch den Wald spricht, nicht mit sich selbst, dafür ist kein Raum; du musst auf den Gang achten, Zweige beiseiteschieben, Unterholz vermeiden, da verlierst du dich. Nicht verwunderlich, dass da der Wind zu einem spricht. Aber inzwischen ist das kein Wind mehr, ich wanke durch einen Sturm. Es flüstert kein Lüftchen mehr, die Windsbraut jagt durchs Gehölz.

„Geh langsam, Freund, da spürt deine Seele wovor sie Angst hat, nämlich es zu spüren."

Warum langsam gehen, schnell ist auch Genuss. Möchte fliegen, schneller als der Kranich und die Schwalbe.

„Oh Freund, der Flug liegt in der Langsamkeit! Je vorsichtiger du deine Füße hebst, je schneckenartiger du über den Waldboden kriechst, was merkst du da?"

Wozu langsam. Gut, ich merke Unruhe, ich merke Eile, ich merke eine Flucht hinein ins Tun. Na und! Gut: Was will ich nicht erfahren im schnellen Gang? Ich will Natur nicht erfahren, weil ich sie nicht kenne, weil sie sich mir verweigert. Ich kriege sie nicht zu fassen, deshalb renne ich. Ich gebe zu, bin auf der Flucht vor der Unmöglichkeit zu wissen. Was sonst soll ich tun? Andere tun es ebenso. Alle rennen, weil sie der Wahrheit so entfleuchen wollen.

„Basta, mein Lieber. Da ist noch anderes, das du nicht spüren willst und deshalb rennst! „ Läufst du nicht weg vor deiner eigenen Natur?"

Na gut, ich gebe zu. Was aber sonst sollte ich tun? Alle tun es!

„Da ist noch ein tieferer Grund für diesen schnellen Schritt. Eine Flucht vor den Herrschern der Welt."

Ha! Wer sollte das sein?

„Die Herrscher sind die Unsichtbaren. Götter, Verstorbene, die ganze Welt der Toten genauer, die Welt der Wesen hinter den Bäumen und Sträuchern, unter der Erde, im Wasser. Du weißt, sie drohen dir, sie schimpfen, aber du willst es nicht hören. Du stellst dich taub, mein Freund."

Ich stelle mich überhaupt nicht taub: Ich bin es! Ich höre nichts, kein Baum knarrt mir zu, kein Vogel krächzt mich an, und Erdschollen scheinen blind für mich zu sein. Was willst du eigentlich? Bin ich schuld, dass ich taub bin? Willst du mir verweigern zu flüchten vor mir selbst, vor meiner Taubheit? Denn ich sage dir etwas, ich bin sie leid, die Taubheit, die Blindheit, und all jene, die mich angeblich erzeugt haben, denn es ist ihr Konstruktionsfehler gewesen, nicht meiner. Ich renne schnell, weil ich nichts höre. Erklänge da eine Symphonie aus dem Gebüsch, glaubst du, ich würde flüchten? Was aber ist ein bisschen Windgesäusel, soll das alles sein, knarrende Äste, stöhnende Eichen, und selbst das Heulen in der Schlucht? Glaubst du, das berührt mich?

„Du verstehst die Sprache der Bäume nicht. Du willst mit ihnen sprechen in deiner Sprache, doch sie verweigern sich, aber nicht weil sie sprachlos sind, sondern weil sie jenseits der Sprache ruhen und deine Sprache ihnen wie das Quietschen einer Maschine klingt. Sie nehmen dich nicht für voll, weil du ihre höhere Sprache nicht verstehst. Deswegen sage ich „Geh langsam!", dann dämmert ebenso langsam ihre Sprache in dein Gehirn. Der Schlüssel, Mann, ist Langsamkeit. Gehe 10 Meter in einer Viertelstunde und du lernst die Sprache der Bäume."

Ich war ziemlich gerührt nach diesem Zwiegespräch mit einem Nichtvorhandenen. Genauer: Mein Herz war bestürzt. Nicht mein Verstand. Eine Wahrheit hatte zu mir gesprochen, so einfach, so klar. Wer langsam schreitet, erfährt das Leben, wer rennt schläft. Eine Botschaft aus dem Naturraum. Ich bin baff von soviel schlichter Unmittelbarkeit. Der Schlüssel liege in der Langsamkeit. Der Naturraum hat gesprochen.

Der Unterschied zwischen einem Heiligen und einem Allerweltsbürger besteht in der Zeit. Der Eine *empfängt* sie, der andere *verfolgt* sie. Der Unterschied zwischen einer Fee und einem Menschen besteht in der Zeit. Der eine erschafft sie, der andere ist ihr Sklave. Bei höheren Menschen findet man, dass sie Zeit haben, bei niederen, dass sie von ihr gejagt werden oder sie jagen.

Die zeitlose Herrschaft der Seelenlosen

Die Maschine verkörpert die Herrschaft der Zeit über Menschen, deren Seele an sich von Natur aus ganz der Zeit enthoben ist, nun aber von der Maschine aus der Persönlichkeit herausgesogen und verschlungen wird. So werden Menschen in die Hörigkeit der Zeit gespannt, verlieren ihre Seelenruhe und Freiheit.

Mittels Maschinen, die ihm bereits die Zeit gestohlen haben, versucht der heutige Mensch, seinen Wunsch, jenseits der Zeit zu leben, auf immer schneller drehenden Rädern zu übertragen, sie sollen für ihn die Zeit überholen. Tatsächlich fällt der sich in die Maschine hineinprojizierte Geist immer mehr zurück, und die Zeit eilt voraus. Das nun bewirkt in ihm Traurigkeit und erneute Hetze. Er wird zum dauernden Verlierer, und das ist die Krankheit der Moderne, nie mehr gewinnen zu können gegen den drehenden Zeitdämon.

Aber das ist ein Geheimnis unter uns, und ohnehin würde es niemand verstehen, denn der Dämon bewirkt auch, dass das Verständnis für die echten Dinge nachlässt, schließlich ganz schwindet. Ja, Dämonen sind schlau.

Die Zeremonie freier Geister ist das Gegenteil einer Maschine, eines maschinengesteuerten, verzerrten Geistes. Deswegen die Ablehnung der Zeremonie in den Maschinenkulturen - aus Angst, dass wir aufhören, sie zu bedienen.

Die Maschine ist tot, wie sehr wir auch versuchen, sie zum Roboter und Babysitter umzubauen. Es wird nicht gelingen, auch wenn sie demnächst das Frühstück am Bett servieren und als Sexualobjekte herhalten werden, etwas wird ihnen immer fehlen und das ist es, was unser siebter Sinn immer spürt: Sie besitzen keine Seele.

Die Maschine nimmt uns alle Arbeit weg, stiehlt uns die Berührung mit den Dingen. Berührung mit Dingen ist anstrengend, aber sie macht einen authentisch. Ja, die Maschine macht uns unwirklich, nimmt uns die Möglichkeit Schöpfer zu sein. Wir werden Vollzugsbeamte im Ruderwerk der Maschine, Angestellte der Maschine, ein Rädchen von ihr, das jederzeit ausgetauscht werden kann. Menschen verlieren ihre Wesensbestimmung und glauben durch ihre Maschinenidentität, sie hätten gar ein besseres, ein höheres Wirklichkeitsgefühl erhalten. Identität - dieses Wort verschleiert, worum es geht, nämlich um hautnahes, raues Wirklichkeitsgefühl. Aber das will der Maschinenarbeiter nicht mehr, er will Natur nur noch gefiltert durch die Maschine erleben, Hochglanzbilder, Fernsehfilme, er will nicht selbst Berührung, Gott bewahre, er will Information, Identität durch Information. Doch was das ist, weiß er selbst nicht, verzauberte Worte genügen ihm.

DIE URWÜNSCHE

Es gibt große Bilder, denen die Menschen folgen, Archetypen des Seins, der größte aber unter allen ist die Sehnsucht nach dem Seelenreich. Und dieses wollen alle erreichen durch ein großes Ersatz-Urbild: die vollkommene Zeremonie der Gemeinschaft, denn diese gipfelt in Seelenharmonie. Vergleichbar einem Feentanz zwischen Himmel und Erde wollen sie einen Grad an Harmonie und gegenseitiger Durchdringung erlangen, doch im Leben bleibt das immer ein Traum. Aller Streit der Menschen untereinander ist nur die Enttäuschung, die Transzendenz im gesellschaftlichen Rahmen nicht erlangen zu können. So macht jeder den anderen dafür verantwortlich, und dabei werden Streitthemen vorgeschoben, die eigentlich zum Thema die nicht gelebte Seelenharmonie haben, die notgedrungen ungenannt bleibt, denn das hieße, selbst die ganze Wahrheit zu kennen.

Die Zeremonie ist ein leuchtender Tanz dem Irdischen enthobener Geister, und das ist es, was wir wirklich suchen: in einer gemeinsamen Handlung und Bewegung, im seelischen Gleichklang der Gemüter zu schweben. Verdrossen von ewigen Nichtübereinstimmungen suchen wir nur eins: universelle Identität aller Wesen, wir haben die Unterschiede einfach satt. Das Ritual bietet im menschlichen Rahmen eine praktische Möglichkeit, wie bescheiden im Vergleich zum hohen Urwunsch auch immer.

Sämtliche Wünsche der Menschen beziehen sich darauf, Seele pur zu werden, einfach weil sich die Seele in der Ritterrüstung Körper unwohl fühlt. Der Körper ist das Gefängnis der Seele. Aber, fragt man sich, warum hat sich die Seele dann ein Gefängnis gewählt? Sie muss einen Grund gehabt haben sich in Stoff, Raum und Zeit einzuengen. Sie wusste vermutlich, dass das für sie gut ist. Was also ist gut am stofflichen Dasein? - Gut daran ist eben die Eigenart dieses Daseins selbst, also Raum und Zeit und Stoff. Im festen Stoff, eingebunden in Raum und Zeit, kann sich die superschnelle Bewegungs- und Lebensart der Seele verlangsamen und besinnlich ihre eigenen Handlungen überprüfen. Im Seelenreich geht alles so schnell wie eben Gedanken und Gefühle sind. Das Seelenreich ist kein Paradies, sondern ein Land, in dem sich jeder seine Seele baut. Schaue man also jetzt seine Seele an, dann weiß man, was einen zu erwarten hat im Seelenreich - nämlich nichts anderes. Zu glauben, die Seele wandle sich von selbst mit dem Tod, ist ein holder Traum von Träumern. In der Natur geht alles schrittweise, *natura non facit saltus*, Natur macht keine Sprünge.

SEELENLOSE WISSENSCHAFT

Seelenlos sei die Wissenschaft, das klingt nach Omatränen. Wenn ich im Vorlesungssaal sitze, wie fühle ich mich eigentlich, wenn ich ehrlich bin? Seit einer Stunde spricht mein Professor über die Evolution des Menschen. Alle sitzen, schreiben mit, versuchen zu folgen, schaffen es aber nur gelegentlich, kämpfen mit den Worten. Ich lasse meinen Blick über die angestrengten Gesichter schweifen. Sicherlich, begierig sind sie nach Wissen, nach Weltenthüllung, aber diese findet nur statt in ihrem kleinen Kopf. Die Welt ist doch die, in der ich gerade sitze: Da wird verhüllt, nicht enthüllt. Sie ist tot. Es wird ein toter Stoff vermittelt, wie aufgeplustert auch immer. Ja, wie sich die Affen im Vergleich zum Menschen verhalten. Aber von diesen Psychologen wird nie einer auch nur einmal im Leben einen Affen streicheln, einem Affen in die Augen schauen. Er wird Affenbücher lesen und affige Theorien wiedergeben, aber er selbst wird nie zum Affen werden, wird nie das Herz eines Affen ansprechen und nie von seinem Herz berührt werden. Er wird den Affen als Versuchsobjekt, als Objekt der Evolution verstandesmäßig sehen. Aber er wird nichts vom Affen wissen. Konrad Lorenz, ja man begeisterte sich für ihn, ich versuchte es, sah aber, dass keine wirkliche Zwiesprache zweier Lebensformen stattfindet. Ich schrieb meine Vordiplomarbeit über Konrad Lorenz, die Tierwelt, warum wir dem Tierstudium entwachsen sind usw. Als ich daran schrieb, war ich begeistert, aber mein Herz war trüb und tot. Ich lebte nicht in der Welt der Tiere. Ich wusste nichts von Tieren. Ich war kein Tier. Alles blieb hohle Theorie, blasiertes Wissen eines ängstlichen Stadtmenschen, der aus dem letzten Winkel seines Wesens eine Begeisterung für das Geheimnis Tierwelt aufbrachte.

Ich bin eigentlich entsetzt über mich. Eine Sehnsucht ist in meinem Herzen: Ich will Fuchs sein, Schlange, Bär und Antilope, möchte fliegend Lüfte durchgleiten. Offen gestanden, ich will Bussard sein, warum nicht Schwan? Nun, als Psychologiestudent... Ich deute meinen Kommilitonen meine Zweifel an, mit großen Augen schaut man zurück, Verschrobenheit, plötzliche Entartung des Nervensystems, überarbeitet an Fachwissen. Ich lasse das gleich wieder fallen. Marxismus ist angesagt in diesen Tagen, auf die Straße gehen, Drogen. Ja unter Drogen kann man zum Vogel werden. Aber übersteigerte Einbildungen unter Zuhilfenahme von Chemikalien sind nicht dauerhaft, durchdringen nicht den Leib. Ich möchte Wildgans sein. Mein Herz ist traurig. Ich studiere weiter, begeistere mich künstlich.

Wissenschaft gestattet kein Gefühl der Erfüllung, des Einsseins mit dem Gegenstand der Betrachtung. Wissenschaft suggeriert lediglich ein Echo des Einsseins durch Wissen. Wissen über Windverhalten ist das ferne Echo des Genusses, selbst im Wind zu wehen wie

Espenblätter. Wissenschaft redet mir ein, durch Wissen Erfüllung erlangt zu haben. Ich weiß das, doch ich lese weiter, ich denke weiter, suche umso eindringlicher, je mehr mich die Wahrheit einholen will. Schließlich die Sommerferien - jetzt! Ich verreise, packe meinen Krempel, jetzt will ich sein, nicht forschen, nicht wissen, nicht Wissen sammeln. Alle fahren in Ferien, andere Länder, man versucht, so die Trostlosigkeit des Unerfülltseins auszugleichen, nur um erneut wieder Wissen sammeln zu können. Ein gefährlicher Kreislauf. Ich sehe keinen Ausweg. Ich bin restlos der Welt der Tiere und Pflanzen entzogen. Ein Zugang will sich nicht einstellen, man landet im Lokal oder auf der Straße. Man schaut sich die Menschenwelt an, nicht aber die Natur, die sieht man aus dem Bus, der Bahn, dem Flugzeug. Was bleibt, ist Sehnsucht. Was bleibt, ist, sie nicht verwirklicht zu haben. Aber ich hoffe, ich verlege die Erfahrung in die Ferne. Warte auf die nächsten Ferien, warte.

Seelenlose Kultur

Die moderne Unkultur hat mich der Natur entfremdet. Doch trage ich in mir als Sehnsucht den *unus mundus*, die ganze Welt. Ich stehe da ohne Untergrund und seelische Verwurzelung, allein versteckt in mir gärt unbewusst die Ursehnsucht. Bereits geschwächt an Ursubstanz kann ich mich nicht mehr rückbesinnen, verliere mich weiter in den saftlosen Flitterkram technokratischer Spielereien, in Pseudoluxus, Egomanien und allerlei windigen Selbstbeschäftigungen und nie endenden kulturellem Tingeltangel, der schal durch Glanz und Hohlheit schillert. Meine unaufhaltsame Veräußerlichung und Abhängigkeit von sogenannten lebenserleichternden Techniken entfremdet mich immer weiter von der Natur, die ohnehin als urtümliche Welt nicht mehr besteht, sondern nur noch als Schonung, Plantage, Nutzholz. Die Gesetze der Natur kann ich so nicht mehr erfahren, selbst als Gutwilliger und Besonnener. Hinzu kommt die Angst vor der Natur, auch der eigenen, ich bleibe unwissend, hilflos. Entsetzt denke ich an eine Übernachtung allein in der Natur. Die Berührung, die Liebe zum Dasein ist ganz verloren gegangen. Wir werden gemästet und gefüttert wider Willen mit Kultur, abhängig und süchtig gemacht für den Konsum, für die Selbstauslöschung. Das Leben erfahre ich nur noch verdünnt hinter einer Glasscheibe mit dem verlockenden Zusatz von Sicherheit, Ordnung und flachem Wohlgefühl. Gleichzeitig beängstigt mich die technokratische Kultur durch vollkommene Verfügbarmachung unserer Seelen und Körper, wir werden wider Willen abhängig, spüren das Sklavensein, wollen flüchten, doch sind längst alle Auswege verriegelt. Es gibt keine echten Urwälder mehr, es gibt keine ursprünglich lebenden Völker mehr, es gibt keine erdgeborenen Menschen mehr. Keine Vorbilder sind mehr da, und so auch kein Ausweg, kein Ziel. So ergebe ich mich und falle nach einem kurzen Gefühlsausbruch, nach einem Aufstand in Gestalt einer Kurzreise, die mich im nächstbesten Hotel landen lässt, zurück ins alte Muster. Ich resigniere, unterbrochen von besagten Ausflügen, die mir die letzte Hoffnung geben, doch frei zu sein, kaum aber am Hochglanzprospekt-Ort gelandet, holt mich die Wirklichkeit wieder ein - Ordnungssicherheit, Konsum, Sterilität. Die Schlauen und Mutigen flüchten auf die letzten Inseln und ziehen eine Schar Gleichgesinnter nach, die wiederum die Reichen nachziehen und diese den Massenstrom und so veredeln sie auch die letzten Refugien zu borniertenn Oasen des Reichtums erlesenen Naturrückzugs, also den Perlen der Konsumkultur. Die noch Schlaueren flüchten bald auch hier und suchen neue letzte Einöden, nur um das Spiel zu wiederholen.

Ein Wesen mit zwei Körpern

Natur hat zwei Seiten: Ihre Brust ist das Stoffliche, ihr Rücken der Urstoffs. Ihr Stoffkleid wurde gewebt aus Urstoff, *und daher sind alle Gesetze des Stoffs nichts anderes als Verlangsamungen des Urstoffs unter den Bedingungen der Raumzeit.* Stoff ist nichts anderes als Urstoff, eingepresst in enge Schubladen von Raum, Zeit und Kausalität und langsame Bewegung. Der Stoff ist somit Urstoff pur, das ist es, was wir erkennen müssen. Die Schmerzen der Raumzeitenge, der Stoffhärte sind die Gesetze des Urstoffs, wenn er sich verlangsamt. Aber wir scheitern, wie ein Boot an Meeresklippen, immer wieder an der Festigkeit des Stoffs, *obwohl paradoxerweise flüchtigster Urstoff.* Unsere Seele erhebt sich über die stoffliche Welt, doch wenn sie einen Schritt tut, rennt sie gegen eine Mauer. Dieses schicksalhafte Missverhältnis lässt uns immer zwischen zwei Welten leben, nie zufrieden, immer stört eine Welt die andere. Wir sind Wesen mit zwei Körpern - Urstoff und Stoff - und wissen nicht, wohin wir gehören. Diese Tragik unseres Daseins erzeugt all unsere widersprüchlichen Haltungen und Lebensweisen. Mal wollen wir seelisch sein, enden aber stofflich, mal wollen wir Naturstoff sein, enden aber seelisch. Wir scheinen nicht zu wissen, wann wir Körper oder Seele sind, verwechseln uns dauernd selbst. Das ist das Schicksal aller Materiewesen, und das ist ihr Leiden - geteilt zu sein zwischen Herz und Leib. Aber vielleicht ist es auch eine Herausforderung, im Stoff die Seele zu erkennen, dass Seelenstoff langsam fließen kann, dann Stoff wird. Es wäre also die Kunst, im Stoff zu stehen und gleichzeitig in der Seele zu ruhen und mittels dieser die stoffliche Welt seelisch zu erfahren und zu lenken! Dies scheint der Fall zu sein bei Bäumen und Tieren, die sich seelisch durch die Landschaft denken und über die Erde fliegen und zudem noch die Bewegung des Urstoffs im Stoff wahrnehmen. Dies ist, was wir von Bergen und von Bächen lernen sollten. Der Mensch ist geboren auf die Erde als Schüler, nicht als Meister der Tiere und Pflanzen. Er soll sitzen am plaudernden Bach, aufatmen auf leuchtender Bergeshöh, tauchen in den Körper der Erdmutter, damit er ihr Kind werde.

III. EINWEIHUNG
INS HERZ DER URMUTTER

DIE GROSSE VERWANDLUNG

Bild Vorderseite: Urmutter der Seri-Indianer, Mexiko.

DAS SCHATTENLOSE LICHT DER SEELE

Zwei Lichtarten: Licht der Sonne, Licht der Seele
  ... die helle Welt. Ostsee, Kurische Nehrung, Polen

Im Leben tritt mir zuallererst das Licht entgegen. Deshalb bemerke ich es nicht, weil es immer da ist. Ich lebe am Wasser, kein Essen, kein Zelt, aber Muschelsand überall. Ich habe die ganze Meerschaumnacht gewacht. Nun erwarte ich das Erwachen der Sonne. Mit der Dämmerung schiebt sich der erste Strahl übers Meer. Da weiß ich, was Licht ist, es ist alles. Das Licht ist das Feuer des Tages, das Weltfeuer, das Urfeuer. Das Licht gibt Farben Farbe, Formen Form, Licht ist auch die Dunkelheit, nämlich seine Abwesenheit.

Ich rede nicht vom Licht, von dem alle reden. Ich weiß nun, was Licht ist. Warum wirkt Licht so unmittelbar auf meine Seele? Ich habe lange ins Strahlenmeer geschaut, ich habe gesprochen mit Licht, auch wenn es keiner glaubt, und es hat mir einen Vorgeschmack von sich gegeben. So unglaubwürdig es klingt: Licht kommt aus der Anderen Welt! Das erstaunte mich über alle Maßen. Wie das? Es ist doch nur der Verbrennungsvorgang in unserer Sonne. Ich stieg tiefer ein in das über der Ostsee heraufdämmernde erste Licht. Seine Strahlen tanzten über der spiegelglatten Morgensee und es erreichte meine Sandfüße, rosarot zog es meine Beine empor. Die Kurische Nehrung schlief noch, nur die Möwen badeten bereits in der kalten Morgensonne.

Man glaubt unter Menschen, Licht würde wahrgenommen von den Augen, es ströme in diese hinein. Ich will dir sagen, was mir das Licht selbst sagte: Ich komme nicht von hier. Ich bin für dich das Licht, aber ich komme aus der Anderen Welt, wo ich die Wachheit bin. Bewusstsein. Ich komme nicht durch Wolkendecken zu dir. Ich bin dein inneres Bewusstseinslicht, dein Bewusstsein, deine Wachheit, ich ströme, wenn du die Augen öffnest, heraus aus dir, wie Wasser aus der Quelle, und erleuchte dir die Welt. Nun siehst du mittels deiner Wachheit und deutest sie als Licht der Sonne. Mein Lieber, und wenn tausend Sonnen schienen, du wärest blind, erleuchtete dein Seelenlicht nicht deine Welt.

Augen als Fenster der Seele

Ich sehe Licht, weil meine Seele selbst Licht ist! Ich sehe mein Innerstes nach außen gestülpt, ich lebe in einer Hohlwelt. Das ist ein Standpunkt, von dem aus man das Sehen noch nicht betrachtet hat. Aber so habe ich das erfahren. Ich sehe die Welt, weil ich mein seelisches Plasmalicht durch die Augen nach außen strahle. Das nimmt niemand ernst. Aber warum erlischt der Glanz in den Augen Sterbender? Es ist älteste Überlieferung, dass uns erst das Seelenlicht sehend macht. Die Seele tritt durch die Augen, weshalb wir uns in die Augen schauen, an den

Augen den anderen erkennen. Die Augen sind das Fenster der Seele in die stoffliche Welt, der Rest des Körpers ist verschlossen. Hat man sich jemals Gedanken gemacht, warum alle Lebewesen Augen haben? Hat man sich über das Bekannteste einmal erkundigt? Nur weil wir dumpf durch die Landschaft laufen, hinterfragen wir nicht das Allgemeinbekannte. Also: Warum haben Lebewesen Augen? -

Die Augen sind der Spiegel der Seele. Das ist kein Gemeinplatz. Dass die Plasmaseele sich ein Fenster gebaut hat in die Stoffwelt, ist nur natürlich, es muss einen gegenseitigen Verkehr der Welten geben, die Seele muss wissen wie es im Stoffumfeld aussieht, ohne seelische Reaktionen ist der Körper lebensunfähig. Jedes Auge ist anders gebaut und lässt nur die für seinen Körper und seine Seele notwendigen Mitteilungen durch. Das Auge sieht nie die ganze Stoffwelt, stets nur den lebenswichtigen Ausschnitt. Grashüpfer sehen eine andere Welt als Pelikane oder Ameisen. Seelen bauen sich ein Guckloch für das jeweilige Bedürfnis des sie ummantelnden Körpers, so wie ein Unterseeboot auch nur ein Seerohr braucht, um übers Wasser zu schauen.

Erdmutterübung: Sitze sonnenüberflutet, lichtgebadet am Strand, in Alpenhöhen untersuche die Lichtkorpuskel, die auf dich niederströmen. Untersuche: Wann habe ich andere Lichterfahrungen gemacht, gibt es nachts ein Licht, ist Licht in mir, was überhaupt ist Licht, wozu Licht...?

Klippenhöhle, Island. Ich habe lange in der Dunkelheit einer Höhle gesessen. Irgendwann wird es hell - das ist das Licht der Seele. Aus diesen Erfahrungen entwickelte sich die Dunkeltherapie.

MEIN KÖRPER IST DAS WERKZEUG
... BURMA, DSCHUNGEL, TEMPEL VON MANDALAI

Ich will nachdenken über Blätter. Ich will wissen was ein Blatt ist. Man weiß viel über Blätter, aber kein Blattforscher ist je ein Blatt gewesen. Da stimmt etwas nicht. Forscher zu sein schien mir einmal ein Abenteuer, heute scheint´s mir ein Ungeheuer. Was ein Blatt ist, werde ich als Wissenschaftler nie erfahren, das ist das große, letzte Geheimnis, dass das nicht geht. Dieses tiefste Rätsel verweist auf eine andere Forschungsweise, und diese ist die Erlebensweise. Der Mensch mit seiner Ausstattung ist dazu selbst das Werkzeug. Sein Körper ist das Instrument. Wir brauchen keine anderen Instrumente. Statt Werkzeuge zu bauen, will ich lieber lernen, den Bau meines Körpers zu studieren. Man muss den Körper in den Urwald, ins Moor und an die Felsklippe setzen, auf dass er werde, was er ist: ein Messinstrument des Kosmos mit Fühlern, die kein Eisen brauchen.

Die Maschine ist eine Verlockung, der Härte und Rauheit der Natur zu trotzen, so erfindet der Mensch hinzu, wann immer die Verlockung naht. Dann wird er einen Umweg gehen müssen, über den Apparat zur Wirklichkeit, das ist ein langer Irrweg.

Zikaden zirpen. Mandalai versinkt in der schnellen Nacht Ich habe geruht am kleinen Tempel. - Echtes Wissen ist echtes Sein. Heute ist Wissen nur Erinnerung ans Sein. Das ist unsere Krankheit. Die Maschine erlaubt kein Sein, nur Information über das Sein.

Erdmutterübung: Sitzen im Walddickicht, Liegen an schroffen Felsen und Sinnieren über meine Welt. Kann der Mensch ohne Maschinen leben? Könnte ich als Naturmensch leben, würde ich verhungern? Ist mir die Natur entglitten, ist sie mir egal? Kann ich aus dem Vollen leben, ohne eingegliedert zu sein in den Naturrhythmus?

WILL EBENBILD DES SCHÖPFERS SEIN
... NIAGARAFÄLLE. 14 STUNDEN IM WEIßEN SCHAUM

Irgendwann verselbständigt sich das weiße Rauschen, du wirst Weißes Fallen. Es gibt kein Wasser, kein Niagara mehr. Der Fall hat sich auf mich herübergeschoben, jetzt ist Niagara der Beobachter, ich er. Es werden bei langem Staunen stets die Rollen gewechselt. Den Blick nicht abwenden, Augen nicht schließen. Es ist nicht ungefährlich, wenn du die Gestalt wechselst. Es mag schön klingen, ist aber eine Gratwanderung. Man tauscht Seelen nicht wie Mäntel aus. Ruhig bleiben. Bald kündigt sich der Wechsel an. Wozu ein eigenes Ich behalten? Gefestigt sein musst du im Wandel und große Liebe fürs andere Sein empfinden. Der Wechsel schleicht sich an, mein Herz zittert wie Espenlaub, mein Ich winkt noch einmal wie silberne Birkenblätter im Wind, es ist ein Todeshauch, bleib ruhig, Mann, und stirb.

Die wahre Maschine ist allein die Natur, alle Maschinen sind von ihr abgeleitet, daher Naturwissenschaft. Aber keine Maschine kann so umfassend mit allem verwoben sein wie die Natur selbst. Der Mensch klont Tiere und demnächst sich selbst, aber er wird kein Tier von Grund auf neu erschaffen. Er mag selbst einen neuen Menschen zusammensetzen, aber er wird nicht die Vorbedingungen des Menschen erschaffen, denn: Er kann nicht das Dasein erschaffen. Andererseits, da ich selbst alle Natur in mir ruhen habe, also alles *bin*, wäre ich auch in der Lage alles zu wiederholen. Das ist ein Gesetz, und dieses Gesetz beflügelt mich, es der Natur gleichzutun, sie selbst zu sein. Man will - liebt man eine Landschaft - sie erst anschauen, im nächsten Schritt abmalen, dann abfotografieren, schließlich umgestalten. Man verspürt einfach ein Verlangen, sie ganz zu sein, sie zu wiederholen, und das geschieht im schöpferischen Akt. Der Künstler will spüren, wie es ist, diese Natur zu sein, nicht anders der Forscher, er will spüren, wie es ist, ein Naturgesetz zu sein, deshalb baut er es nach. So liegt an der Wurzel der Wissenschaft das Gute, selbst Natur, sie in ihren Urgesetzen zu sein. Jeder gute Forscher will Gott nicht spielen, sondern *sein*. Wer das nicht will, will vielleicht Teile sein, ergötzt sich daran, ihr zuzureichen. Hier offenbart sich unsere tiefste Natur, als Ebenbild des Schöpfers, aber im Kleinformat, denn nichts ist unabhängig oder anders als das Schöpferische, nur im Maßstab unterscheiden wir uns. So gibt es die großen Sehnsüchte der großen Forscher, die Schöpfer spielen wollen, dann mittlere Erschaffer und unten kleine Mitschöpfer. Der Mensch darf sich einbilden mitzuschöpfen, doch bleibt sein Beitrag unerheblich und ohne Echo. Selbst wenn unsere Spezies Millionen von Planeten besiedelte, bliebe ihr Beitrag unerheblich. Denn Natur ist nicht nur die sichtbare Natur, sondern vor allem die unsichtbare Nachbardimension. Natur, das ist ein Leck im Bauch der Plasmadimension, ein Tropfen Plasma auf heißem Strand, der schnell verdampft. Es ist ein Anliegen der Naturtherapie, zu zeigen, dass wir nicht maßgeblich sind, aber maßgeblich genug, um mitschöpfen zu dürfen, so wie die Ameise Hügel im Waldrand bauen darf.

> **Erdmutterübung**: Liegen, dösen unterm großen Baum. Ich frage mich, worin meine Größe besteht. Wo habe ich meinen Platz im Gesamtgeschehen der Natur? Auch Kultur ist Natur, aber wo steht die Kultur im Rahmen der Myriaden Sterne? Wozu Menschen im Universum? Es geht also um eine realistische Einschätzung meines Daseins und das der Kultur.

Bin Kind der Erde
... Utah. Tag- und Nachtlauf über rote Erde

Laufe blindlings, ziellos. Das ist keine Wanderung, streune wie ein Hund über trockenharte rote Erde. Kein Ziel, keine Zeit. Bin ich bereits auf militärischem Terrain? Ich laufe mit dem Wind, drehe mich im Kreis, gehe in anderer Richtung weiter. Das Schwierigste ist, kein Ziel zu haben. Aber es ist auch das größte Hemmnis.

Die Erde zeigt sich als Farben und Formen, als Wandel in der Zeit. Landschaften wirken aufs Gemüt, formen mein Denken und Verhalten. Bergbewohner und Küstenbewohner unterscheiden sich, Schluchten erlebe ich tief, Bergeshöhen hoch, Täler lang. Bin eingebunden in die Haut der Erde. Erdformen werden meine seelische Bewegung. Richtung, Schwere, Dicke, Breite, Zähigkeit, das alles wirkt auf mein Gemüt - **ich werde, was ich sehe.** *Zackiges an Felsen, Scharfes an Kanten halten mich wach, bieten Abwechslung, und das fliegende Blatt gibt meinem Geist Bewegung, während flache Hügelkämme, Wüsten, Sanddünen, breite Täler meine Gedanken zur Ruhe kommen lassen. Dann gibt es die Weite und Nähe, erstere lässt Sehnsüchte aufsteigen wie Morgennebel, letztere bedrängt mich, lässt mich sich nicht entfalten. Überwältigt werden wir* von schroffen Felswänden, Schluchten, Riesenbäumen, aber auch von Meerflächen ohne Ende, von Wüstenstrichen, Gletscher- und Eiswüsten, da kommt meine menschliche Kleinheit zum Vorschein. Aber auch meine Gleichheit mit der Erde, ich bin stumpf und spitz wie sie, weit und flach, auch buckelig. Ich bin bucklige Erde als Körper und im Geist.

Dann gibt es die Symmetrien der Erde, gerade Erdflächen, gerade Höhenzüge, Dreieckige Felsspitzen, Winkel in Steinen, runde Teiche, ovale Seen, halbrunde Tallöcher. Die Natur kennt Zahl, Maß und Symmetrie. **Der Mensch hat die Zahl nicht erfunden, er hat sie abgeschaut.** Linien und Winkel lassen mir ihr einen Sinn unterschieben, ein geheimes großes Wissen, dem gegenüber wir klein sind. Doch bin ich im Denken und Fühlen haargenau das, was die Erde mir vorführt. Die Erde nährt mein Gedächtnis für Form und Zahl. Der Körper der Erde und mein Körper unterliegen dem gleichen Gesetz.

Dem entgegen steht das scheinbar Asymmetrische, das verwirrt und einschüchtert. Hinzu kommt der Wildwuchs, ungezähmtes Wachstum an allen Orten, die Unübersichtlichkeit des Areals, das Unvorhersehbare des Gedeihens. Nichts ist sicher; kaum drehe ich mich um, wächst hinter mir das Gras und seitlich röhrt ein Hirsch im Holz, während jetzt Wind aufkommt und eine Elster fliegt. Die Große Unsicherheit ist eben die Große Natur. Lebendigkeit und Wechsel sind eins. Das wachsame Auge nur lässt hier überleben. Kaum hat man sich versehen, ändert sich die Jahreszeit, heiß, kalt, nass, trocken, Schnee oder brütende Hitze, wir spüren Durst oder Feuchtigkeit. Erstarren kann man hier vor Nachtkälte, Leben heißt Bewegung, ich laufe durch den Mondschein, bewege mich im Reigen der Tageszeiten, Wetterlagen, Landschaftswechsel, Temperaturschwankungen, Sternenkonstellationen, Planetenläufe. Man wird Natur, übernimmt die Läufe der Monde, regiert mit den Sonnen, schläft mit hell und dunkel, wird wechselhaft und feinfühlig, brummt schließlich wie der Bär. Resonanz nur lässt leben, wer sich dagegenstellt, wird überrollt. Da es nichts anderes zu geben scheint hier als Natur, bleibt nur, sie selbst zu werden, wenn man sie nicht ohnehin schon ist.

In der Naturtherapie geht es nicht um wissenschaftliche Ergründung des Superindividuums Mensch sowie der willenlosen Naturgegenstände. Es geht zunächst um das hautnahe Erlebnis, dass dem nicht so ist und Mensch und Frosch **ein** Wesen sind in Notdurft, Lebenskampf und Lebensglück, zusammenhalten müssen in der Seele, denn als gemeinsamer Urgrund gärt in ihnen der Urstoff, sie sind gezeugt aus seinem potentiellen Formenmeer und müssen erkennen lernen, wie sehr verwandt sie miteinander sind, es **eine** Sprache zwischen ihnen gibt.

Nur Natur

    ... Schweizer Alpen. Säntis. Blick bis zum Bodensee

Die Urstoff-Psyche ist geprägt von Naturformen, alle Naturgesetze ruhen in ihr wie in einem großen Physikbuch. Ich bin innerlich ganz Natur. Schaue ich über den Wald, entdecke ich mich in ihm wieder. Es geht nicht um Glotzen über Berggipfel - Natur ist kein Bildschirm - sondern um Wiedererkennen, Wiedererinnen, wieder das sein, was ich ohnehin bin. Die Auflösung des Vergessens steht vornan. Wir unterliegen einem kollektiven Vergessen, hervorgerufen durch ein Übermaß an Kultur, aber nicht naturgegründeter, sondern naturferner Kultur. Natur kann erkranken an sich selbst, und so ist unsere heutige Kultur eine Naturerkrankung, ein Auswuchs und Pilzbefall, den nur reine Natur heilen kann. Es ist also unsere Kulturkrankheit letztendlich eine Naturkrankheit. Krankheit gehört, wie die Gesundheit auch, zur Natur. Es gibt nichts außer Natur. Der Mensch ist Natur, steht nie auch nur für Sekunden außerhalb von ihr, auch unsere zerfressene, wirklichkeitsferne, aufgeblähte Plastikkultur ist Natur pur mit Haut und Haaren, Bildschirm und Schirmmütze inbegriffen. Es ruht also an der Wurzel des Weltenbaums ein Geheimnis. Warum erkrankt Natur, indem sie Kultur hervorbringt, die ihre Schöpferin dann vergisst und dadurch an ihrem eigenen Übermaß erkrankt? Liegt hier ein Naturgesetz vor, das besagt: Aus Natur muss Kultur erwachsen!

> **Erdmutterübung:** Betrachte die Seeplatte, erschaue die Hügelkämme. Es gibt Momente, in denen du erkennst, dass See und deine Seele von einer Natur sind. Diese Momente sind anfänglich vage, kaum fassbar, werden dann aber mit Mut und Ausdauer länger. Aber der Intellekt im Hintergrund meckert immer, und dadurch fallen wir schnell heraus aus dieser tiefen Erkenntnis. Längere Augenblicke dieser Art werden uns nur gewährt nach langem Alleingang.

Die Spur des Urstoffs

Luft ist Bewegung, Luft ist Raum, Luft ist Veränderung ohne Ende. Auch Luft gründet auf Urstoff, und wo die Energie meines Urstoffwesens einmal gesessen hat, dort bleibt noch eine Zeitlang ein Abbild davon erhalten. So kann man mich aufspüren oder meine Urstoffspur verfolgen, auch wenn ich als Körper längst weggegangen bin. Es ist eine Eigenart des Urstoffs, zu verharren. Mein Urstoff klebt an meinen Kleidern, haftet in meinem Haus, bleibt hängen am Stuhl auf dem ich saß. Ein Echo meiner selbst bleibt also eine Zeitlang überall zurück. Plasma, Urstoff, Äther oder Feinstoff haben eine Verharrungsneigung. So prägen sich dem Plasma auch meine Gedanken und Gefühle ein, bzw. *ist* das Plasma mein Gefühl und Denken. Daher ist meine Umwelt mit dem Plasma anderer Menschen gesättigt. Eine Stadt ist eine wahre Orgie an Plasmahüllen, die ein von den Körpern ihrer Besitzer unabhängiges Leben führen bis sie sich ganz auflösen und „verdampfen". Selbst wenn ein Gebiet leer aussehen mag, können plasmatische Platzinformationen in ihm stecken, die mein Plasmafeld unbemerkt vom rationalen Bewusstsein beeinflussen werden. Eine Stadt, ein Haus, ein Zimmer sind Orte mit Plasmaimprägnierung. Also gibt es reine und besetzte Orte. Die alten Kulturen wussten das und arbeiteten damit. In einer reinen Landschaft zu sein ermöglicht dagegen, die Urstoffinformationen der dortigen Bäume und Pflanzen aufzunehmen.

> **Erdmutterübung**: Das ist eine der schwersten Übungen, die Eigenart eines Ortes zu spüren, doch lässt sich das spielerisch gestalten. Mit viel Übung bekommt man ein Gespür dafür, wann der Eindruck stimmig ist und wann wir ihn nur aus äußeren Hinweisen ableiten und phantasieren. Am besten ist es, mit verbundenen Augen zu einem Ort geführt zu werden, um dann die Kraft des Platzes zu erspüren.

Sind Winde Wesen? Der Körper der Luft
... Nordsee, Helgoland

Wind erzeugt Bewegungen. Er kräuselt und wellt das Wasser, drückt Wogen hoch und die Flut ins Land. Er biegt Baumwipfel, weht Staubwolken auf, bläst Laub vor sich her, kämpft gegen Mauern an. So wie der Wind sich zu Windhosen verdreht, so Wasser sich zu Wirbeln, und von seiner Bewegung geben auch die Wolken ein lebendiges Abbild als Zirrus- oder Kumuluswolke. Wolken und Wasser, Sandstürme und Windhosen sind sichtbarer Ausdruck der Luftbewegung. Luft kennt viele Formen, sie ist nicht formlos. Diese Formen sind der Körper der Luft. Luft hat einen festen Körper!

Wenn ich am Flusslauf wandere, offenbart alsbald mein Unbewusstes einen Gleichklang mit der Bachwelt. Das nennen wir dann einen schönen Spaziergang. Was wir schön finden, ist nichts anderes als eine Annäherung, ein Gleichwerden. Alle Menschen werden irgendwie von Naturen angeregt. Daher kann jeder noch einen, zwei oder drei Schritte weitergehen, noch mehr Natur werden, damit noch mehr er selbst. Aber da tritt mit strenger Miene Kultur dazwischen und gebietet Einhalt. Doch ist das nur ein Anfang, es geht darum, selbst im Physischen die Naturen zu werden. Die alten Völker kannten die Verwandlung in die Natur, sie war ein großes Geheimnis. Aber ich will hier niemanden mit dergleichen Geschichten überfordern.

Bin Baum
... Sababurger Urwald. Dreitage-Meditation an tausendjährigen Bäumen

Sitze in einem Meer aus Steinen und schaue über die Appenzeller Berge. Alle Formen und Lebewesen der Natur kann man nehmen und sie als psychologischen Test, als Spiegelbild unserer selbst deuten. Bekannt ist der Baumtest. Man zeichnet einen Baum, und daraus lässt sich mein Charakter ablesen. In den Baum projiziere ich alle meine Eigenschaften und Zustände. Das gleiche ist der Fall mit sämtlichen Naturerscheinungen. Alle Völker haben so Naturmaterialien als Orakel benutzt. Man kann rein seelische Zustände deuten, aber auch die Zukunft.

Wir haben alle einen Bezug zur Natur, wie naturfern wir auch leben mögen. Wir leben trotzdem in der Natur, weil sie nicht ganz auszublenden ist, zudem Kultur nur die andere Natur ist. Wir sehen sie und schieben sie sofort in unsere inneren Zustände hinein, anders gesagt, empfinden etwas bei ihrem Anblick. Natur wird so zum vollkommenen Spiegelbild.

Erdmutterübung: Nimm ein Blatt, einen Kiesel, eine Wasserpflanze, und sage, was du siehst und spürst. Übe dich in der Beschreibung der Naturwesen. Oder zeichne ihre Formen, das hilft sehr, sich in sie zu vertiefen und vertreibt am Anfang die Langeweile. Erstaunt stellen wir dann Wunder fest. Warum hat das Blatt diese Form, warum? Was ist ein Eichenblatt. Da liegen Wunder vor euren Füßen, und ihr sucht nach hoher Spiritualität, nach wissenschaftlicher Erkenntnis...?

Die Eine Welt

Die Idee der Existenz eines Außen ist neueren Datums. Alle alten Kulturen, Stammeskulturen ohnehin, lebten im *unus mundus*, einem Einheitsbewusstsein, welches wir mit der Natur und Welt haben. Alle Materie und Natur ist in uns. Die äußeren Urformen finden einen Widerhall in unseren inneren Urformen, so verbindet sich Natur und Mensch, deshalb projizieren wir leicht unsere Urformen auf ihre äußeren Geschwister, weil sie eines sind. Wir sind einfach alles eins. Ein hoher Gipfel ist für uns majestätisch, aber auch schroff - so, scheint uns, fühlt sich auch der Berg? In jeder Landschaft treten wir uns selbst gegenüber. *Es gibt kein Außen, nur Innen.*

> **Erdmutterübung „Unus Mundus":** Nach langer Schau, schau nach, ob du das Außen als ein Innen erfährst. Der Gedanke, dass dem so ist, hilft. Auch der Vergleich „Ist mein Inneres nicht wie das Äußere?" hilft.

Totemismus

Man kann alle Orte mit Mythen und inneren Zuständen verbinden. Ob das dem Ort tatsächlich zukommt, ist eine andere Frage. Ortsbezogene Mythenbildung macht Spaß und hat Tradition. Besonders in der Pubertät bricht ein erhöhtes Naturempfinden hervor, eine Art Totemismus. Orte werden zu Trägern von Ereignissen, wirklich geschehenen wie eingebildeten. Das ist ganz natürlich, hatten wir eine starke Liebesaffäre an einem Ort, werden wir den Ort für immer damit verbinden, starb mein Großvater bei einem Autounfall in einer Straßenkurve, werde ich bei ihrem Durchfahren unvermittelt an ihn denken. Ganze Landschaften, Städte, gar Länder verbinden sich mit unseren Gefühlen, die wir entweder mit einem Tabu belegen oder zu Kultplätzen erheben. Orte, denen schmerzliche Erinnerungen anhaften, werden gemieden. Friedhöfe sind das bekannteste Beispiel. Daher die Kraft der Kultorte; haben wir hier heimliche, wichtige Rituale durchgeführt, werden diese Plätze herausgenommen aus der normalen Landschaft, werden heilig oder verdammt, sind besetzt oder öffnen Tore zur Anderen Welt.

> **Erdmutterübung „Schweigende Orte":** Orte sind nicht alle gleich. Jeder sollte Naturplätze haben, die herausragen aus dem Dickicht. Sie erhalten Namen, private Folklore, kleine Geschichten verbinden wir damit. Doch bleiben diese Orte in unserem Herzen, der Mund ist geschlossen. Durch Schweigen gewinnen diese Orte an Kraft, wie alles, worüber sich die Fittiche des Schweigens ausbreiten.

Seelenlandschaft

... Island. Windgepeitschtes Hochmoor in Island am Vulkan Vatnajökull

Regennasser Wind durchdringt mich, heiße Quellen wärmen mich.

Werden Menschen älter, besinnen sie sich auf das Eigentliche ihres Lebens, erlangen ihre Mitte und erkennen, dass zwischen ihrem Geist und der Natur außerhalb kein Unterschied besteht. Ist das Verhältnis zur Natur im Laufe des Erwachsenwerdens verloren gegangen, kann man sich erinnern an seine Beziehung zu Bäumen und Landschaften in der Jugend und Kindheit, und dort wieder anknüpfen. Es ist lediglich unsere naturferne Kultur, die uns (unsere) Natur ausgetrieben hat, doch wir können jederzeit, wenn auch nur mit Aufwand, zurück. Was ich sagen will, ist: Unsere Seele formt die Landschaft zu einem Bild unserer Seele, weil Natur Seele ist, nimmt sie so leicht unsere Empfindungen an, und weil sie alle Seelen aller Wesen in sich verkörpert, kann sie auch meine innere See widerspiegeln.

Die australischen Ureinwohner wissen: Die Seele ist ortsgebunden, bei einer Wiedergeburt verkörpert sie sich in der alten Heimat wieder und dort auch in Menschen, die vielleicht neu in diese Landschaft gezogen sind, so dass der Charakter der Neuankömmlinge, Eroberer zum Beispiel, sich ändert. Die Ahnen leben daher in einer bestimmten Erdregion, sind verbunden mit der Erde.

Baumkult

... Sababurger Urwald. Sechster Tag in einem hohlen Baumstamm

Aus den heiligen Hainen und ihren Einfriedungen entwickelte sich der Park und die Lustgärten; aus dem Baumkult entwickelte sich die heilige Säule, daraus säulentragende Tempel, daraus gotische Dome mit ihren Pfeilern und Gewölben. Die Worte Abstammung, Stammbaum, Stammhalter kommen von Baumstamm.

Das Sein ist der Weg

Wir werden hineingeboren in ein unerklärliches Sein, tun aber bereits nach einiger Gewöhnung so, als sei alles normal. Dann spüren wir das Sein nicht mehr. Aber was ist Sein? Ein ungeheuerer Seinsfluss. Nur in Ausnahmesituationen, unter Schock und Schreck, Angst und in Untergangsstimmung dämmert Sein herauf; die Atmosphäre wird dichter, Ereignisse bekommen einen Sinn. Sein ist immer sinnvoll aufgebaut. Sein wird als dicht, schwer, plasmatisch wie Wind erfahren, als schwämmen alle Ereignisse wie Kähne auf dem Seinsfluss und würden so zielgerichtet geleitet. Das Sein ist kein Zufallsspiel, sondern ein determiniertes, logisches Ineinandergreifen mit wenig Spielraum. Wer nun diese Seinswelle erkennt, wenn sein Gehirn mit Verstand und Logik durch einen Schreck oder durch erschütternde Erfahrungen bloßgelegt ist, dem zeigt sich der Seinsstrom als gewaltige Naturlawine, und dadurch zerfällt sein kleines Ego in nichts zusammen, er betet und lässt endlich einmal die Götter zu Wort kommen, die Seinsgötter, und das nennt er später heilig. Aber da ist nichts heilig, da ist lediglich die Seinslawine die durch einen strömt, aber das tut sie immer. Nur unser borniester Alltag verweigert sich dieser dauernden Naturkatastrophe.

Wallfahrtsalleen und Berge, die Rundumsicht erlaubten oder dem Licht nahe waren, Räume in Felsen und Höhlen, Quellen wurden verheiligt. Ebenso wird die Zeit, der Jahreslauf, die Sterne, Lichtarten überhaupt, einbezogen in den Versuch, dem, was dahinter steht, näher zu kommen. Im Grunde wurde und wird alles verehrt, von diesem oder jenem Volk oder zu bestimmten Zeiten. Kein Ding der Welt entging der Verehrung oder wurde religiös nicht gedeutet. Der Mensch überzog die Erde mit einem Netz an Kultstätten und Heiligtümern, weshalb wir verallgemeinernd sagen können: Dem Menschen ist alles heilig! Und es kann nicht anders sein. Sein an sich ist heilig, d.h. *es ist*. Es ist heilig, weil Entstehen und Geburt unerklärlich sind. Was unerklärlich ist, ist heilig. Ebenso wurden fast alle Verhaltensweisen und Bewusstseinszustände als heilig erklärt, weil Bewusstsein etwas Heiliges ist. Es hat daher keinen Zweck, sich provinziell an ein lokales Heiligtum oder einen Kult zu klammern. Das ganze Sein ist heilig. Ohne einem Kult oder einer Religion anzuhängen, geht es darum, das ganze Sein als *eine* Offenbarung zu sehen. Es bedarf dazu - für den so Fortgeschrittenen - keines Priesters, keiner Weihestätte. Im Grunde braucht nur der Schwache, der sich des Seins nicht grundsätzlich bewusst ist, zeitliche und räumliche Heiligkeit.

> **Erdmutterübung**: Spüre, was heilig ist. Was soll „heilig" bedeuten? Du erkennst bald, dass alle Natur, also alles Sein, heilig ist, weil es von einer Seinskraft lebt. Dasein schlechthin ist heilig, herausgehobene Heiligtümer sind nur eine Verlegenheitslösung für die Schwachen. Untersuche die Seinskraft. Wenn du einen realen plasmatischen Strom spürst, stehst du am Anfang.

Religion ist für die Schwachen

Da jedoch der Mensch sich nicht dauernd aufs Heilige beziehen kann, weil er arbeiten und die Natur rein praktisch ausnutzen muss, bedarf er gelegentlich der Rückbesinnung, und diese findet zu festgelegten Zeiten, an festgelegten Orten statt. Weil man nicht dauernd die ganze Heiligkeit des Seins erfahren kann, nimmt man Versatzstücke heraus und erklärt diese als besonders heilig. Religion ist so eine Verlegenheitslösung, ein notwendiges Übel. Religion ist nicht immer nur zu Ostern. Religion ist immer, jetzt, und nicht zur Tagundnachtgleiche oder zur Sommersonnwende, aber das erschöpft, das hält der Körper nicht durch, wir müssen praktisch überleben. Die Gefahr besteht dabei darin, Nichtheiliges gegenüber dem als heilig Erklärten von der Wahrnehmung auszuschließen und es rein lebenspraktisch zu unterjochen. Und was tun wir heute anderes, als die gesamte Natur gnadenlos zu unterjochen?

Natürlich wird als heiliger Ort und heilige Zeit das genommen, wo das Heilige sich besonders dicht zeigt. Grundsätzlich aber ist der gesamte Planet, das gesamte Universum heilig. Es ist an sich eine religiöse Schwäche des Menschen, die Religion erzeugt. *Religion ist also ein Mangel an Religion.* Die starken, schönen, harmonischen Orte, Berge, Felsen, Landschaften, Lichtungen, Bäume, die besondere Harmonie ausstrahlen, wie alles Schöne, ruft also mit Heftigkeit das religiöse Empfinden wach, während schwächere Orte dies im dumpfen Geist des Menschen nicht mehr leisten können. Der Mensch bedarf starker Reize, um überhaupt etwas zu spüren. Sakrale Orte und Zeiten sind nichts anderes als starke Reize für den schwachen Geist. Die Übertreibung der starken Orte entspringt also unserer Schwäche, unserem Wahrnehmungsmangel. Der ganze Kult um Kraftorte drückt die spirituelle Schwäche der Menschen aus. Die Erde selbst ist ein Kraftort, und das Argument, es gäbe stärkere und schwächere Orte, zählt nicht, auch wenn das in der Tat der Fall sein mag. Denn: Wer sich an einem beliebigen Ort zu einer beliebigen Zeit aufhält und Wahrnehmung besitzt und tiefe Schau, der sitzt immer an einem heiligen Ort. Und er mag im Supermarkt sitzen, es wird ein heiliger Ort, wenn er dort sitzt. Das jedenfalls ist die Erfahrung all jener, die ihre Wahrnehmung und ihr Empfinden und Fühlen geschärft haben. Kulte sind für sie Kulte, heilige Orte einfach Orte, sie überlassen das den Tempelwächtern, Pilgern, Wallfahrern, den Gottesdienst Betreibenden, sie bleiben im Sein und das ist überall. Das Sein kennt keine Unterteilungen. Die Weisen sind daher religionsfrei, ja antireligiös, ja kultunfreundlich und folgen keiner Richtung. Ich wiederhole: *Religion ist für die Schwachen, die Starken stehen im Sein.*

DIE FLUCHT: RAUS AUS DEM STOFF

Der Mensch ist schwach, faul und wahrnehmungslos durch die Schwere des Körpers, durch dessen Bedürfnisse abgelenkt und kann so kaum zum Geistig-Seelischen durchdringen. Daher suchen wir den leichtesten Weg zur Seele, wir suchen Löcher im Himmel, Zeitlöcher auf der Erde, um durch sie entkommen zu können in die Nachbardimension. Das Bestreben aller Zauberer geht in diese Richtung, das Bestreben der modernen Physik geht ausschließlich in diese Richtung. Geschichte wiederholt sich, weil wir einem zentralen Instinkt unterliegen: Wir wollen raus aus der Materie! Der Stoff ist uns zu eng, wir sind als Ich zuallererst Geist- dann Seelenwesen, fühlende, unstoffliche Geister, aber eingesperrt in eine Packung aus Fleisch und Blut. Die stoffliche Welt ist eine Art Gefängnis, ein Korsett, dem die freifliegenden Geister entkommen wollen. Und so wie Gefangene heimlich Tunnel anlegen, Leitern bauen, Fluchtpläne schmieden, so sucht der Erdmensch Kultplätze, Kraftplätze auf, baut Zeitmaschinen, sucht Löcher im Raum, entwickelt Techniken der Bewusstseinsveränderung. Man will fliehen. Die Geschichte und Entwicklung der Menschheit, die gesamte Religion und Wissenschaft stellen Fluchtpläne dar aus der Materie. Man will einfach weg. Doch das Fluchtland kennt man gar nicht. Man hofft, irgendwo sei es besser. Der Gefängnisdruck ist so stark, dass man nur eins will: Weg! Das Fluchtland ist fast gleichgültig, es kann nur besser sein. Doch da man das Fluchtland in sich selbst trägt, es ist, kennt man es ein wenig, jedoch überschattet vom Körperlichen. Man hofft reiner Geist zu werden. Ein gesunder Mensch will keine Pilgerfahrt antreten, er tut es jedoch, um dem Körper zu entkommen. Er nimmt die körperlichen Strapazen, die er an sich loswerden will, auf sich, um sich davon zu erlösen. Er arbeitet gewieft mit paradoxer Technik. Man martert den Körper, damit der Geist aus ihm vor Schmerz herausspringt, Tausende von Foltermethoden wurden in allen Kulturen und Religionen entwickelt, um durch den Schmerz die Seele zu zwingen, sich vom Körper zu trennen. Alle Romane, alle Filme, alle Religionen und Kulte versprechen nur eines: Die Flucht ist möglich, wähle jenen Weg! Die Flucht durch Liebe wird gepredigt von Poeten, die Flucht durch Marter wird gepredigt von Priestern, die Flucht durch Naturschau wird gepredigt von Romantikern, die Flucht durch Wissenschaft wird gepredigt von Forschern, und die Flucht des kleinen im Alltag verloren Mannes predigt er sich selbst, er ruft Anpassung, Verdrängung, Nichtdenken, er hat resigniert. Der Übermacht des Körperlichen erlegen setzt er auf Unterordnung, denkt nicht mehr an Flucht, flüchtet, indem er sich die Flucht aus dem Kopf schlägt durch Arbeit, Familie, Ruhigbleiben, Hoffen.

Himmelslöcher, Tore zur Anderswelt

Es scheint doch etwas dran zu sein an der Beobachtung der Himmelskörper, den Jahreszeiten, den Kultorten. Sind das Löcher in die Andere Welt? Meine Anschauung in dieser Sache ist nun folgende: Es mag Schlupflöcher geben, zeitlicher und räumlicher Natur, Startrampen ins Unendliche, Raumfahrerbasen in der Erde und Löcher im Himmel, es mag geomantische Kraftplätze aller Art geben, aber... hat uns das geholfen?

Betrachten wir diesbezüglich jene, die es geschafft haben, sie sollten uns unterrichten können. Ja, ihre Erlebnisse, die Struktur ihrer Erlebnisse, ihre Beschreibung der Andern Welt, verweisen uns darauf, dass ihre Erlebnisse irgendwann stattgefunden haben, irgendwo, aber nicht zu bestimmten Zeiten oder an bestimmten Orten. Auch geistige Übungen, Marterungen, Visionssuchen, Rituale haben teilweise Erfolg gehabt; im Allgemeinen kam der Durchbruch in die Andere Welt jedoch ungeplant und ungewollt. Er kam durch ein Todeserlebnis, er kam durch Liebe, durch tiefes Nachsinnen, durch Gebet, Verzweiflung und Freude, Krankheit und üppige Gesundheit, er kam kurzum durch alle Zustände, die uns vertraut sind. Jeder seelische Zustand ist also ein Tor in die Andere Welt, sofern der seelische Zustand zum Extrem geführt wird! Die Tore liegen in uns, die äußeren Plätze und Zeiten sind zweitrangig. Das stärkste und häufigste sich öffnende Tor jedoch ist die Nähe zum Tod. Das ist nicht anders zu erwarten, denn das Todesland ist die Andere Welt, nach der Schamanen und Physiker suchen. Die einfachste Methode bleibt daher von Alters her die Abtötung des Körpers, Gift schlucken, Erdrosseln, Ertrinken und Krankheit, sofern man es überlebt. Aber überleben will der Mensch trotz aller inbrünstigen Sehnsucht nach der Anderen Welt. Das ist sein Paradoxon. Er will im Körper leben, aber gleichzeitig in der Anderen Welt verkehren. Was wollen wir eigentlich? Beides erhalten nur Begnadete, die Wandler zwischen zwei Welten.

Wir stehen einer verwirrenden Situation gegenüber:

1. Zwiespalt: Der Mensch ist auf der Flucht vor Materie und dem Körpergefängnis, will jedoch bei diesem Unterfangen den Körper behalten.
2. Der Mensch sucht nach Raum- und Zeitlöchern in der äußeren Welt als Fluchttunnel in Gestalt von Kultplätzen, Kraftorten, Tempeln, Kirchen, Brunnen, Bergen, kurzum heiligen Orten. Tatsächlich wird dadurch wenig erreicht, denn jenen, denen die Flucht gelingt, gelingt es unabhängig von diesen Orten und Zeiten. Auch die geistigen Fluchttunnel wie Trance, Marter- und Konzentrationsmethoden helfen wenig. Die Erfahrungen jener, die es erreicht haben, zeigen, dass an erster Stelle aller Fluchtmittel die Todeserfahrung sowie schwere Krankheit stehen, also der drohende Verlust des Lebens, um ins gesuchte Fluchtland, ins Todesreich, die Andere Welt zu gelangen. Es ließe sich abgeschwächt auch sagen: Der schnellste Weg ins Todesreich ist der Tod, was tautologisch, aber wahr ist; alle anderen Methoden sind zweitrangig und wenig

erfolgversprechend. Hier kommt der erste Zwiespalt zum Tragen, der Mensch will sterben und gleichzeitig leben. Hin- und hergerissen tritt er auf der Stelle.

Welche Möglichkeit, wenn es überhaupt eine gibt, besteht nun eigentlich, die Andere Welt ebenso stark wie den Körper zu erfahren? Es wäre doch das beste, ließen wir uns von jenen berichten, die die Andere Welt sehen oder besuchen können: Bürger zweier Welten zu sein, Geist zu sein, als Seele zu leben in einem Körper. Der Kompromiss im wahrsten Sinn des Wortes steht uns also zur Verfügung, genauer: *ist unser Leben.*

NATURGEHEIMNISSE ERAHNEN

„Wildnis ist stärker als der Mensch.
Sie sagt uns,
was wir tun müssen, um zu leben."

Es gibt nur eine Heilung, und die ist wie das Donnergrollen zu grollen, wie der Regen zu plätschern, wie das Land weit dazuliegen. Der Rest ist kulturelle Überformung. Ich bin ein Bär, der Bär ist die ganze Natur. Werdet Bären, rufe ich, oder seid Kulturkrücken. Menschsein besteht im Rückfall in die Natur, nicht im Vorfall ins kulturelle Nichts. Es ist der Irrglauben unserer Zeit, der Mensch könne sich aus der Natur als dem Anderen befreien. Es ist umgekehrt. Der Mensch befreit sich, indem er sich in der Natur wie ein Schilfhalm im Winde wiegt.

Die Erkenntnis der Naturgesetze setzt ihre Erfahrung voraus. Allein diese Reihenfolge erschafft echte Lebensphilosophie, praktische Weltschau, nicht verstaubte Bücherphilosophie. Echte Philosophie ist immer handfest greifbare Wirklichkeitsbeschreibung. Aber dazu muss man gelernt haben zu sehen, angstlos ohne Pläne zu sehen. Man muss angstlos in der Natur leben können. Ich spreche nicht von Überlebenstraining, sondern liebevollem, achtsamem Mitschwingen mit dem, was ist, auch dem, was in unserer eigenen Natur ist. Doch die eigene Natur wird am ehesten offenbar, wird sie sich der äußeren Natur bewusst als lebendiges Wesen. Das ist das Geheimnis. Mit dem Verlust der äußeren Natur geht immer ein Verlust der eigenen Natur einher. Die Hoffnung, Technik und Wissenschaft könnten die Natur ersetzen, ist ein Abstürzen, weil es ja nur Natur gibt, und der Wissenschaftler stets hinter der Natur hinterherhinkt - einbeinig, lahm, stotternd. Man mag Naturgesetze ergründen, aber stets nur teilweise, und diese teilweise nutzen, ganz nutzen kann ich sie nur *ohne* Technik und Wissenschaft, indem ich sie lebe. Das ist das Geheimnis.

Naturgesetze sind nicht eine mechanische und willkürliche Aneinanderreihung von Bewegungen, sie setzen sich zwar zusammen, gipfeln aber in einem universalen Plan, dem sie nur Zulieferer sind. Dieser Plan bleibt uns unbekannt, kann nicht sprachlich ausgedrückt werden, wohl auch nicht erfühlt werden. Allein Annäherung daran ist eine Möglichkeit. Der Mensch ist selbst Natur, kein Teil der Natur, das ist eine Missformulierung, ich bin die ganze Natur im Kleinformat. In mir selbst führt also ein Tunnel zum Universalgeheimnis. Andererseits bin ich nicht als eine Ganzheit zu beschreiben, die stelle ich erst im Naturverbund her. Ich bin also Teil *und* Ganzes. Über mich allein kann ich die Ganzheit erfahren, und über die Natureinheit kann ich die Einheit erfahren. Aber beides ist eins, und die Naturtherapie geht genau diesen Weg, ich komme zu mir selbst, indem ich Natur werde - das ist das scheinbare Paradoxon. Selbstschau und Naturschau vereinigen sich an einem Punkt - sicherlich nicht am Anfang der Bemühung - aber später dämmert diese eigenartige Einheit als Naturmystik in uns herauf.

Ergebnis der Naturtherapie ist:

Keine Analyse der Psyche, sondern in die Natur gehen, Natur werden, die von selbst die „Probleme" auflöst und uns lehrt - durch tiefe, raue Schule. Ich werde dann Naturfluss selbst, reflektiere ihn nicht, weil ich dann bereits rausgefallen wäre aus der Gemeinsamkeit. Keine Angst vor dem Tod, große Ruhe, keine Zeit mehr.

Und das sind all die Faktoren, die ein Mensch besitzen will, das sind die Faktoren, die wir insgeheim anstreben, das sind die Faktoren des Glücks. Glück aber besteht auch darin, unterzugehen, zu sterben.

Nun ist die Frage, ob der Mensch durch seine selbst auferlegten Handlungen nicht aus der Natur herausgefallen ist oder ob das gar nicht anders geht. Dann wäre all mein naturentfremdetes Tun selbst Naturprozess. Das ist eine schwierige Frage. Damit wäre unser Kulturprozess selbst ein Naturprozess und gar nichts anderes möglich.

Baumverwandlung. Pahutikawa, Neuseeland. Langes Sitzen vor Bäumen lässt uns Bäume werden.

Ich habe also das Ziel benannt: Das Ziel der Natur ist gleichbedeutend mit der angeborenen Sehnsucht jedes Menschen - Natur zu werden, sprich alle Natur als Ich zu erfahren. Naturpsychologie ist damit die eigentliche Psychologie.

Wie aber sieht die *Naturpraxis* aus? Wie komme ich der Natur, meiner Natur, näher? Das sind die vorbereitenden Übungen. Da sind die eigentliche Naturbeobachtung und die Naturschau. Dazu bedarf es zunächst der Reinigung von Kultur. Aber es geht nicht primitiv um ein Wegwerfen von Kultur, es geht um tiefe Kulturerkenntnis durch tiefes Eindringen in die Naturgesetze.

Die große Erfahrung ist die der Natureinheit, dass sie *ein* Wesen ist und ich dazugehöre, sie bin.

In der Praxis heißt das: Alleinsein in der Natur. Daraus ergibt sich nach einiger Zeit von selbst: „Das Naturgeheimnis erahnen!" Daraus folgt weiter „Entleerung vom Kultur-Ich, ichlos sein". Daraus ergibt sich: „Leben im Naturrhythmus, Entdeckung von Naturgesetzen, selbst Natur werden."

SEINSÖFFNUNG: FLUCHT AUS DEM SCHNECKENHAUS DER REGELN

Der Mensch ist ein in willkürlichen Regeln und Absichten festgefahrenes Gebilde. Die Vielfalt der Engstirnigkeiten ist immer wieder überraschend. Überraschend aber auch ist, wie offen das Dasein gegenüber solchen Einengungen ist. Alles ist möglich! Eingerichtet in seinem Schneckenhaus aus sozialen Übereinkünften, geschichtlichen Spurrillen, persönlichen Überempfindlichkeiten, lebt er eingestrickt in einen ganz persönlichen Seidenraupenkokon, unterstützt durch genetische Pläne, astrologische Bestimmungen und einen seelischen Entwicklungsgang. In diesen Stickrahmen eingespannt gibt es wenig Möglichkeiten, die Wirklichkeit noch anders als eine Projektion seiner selbst wahrzunehmen. Kurzum: wir sind Blinde, Lahme, Taube. Wir leben in einer Wirklichkeit aus persönlichen Fäden zusammengewoben. Was aber ist Wirklichkeit? Gibt es so viele Wirklichkeiten wie Wesen? Ist das der Göttin buntes Kleid, vieles zu sein, erlaubt sie jedem, etwas anderes in ihr zu sehen?

Wie nun lässt sich das persönliche Sein erweitern? Das ist in der Tat möglich, und das ist die Sehnsucht jedes Wesens: *mehr* zu sein. Jedes Wesen will die ganze Göttin sein. Mit mehr ist eigentlich das Unergründliche gemeint, ich will die Natur in ihrem Geheimnis tief erfahren. Ich will nicht ewig dumpf hinausschauen aus mir und nur den einen grünen Baum wahrnehmen. Ich will mit diesem Baum sprechen, er sein. Der erste Schritt in diese Richtung ist, dies erst einmal zu erkennen, dass man das will. Das setzt tiefes Selbststudium voraus. Der Mensch im Allgemeinen, weiß nicht, was er will. Fragt man ihn, antwortet er schnell, vordergründig, ohne sich in der Tiefe wirklich selbst befragt zu haben. Wir geben einfach Standardsätze, wie im Fernsehen, von uns und wissen selbst nicht, was wir sagen. Es gehört zur Lebensweisheit, erst tief zu denken, dann noch tiefer, wenn überhaupt noch, zu sprechen. Die heutige Kultur hat das Verhältnis umgedreht, was auch für die Urmutter fruchtbar zu sein scheint, die spiegelglatte Oberfläche des Scheins und Trugs zu leben.

Die Urmutter ist der Tod

Wie nun lässt sich unser Sein vertiefen, erweitern? Leben heißt schlechthin Seinserweiterung oder Seinsverengung. Lebensschicksale spielen sich auf dieser Maßeinteilung ab. Schicksalsschläge, Erkenntnisse und Erfahrungen, die uns im Leben treffen mögen, erweitern oder verengen, um ein bisschen weiser oder verknöcherter am Lebensende zu sein …bildet dann den Höhe- oder Tiefpunkt. Aber was sind das schon für Höhenflüge und für Unterweltsfahrten, gemessen am Ganzen, an der Bandbreite an Möglichkeiten. Wir durchleben als Einzelwesen einen hauchdünnen Seidenfaden an Möglichkeiten, und der daraus gesponnene Kokon bleibt doch nur ein Schweißtropfen auf der Brust der Göttin. Das ganze Sein bleibt uns verschlossen, daher gibt es in den Wesen die Sehnsucht nach mehr und tiefer. Naturtherapie sagt, das gehe nur durch die Verehrung der Vielfältigkeit in Gestalt der Bäume, Blumen und Bananen und natürlich von Regen und Sonnenstrahlen und Erdkrumen und Luftwallungen. Es geht nur mit dem Impuls, alles sein zu wollen, was aber unmöglich ist, und daher bleibt davon nur die Hingabe übrig. Denn wer nicht alles haben kann, gibt sich dem Alles hin, opfert sich, das ist unser natürlichster Impuls. Die Urmutter ist nur ansprechbar, geben wir uns ihr hin. Das ist ein Gefühl allein, zu klein zu sein, nur in der Hingabe an die schaumgeborene Göttin ist Lebensglück und Lebensliebe zu erlangen. Aber bei tiefster Ausrichtung dieses Gefühls geht es nicht mehr um Glück im Leben, sondern darum, selbst Urmutter zu sein, was wiederum heißt, alles zu sein. Die Urmutter ist eben kein Wesen, was sich leicht umgarnen lässt, wer sie sein will, stirbt als Ich. Die Wurzel der Naturtherapie, genauer der Naturverehrung ist daher der Tod des kleinen Ichs. Vergiss das nicht, wenn du deine angestammten Wohnsitze und Übereinkünfte verlässt und in die Berge ziehst. Ja, das ist das Überraschende, die Urmutter lässt sich lieben, aber dazu musst du sterben. Schwerenöter haben hier keine Chance.

> **Erdmutterübung**: Sitze bei Vollmond, nimm seine reinigende Kraft, ruf ihn laut an, hab keine Angst - nur feinfühlige Waldwesen hören dich - und frag das gelbe Gesicht, warum du deins so eingeengt und dich in Kästchen und Schubladen eingezwängt hast. Ruf ihn an mit Macht, zartes Frauengesäusel ist hier nicht gefragt, schrei, tobe, reiß dir das Fleisch aus dem Körper, geh mal aufs Ganze. Zeig, wer du bist. Seinsenge und Seinsweite. Jedes Herz will Weite. Geh mit deinem Herzen. Wo und wie kann ich mich mutig erweitern? Die Natur des Windes, die Natur des Himmels. Ich bin Sturm, bin blauer Himmel.

Seinsöffnung ist Naturverehrung

Naturtherapie heißt *Naturverehrung*, nicht beabsichtigt oder gewollt- erkünstelt, sie muss über einen kommen wie ein Gewitter nach langer Einsamkeit in Waldfluren und auf Höhenrücken, an Sumpfgestaden und Meerbusen. Verehrung setzt also erst nach einiger Zeit ein, wenn unser Ich vom Schlag der Meerwellen zerrieben worden ist. Dann aber ist es auch keine Verehrung mehr, sondern der Zustand des Seins selbst. Sein heißt dauernde Verehrung. Wer im Sein ist, verehrt dauernd. Dabei kommt es zu Verwandlungen in den Haselnussstrauch und die

*Ich habe einmal 13 Tage an dieser Lavaspalte gelebt und täglich über sie meditiert.
Sie hat sich geöffnet am 13. Tag und ihr Geheimnis preisgegeben.*

Haferschlehe, in ein Johannisbeerblatt und eine Magnolienblüte. Aber das ist nur ein Anfang. Mit diesem Sprung ins Andere öffnet sich wie ein Vorhang die Welt, und wir werfen einen Blick in eine umfassendere, verquicktere Dimension. In Wirklichkeit öffnet sich kein Vorhang, lediglich der unserer spießigen, engstirnigen Sicht auf die Dinge. Wir befreien uns einfach, mehr Luft weht durch unser Ich; diese neu gewonnene Großmaschigkeit lässt uns die Welt als eine zusammenhängende wahrnehmen. Es ist dennoch, als sei es plötzlich eine andere Welt, in der der Krebs auf dem Uferfelsen mit dem wellenumspülten Stein wie ein Paar umschlungen lebt, der Horizont sich mit dem Meer vermählt und sie Wolken als ihre Kinder zeugen. Es ziehen sich unsichtbare Bänder der Verbindung von Wesen zu Wesen; wir verwandeln uns durch langes Sitzen am Meergestade in die Schaumblasen im Wellenkamm, ausgeliefert der Seinswoge ohne Ende, die immer aufs Neue aus der Dünung sich erhebt. Heilung, Heilsein besteht im Sein im Ganzen. Alle Krankheit ist damit erkannt als Versteifung auf Einzelheiten, die sich als Störung in einem Organ kundtut. Naturtherapie in der Natureinsamkeit - einsam sein ohne Kultur - führt zur Naturanbetung ohne steifes Gebet, was zur Verwandlung ins Andere weitergeführt wird. Das Naturdrama zieht uns in sich hinein, ob wir wollen oder nicht, den Geöffneten schneller als den geistig Trägen, aber auch den irgendwann. Natur - das ist ihr instinktiver Antrieb - führt uns zum Ganzen. Sonnenbeschienen liegen unter Nadelbäumen, lange Weile genießen zwischen weißen Sanddünen, Hochgenuss spüren in der Gipfelruhe. Dem Himmel nah, der Erde anheim gefallen und die Wolken als Boot nutzend, segeln wir durch den sich zu Gestalten aufwerfenden Schaum der Weltenkraft.

DIE SCHAU

Nach Pythagoras ist ein „theoretisches" Leben das Beste. Dieses sei das Leben des Betrachters. Bezüglich der Olympischen Spiele hieß das für ihn:

1. Die Schlechtesten sind jene, die verkaufen und Profit machen wollen
2. Dann kommen die Wettstreitenden, die gewinnen wollen
3. Schließlich kommen die, die nur kommen, um zu schauen - dies seien die besten.

Schwere Ereignisse oder tiefgründiges Nachsinnen, auch Augenblicke des reinen Schauens, die immer wieder mal in unserem Leben auftauchen, werfen ein Licht auf die wirkliche Wirklichkeit. Ich möchte das an einem Beispiel erläutern.

Mein Hund Cu Sith starb vor einigen Jahren, er wurde vergiftet. Ich habe ein sehr unlogisches, tiefgründiges Verhältnis zu Tieren, eine für die meisten Menschen unstatthafte Verbindung zu einer niederen Spezies, während mein Verhältnis zu Menschen aufgrund ihrer mangelnden Erkenntnis der Anderen Welt meistens gebrochen ist. Tiere besitzen keine Kultur, Technik, Gesellschaft, Institutionen, Wissenschaft. Das macht sie rein und klar, *sie sind.* Wer von uns besitzt diese Reinheit und Klarheit eines Tieres? Tierliebhaber wissen, wovon ich spreche, die anderen schmunzeln dumm. Allen Naturwesen ist dieser klare Blick eigen. Was am Menschen stört, ist das Unechte, die übergestülpte Kultur und Geschichte. Ein Mensch ist niemals er selbst, immer entartet er zum Kulturergebnis. Der zeitgenössische Mensch ist aus der Naturtiefe herausgefallen, vordergründig verkörpert er bewusst und unbewusst die menschliche Geschichte. Im Tier steht seine Seele ungeschminkt vor uns. Tiere und Pflanzen sind reine Seelenwesen, sie schauen bloß, sie sind nicht überlagert von der Geschichte ihrer Spezies. Und wo die Seele ungefiltert durchschaut durch den Körper, da bin ich angerührt über die wahre Natur dieses Wesens, doch der Moderne deutet das als Dumpfheit. *Die Seele entzückt, die Maske der Geschichte beleidigt*, aber natürlich nur den seelisch Wachen, die Masse schläft ohnehin, dünkt sich wach, je dumpfer sie schnarcht. Es ist eine Tragödie, wie sehr der Neuzeitmensch sein wahres Wesen aus den Augen verloren hat und wie sehr er dadurch die anderen Naturwesen knechtet und erniedrigt. Wir leben in einer unfassbar erstickenden Zeit, und in den Städten erreicht die Tragödie Ausmaße, die sprachlos machen. Die Große Mutter wandelt jetzt auf dem schwärzesten Weg und geht ihrem tiefsten Wahn entgegen - auch Urmütter lieben Neurosen.

Der Grad der Dummheit

Es ist wahrhaft unheimlich, wie wenig man sprechen sollte zum Dummen. Die Gefahr, dass er alles missversteht, ist immer gegeben, und zwar umso mehr, je bedeutsamer das Gespräch. Daher merkt Heraklit (B 87) an: „Dem Blöden fährt bei jedem sinnvollen Wort der Schrecken in die Glieder."

„Dumm" leitet sich ab von dumpf. Ein Dummer ist ursprünglich ein psychisch Dumpfer. Wer dumpf ist, bekommt das Sein in all seinen feinen Facetten nicht mit. Es ließe sich eine Hierarchie, eine heilige Ordnung (hieros, arche) schaffen, die allein aufbaut auf dem Grad an Dumpfheit. Niedrigstes Leben wäre fast vollkommen dumpf gegenüber der Vielfalt und dem Leben. Höchstes Leben wäre äußerst wach gegenüber sich selbst. Wo steht auf dieser Leiter der derzeitige Mensch? -

Die Welt mit Kinderaugen sehen

Naturerfahrung heißt, die Natur mit Kinderaugen sehen, wie zum ersten Mal und ohne Worte, ohne Kenntnisse. Naturschau versetzt einen in den Stand des Nichtwissens, woraus dann echtes, nicht-soziales Wissen geboren wird. Das Abstreifen des Wissens ist jedoch nicht einfach: Einsamkeit am Berggipfel, langes Sitzen in der Einöde, am Steppenrand, auf dem kahlen Hang oder der tiefen Schlucht ist notwendig. Ich erwähne hier die „Technik!" der Meditation nicht, weil sie ein soziales Kunstprodukt ist. Irgendwann in der Erschöpfung, wenn das Gehirn aufgibt, wenn all meine Eitelkeiten und Willensanstrengungen, etwas zu erschauen, abgefallen sind von mir, dann enthüllt sich die wortlose Welt, die zu beschreiben uns die Worte fehlen, eben weil Worte nur bekannte Welten beschreiben. Wie also reise ich zurück in meine Kindheit? - Der Kulturballast muss abgestreift werden. - Und wie? - Durch das, was gegen die Kultur ist. - Und das ist was? - Das ist das Gegenteil von Sehen, nämlich Schauen, langes Hinschauen, das Gegenteil von Tun, also Nichtstun, das Gegenteil von Bewegung, also Nichtbewegung, das Gegenteil von dauernd denken und Fühlen - also das Nichtstun durchhalten, wodurch das innere Tun, Denken und Fühlen erlöschen. Dann treten wir ein in den Zustand der Schau.

Erdmutterübung: Wenn du meditierst, untersuche den Unterschied zwischen Meditation und Naturschau. Du wirst feststellen, dass Naturschau echte ungekünstelte Meditation ist, ohne Technik, ohne Anweisung, ohne das ganze religiöse Tingeltangel und die 5 Millionen Bücher darüber, wie man still sitzen soll. Beobachte, wie Nichtstun am Canyonrand zu einer von der Natur geführten Meditation wird. Wenn du den Erleuchtungswahn hinter dir gelassen hast, die vertrackten Übungen und weisen Lehren in dir erloschen sind, weil das Canyon deinen Blick beherrscht, erahnst du, dass Natur weiser ist als Meditationskultur.

VERZAUBERUNG, NATURLUST

Wir sind verzaubert, die Welt ist ein Zauber. Das ist der magische Augenblick, eine kleine Erleuchtung, der Funken des Geistes. Das Erlebnis der Verzauberung lässt uns erholen von kulturellen Verschattungen und eingeschliffenen Trägheitsbewegungen unseres Alltags, wir gesunden, werden neu geboren, schöpfen Mut, sind bei uns selbst angelangt.

Umkehr der Evolution
... das Unbewusste ist unser Verlust der Naturabstammung

Naturschau und Naturmagie waren einst bei den alten Völkern das Mittel zur Lebensbewältigung. Heute fristet die Natur, die Magie der Natur, ihr Zauber, ihr Geheimnis, genauer ihre höhere Wirklichkeitsabstammung ein Schattendasein und überlebt in den meisten von uns nur als blasse Ahnung und dumpfer Schmerz. Die vernichtete Natur bildet - und davon wusste Freud nichts - unser eigentliches Unbewusstes, unser menschliches Urerleben. Man versucht uns heute einzureden, wir müssten aus der Evolution und der Natur herauswachsen; ich glaube das nicht, im Gegenteil, wir müssen wieder hineinwachsen, zurückwachsen, um alle Naturwesen zu erfahren, um über ihre Augen den gesamten Umfang an Welt zu erfahren. Nicht Brillen und Ferngläser enthüllen uns die Welt, sondern die Augen der Reptilien, die Nasen der Nashörner, die Ohren der Eulen. Es ist lächerlich, anzunehmen, optische Geräte könnten ein Pfauenauge ersetzen. Aber kann ich wirklich Pfau werden? Ist es nicht einfacher, ein Fernglas im Geschäft zu kaufen - ich empfehle den Schwachen das Fernglas, starken Kreaturen Einöden und sturmumtobte Landzungen. Es ist einfach so, dass das Eremitentum auf den Hochalmen und in den Lavakegeln die durch Kultur Geschwächten abstößt, wie gesunde Haut das Nylon. Dass Naturerfahrung für die Masse der Kulturgläubigen ungeeignet ist, streite ich nicht ab. Die Naturtherapie möchte mit ihren einfachen Mitteln den Menschen zurückführen zur Restnatur, die uns noch geblieben ist, um die eigene Natur zu entdecken. Dass Natur meine Natur hervorkitzelt, das ist die große Offenbarung und das Wunder. Mutige packt es an!

Zeichenmagie als Angst vor dem Ganzen

So, wie das gehörte und geschriebene Wort, wirkt auch das Zeichen. Wir haben uns aus Angst vor den unbenannten, unauslotbaren Tiefen der Natur eine weite Bandbreite an Zeichen zugelegt, Zeichen, die Bedeutung haben und wie eine Schrift auf uns wirken. Naturvorgänge mit Zeichen zu belegen, verschafft uns Sicherheit, Gemütsruhe vor den Weltalltiefen, die keine Grenze haben. Die Vielfalt der Dinge ist in unserem Bewusstsein zu einfachen Zeichen heruntergefahren worden. Mit Zeichen meine ich nicht einfach nur Symbole, sondern auch unsere Warenkultur. All unsere Waren, Gebrauchsgegenstände sind Zeichen, wir erkennen sie sofort, wissen, was sie sind und wofür sie gut sind. Die Welt erscheint uns so sicher, handhabbar und nützlich. Tatsache ist: Wir haben ein paar nützliche Einzelheiten aus dem undefinierbaren Meer des Seins herausgefischt und sie zu unserer Erhaltung eingesetzt, aber wir haben damit keinen Zugriff aufs Ganze erworben, im Gegenteil. Warenkultur degenerierte zur Überlebenskultur, einer Art Schutzwall mit Schießscharten um uns herum. Einige auf den Aussichtstürmen aber beobachten, das Draußen sei astronomisch und mikrokosmisch und geben uns gelegentlich in verwirrenden Worten Bescheid, was uns aber nicht aufregt, denn das passiert alles jenseits der Mauer. Jenseits der Mauer liegt die Philosophie und Naturwissenschaft, die letztendliche Zauberei, ein Niemands- und Namenlosland, welches nur Furcht einjagt und das menschliche Dasein in Frage stellt, und zwar ganz, denn es gibt keine Mauern und Schießscharten. Natur ist größer. Natur legt sich nur scheinbar fest für Augen, die nur Festes sehen wollen.

Die Natur der Trockenheit
... Tafraoute, Südtunesien, Einöde, Sand, langer Horizont

Es ist vielleicht sieben Tage her, dass ich hier angekommen bin. Hier ist ein kleines Heiligtum, mitten in den Sanddünen, von drei arabischen Heiligen. Die Sahara hat davon Besitz ergriffen, bald wird auch die Kuppel des kleinen Schreins unter den gelben Wogen erstickt sein. Ein Freund und ein Schamane haben mich mit dem Eselwagen hergebracht, sie werden mich auch wieder abholen, so Allah will. Ich faste, trinke aber. Die Wand der 3 x 3 Meter großen Miniaturmoschee bietet den einzigen Schatten. Zurück zum Dorf würde ich nicht kommen. Die Orientierung ist weg, und hier beginnt das Sandmeer, man läuft schnell in die falsche Richtung. Aber es ist die sengende Sonne, die schnell tötet. Ich versuche, am Tag zu schlafen, mich nur nachts zu bewegen, um Wasser zu sparen. Halluzinationen sind hier kein Problem, das besorgt die Hitze, es flimmert ohnehin alles, und Fata Morganen erzeugt Allah ringsherum. Ich bin kein Moslem, aber ohne die drei Heiligen würde ich das heute nicht schreiben. Man wird schnell übersensibel zwischen Sandsturm, 50 Grad im Schatten und einer Trockenheit, die bereits in der Lunge beginnt. Mein Zeitsystem ist zusammengebrochen, 12 Tage waren ausgemacht, nun habe ich den Zeitfaden verloren, auch weiß ich nicht mehr, wie ich heiße, ich bin ein brennender Punkt, und nur ein paar Seidenfäden halten mich ab vom Wahnsinn, etwa blind in die Dünen zu laufen. Ich bleibe sitzen an der Schattenmauer. Die Tür zum Schrein ist versperrt; wie sehne ich mich danach, dort drinnen im Kühlen zu sitzen; so bete ich zu den Heiligen, spreche lange mit ihnen; Monologe sind die besten Zwiegespräche! Ich kann mich nicht mehr zurückholen in eine Wirklichkeit. Ohne Zeitorientierung verschwimmt alles noch mehr, der einzige Halt sind die Visionen. Sie kommen jetzt wie Scheinwerferlichter, die über die Dünen jagen. Aber ich kann noch unterscheiden, was Fata Morgana, was Erschöpfungshalluzination und was echte Vision ist. In der Vision bist du wach, klar und kraftvoll und zweifelst nie. In der Halluzination dämmerst du vor dich hin, die Fata Morgana erkennt man an ihrer Deutlichkeit. Aber dass alle drei auch auf einmal kommen können, hatte ich noch nicht erlebt. Da hilft nur eins: Die Marabus. Da erhältst du Kraft, da zweifelst du nicht an deinem Unterfangen, denn du wandelst in der Nähe des Todes. Es ist paradox, aber der Tod gibt letztendlich die Kraft, ihm in die Augen zu schauen. Die echte Visionssuche wandelt am Rande des Todes. Der Tod ist der Vater aller geistigen Erscheinungen. Ich habe keine Angst zu sterben, ich habe den Tod genügend erforscht, und doch bleibt da immer ein Kern Todesangst, ein Lebenskern besser gesagt, der dir unmissverständlich einhämmert: Ich will leben! Ich rufe die drei Heiligen an, aber bevor ich richtig kann, weil ich nicht mehr hochkomme, stehen sie schon da. Echte islamische Heilige, wie aus dem Bilderbuch. Ich bin zu erschöpft, um noch zu unterscheiden, ob es Halluzinationen oder Visionen sind, ich bin einfach ehrfürchtig, lege mein Schicksal und mein Gesicht in den Sand vor ihre Füße, sage ihnen mein Leid, entschuldige mein Hiersein. Und sie sagen mir, dass es keine Religionen gäbe, nur einzelne starke Charaktere, und sie würden über mich wachen. Der eine gibt mir zu trinken, der nächste gibt mir Kraft und der dritte zeigt mir am Horizont einen Film, einen Film über mein Leben. Ich bin zum Sterben gerührt. Wir sind nun tiefe Freunde. Da weiß man, was Freunde sind. Da hat man hier nie Freunde gehabt. Die geistige Welt verbindet einen, dass es einem das Herz ausquetscht. Es gibt kein Leben mehr, keinen Tod, nur eine eiserne geistige Verbindung. Niemand will aus solchen Freundschaften, aus solchen Bündnissen, die über die Dimensionen geschlossen werden, zurückkommen. Ich habe Freundschaften in der geistigen Welt geschlossen, da vergeht einem Ehe und Liebe, da reichen die Freundschaftswurzeln bis zum Anfang des Universums. Man kann viel schwafeln über solche Erlebnisse, mitteilen kann man sie nie. Also schweige ich lieber. Auf jeden Fall war nun die Kraft wieder da, mein Kopf klar, ich ruhte wie ein Messer in der Scheide, scharf in der Überzeugung: Allein die geistige Existenz ist wahr. Die Sonne hatte nun ihre Hitze verloren, die Halluzinationen ließen nach, ein paar Fata Morganen standen noch stumm über dem spiegelnden Sandmeer, ich wandelte als Geist über Dünen, sprach mit den Heiligen über unnennbare Dinge, die mein rationales Gedächtnis nicht erinnern konnte mangels Worten. Als ich abgeholt werde, sage ich meinen Freunden einen Gruß von den drei Heiligen, sie staunen und schweigen und begeben sich ins Gebet auch ohne Gebetsteppich. Sie schauen mich an wie den vierten Heiligen, und der Esel mit dem zweirädrigen Holzkarren zieht uns mühsam durch den Sand. Wenn man im Geist dem Geist so nahe war, sich Myriaden von Welten aufgetan haben, wie angedeutet auch immer, findet man nur schwer zurück zur Alltagsangst des modernen Kulturbürgers, man wandelt als Fremder, bewegt sich nachahmend wie sie, um nicht aufzufallen, schweigt, wenn sie sprechen, erkennt aber die kleinsten Regungen des Bundesbürgers als kosmisches Echo und möchte niederknien vor dem letzten Spaßvogel auf einer Behörde, aber das ginge zu weit für die Schreibtischhengste, es bleibt bei Mitgefühl und Freundlichkeit, denn wie sehr man nach solchen Erfahrungen auch zum spirituellen Übermaß neigt, man muss einen kühlen Kopf bewahren und sich herunterfahren aufs normale mitmenschliche Niveau, und dazu diente mir der Oasenaufenthalt.

Die Auflösung des großen Zwiespalts

Der Naturmensch erkennt, ich kann niemals zum wirklich Wissenden werden, es gibt kein starres, sicheres Wissen, so wie es uns die Wissenschaft vorgaukelt. Die erfundene Welt der Naturgesetze ist nichts anderes, als unsere existentielle Angstneurose vor den Tiefen des Alls und der Seele. Ich weiß, der Wandel kann mich jederzeit umwerfen, wenn ich nicht selbst im Fluss bleibe, selbst dauernd mich wundere, sonst holt mich das Wunder der Welt durch nicht vorhersehbare Krümmungen ein. Ich treibe wie ein Blatt auf dem Fluss, darin besteht meine schlichte Weisheit. Ich werde zum Philosophen der Flussbiegungen und Wasserfälle, der Flussniederungen und des Meerströmungen. Die Macht der Natur ist, dass sie nicht weiß, wohin sie steuert, weil es nicht nur einen, sondern viele Wege gibt. Eigentlich geht es um Nicht-Bindung an sich selbst. Das dauernde Eingemeinden von anderen, von Theorien und Wissen gründet auf Ich-Sucht und Ich-Angst, schafft nur neue Hindernisse und Feindschaften. Naturgefühl haben, heißt einfach die Bindungen abbrechen durch wandelnde Bindungen an den Strom des Natürlichen. Alle Erdmutter-Übungen zielen darauf ab, und dies ist der geheime Schlüssel.

Naturtherapie kennt keine Regeln und Methoden. Wenn unsere Einfühlung in die Natur als Mittel zum Zweck benutzt wird, als mechanische, erkünstelte Hilfe, verfangen wir uns darin, bleiben hängen, brechen schließlich unser Eremitentum ab und gehen wieder zu unserem alten Psychoanalytiker, unserem nächsten Workshop und dem Tingeltangel der neusten Heilkünstler und Methodengurus - flüchten also in die Kultur. Hat man sich aber in die Waldwiese hineinleiten und von ihr durchringen lassen, ist sie selbst geworden, bedarf es keiner Naturtherapie mehr, weil es die Natur nicht mehr gibt, geschweige denn eine Therapie, das lachen wir weg in der Morgensonne und schreiten als Riesen über Täler. Ich bin schlichtweg unspirituell geworden, wandere nicht mehr auf esoterischen Wolken, bedarf der ausgeklügelten philosophischen Transzendenz nicht mehr und muss sie auch keineswegs bekämpfen, denn meine Wahrnehmung kann ich nicht in Worte fassen, bin wortloser Felsschrein geworden. Dass ich dann nicht mehr auffalle unter Menschen, ihnen nichts mehr zu bieten habe außer einem Sitz auf dem Bergthron, beschäftigt mich dann auch nicht mehr. Natur wird für mich sorgen. Das ist ein großes Geheimnis, dass Natur auch für Menschen sorgt, indem sie ihnen den Lebensrhythmus schenkt, aber darüber spricht man nicht.

Naturtherapie ist ein pfadloser Weg, das ist ihr innerstes Gesetz, denn der enge Pfad schließt aus, was der Vielfalt der Natur nicht gerecht würde. Es ist nicht dieses oder jenes Gesetz zu befolgen, Gesetze lasse ich durch mich hindurchströmen. Die Naturerfahrung planmäßig zu behandeln als Lehrgang ist ihr ganz entgegengesetzt. Daher das Unsystematische dieses Buches. Naturschau lässt sich nicht erzeugen. Der Naturtherapeut ermöglicht lediglich das Eindringen in die Natur. Man kann den Anfänger in die Natur führen, öffnen muss er sich selbst durch Hingabe an den Wind, Demut vor der Felswand und Alleinsein im Sandsturm; Verletzlichkeit und Schwäche wird er preisgeben beim breiten Daliegen unterm Himmelsblau, beim weitfüßigen Durchstreifen der Savanne. Wenn er nach tausend Meilen durch das Tor hinter die Natur der Natur tritt, wird er zum Eingeweihten, aber nur, um festzustellen, dass er Mensch unter Menschen geworden ist, nur erkennbar von Gleichen. Die Einheitserfahrung mit der Natur mag nur ein kurzes Aufflackern sein oder zur Flamme auflodern oder sich gar in Umwälzung äußern; diese Ich-Ausweitung wirkt im Leben weiter, Natur wird meine Göttin sein, in dieser Erfahrung wandle ich als Gelöster und Befreiter.

Erdmutterübung: Liege gelassen am Weiher oder steige in Bergen über Wolkenwände. Ich spüre, dass gute und schlechte Erfahrungen das gleiche bewirken wollen: Erkenntnis. Ich lerne auch, das Schlechte als das Gute zu ertragen, als „Übung des schnellen Wegs". Das Schlechte im Leben kann bewirken, dass wir schneller lernen, sofern wir es als Gutes annehmen. Auch schlechte Taten sind gut, sofern wir sie erkennen als wahrhaft schlecht und sie nicht wiederholen wollen. Sich dem Schlechten liebend zu nähren, um es einzugemeinden und seine spirituelle Kraft aufzunehmen, gehört zu den höchsten und stärksten Übungen der Erdmutter.

Erdmutterübung: Ruhe im hohlen Stein, sitze im Baumwipfel. Mit der Abwendung von der falschen Gegensatzwelt gewinne ich Kraft und erhalte mir meinen Frohsinn angesichts des Auf und Abs um mich herum. Ich lasse die materialistischen Hirngespinste wie die spirituellen Irrungen in Gestalt der Vielzahl der Ich-Aufblähungen an mir abperlen wie Wassertropfen. Ich ruhe in meiner Erfahrung der Natureinheit, die ich in der Schau erhalten habe, und die sich aus der Naturganzheit entfernte Gegensatzwelt lasse ich lächelnd links liegen.

Osterinsel. Setze mich drei Tage lang vor die geheimnisvollen Statuen und schaue in ihre Gesichter. Wenn man gelernt hat, zu schauen, offenbart sich alles.

Reinigung von versprengten Seelenfunken

Schauen wir unser Bewusstsein an, so ist es durchlöchert mit hundert kleinlichen Alltagserinnerungen an Personen, Bindungen, Dinge, schlechte Erlebnisse. Unsere Kraft ist dadurch zersetzt und somit geschwächt. Die Verschattungen durch die Umwelt können größer oder kleiner sein, sie lassen uns in keinem Fall zu uns selbst kommen. Diese Verschattungen sind chaotisch, ungezielt und bewirken einen ebensolchen Bewusstseinszustand. Man könnte auch sagen, es handelt sich tatsächlich um unsere seelischen Zustände, die aber, losgesprengt sind von einem ganzheitlichen Erleben, nun nach Rückbindung an die Seele suchen, denn sonst gehen sie unter. Von diesen versprengten Seelenfunken muss man sich lösen oder sie zurückführen in sich selbst.

Reinigung durch die Elemente

In der Naturtherapie gilt es, sich von diesen Verschattungen zu reinigen und zu befreien. Dabei helfen alle Elemente: Wasser, Feuer, Luft (Rauch), Erde. Die Elemente helfen, weil sie von plasmatischer Natur sind, setzen wir uns ihnen aus, reinigt ihre plasmatische Reinheit unser verunreinigtes Psychoplasma, bringt es gewissermaßen wieder in seinen Normalzustand zurück. Ich betone: Das Plasma des Wassers oder der Erde reinigt mein als Seele gebundenes Wasser- oder Erdplasma. Deshalb ist es für mich gut, die Natur aufzusuchen, weil ihre Elemente meine Elemente von schlechten Gedanken und Gefühlen säubern. Das heißt nichts anderes, als dass ein Aufenthalt in der Natur immer reinigend wirkt, weil wir hier das Plasma der Elemente der Naturerscheinungen durchwandern, als wenn wir unter einer reinigenden Dusche stehen. Daher die Sehnsucht des Menschen nach der Natur, das ist eine Sehnsucht nach elementarer Reinheit. Der Mensch flieht der Verschattung der sozialen Städte, weil er zu sich selbst kommen will. Zur vollkommenen Reinigung gehört jedoch das Ritual der Natureinsamkeit und Naturanbetung sowie die Erfahrung des magischen Augenblicks.

> **Erdmutterübung:** Reinige dich in der Natur. Wer jeden Tag in die Landschaft ausschwärmt, sich bewusst hinstellt in die Abendsonne und laut sagt, was von ihm abfallen soll an Tagesgeschehnissen, Tagesbelastungen, und sich gleichzeitig öffnet für die Grundgesetze des Lebens, für das Wunder des Daseins, der geht freier durchs Leben. Reinigung besteht also aus Loslassen und abwerfen und dann Ausrichtung des Bewusstseins aufs Naturwunder. Verwurzelt im Großen Seinsstrom kehre dann zurück ins Appartement und Büro. Wer sich so tief in der Metaphysik der Erdmutter verankert, den kann das soziale Gestrüpp nicht aufhalten.

Rituale führen zum Erwachen für die wirkliche Situation

Man kann auf alle Rituale verzichten. Ein vollkommenes Leben kann das Ritual ersetzen. Das Ritual ist nur ein Hilfsmittel, sofern das eigene Leben aus sich selbst heraus nicht stark genug ist. Die tiefen Augenblicke, die das Ritual in uns wachruft, verbinden uns mit der Situation, dem Augenblick, führen uns weg aus der Unruhe des Alltags. Im Ritual muss ich ehrlich sein, weil die Situation einfach eine ehrliche ist; dadurch komme ich zur Selbstbesinnung, „Wer bin ich überhaupt, wo stehe ich, was ist im Augenblick richtig?" Durch das Ritual wird Zielgerichtetheit erlangt, Wachheit für die wirkliche Situation und vor allem Abstand zu den Ereignissen, gewissermaßen ein zeitloser, ichloser Zustand, von dem aus ich wie vom Felsgipfel die Bergketten, die Gefühls- und Ereignisketten gelassener und richtiger überschauen kann. Jedes Ritual beginnt durch einen Auftakt und endet durch einen Abgesang, so bildet sich ein Kreis, ein fester Rahmen. Damit steht das Ritual außerhalb des Alltags und der Gewohnheiten und verkörpert gewissermaßen einen Scheinwerferkegel in die wahre Welt.

> **Erdmutterübung:** Führe ein rituelles Leben! Der Ritus gibt Struktur und Halt. Tägliche Erdmutterübungen helfen die Gefechte des sozialen Alltags einzudämmen. Und wenn es nur fünf Minuten sind, gehe zum Baum, betrachte die kleine Blüte, verankere dich kurz in der wahren Welt, damit die soziale Unruhe, die Egoreise nicht entartet und dich schluckt.

Seelendusche: Abstreifen des sozialen Plasmas am Waldsee

Durch eine Naturzeremonie erwache ich für den Seinsfluss, aber ohne mich von ihm mitreißen zu lassen, ich throne über dem Sein, erkenne und spüre so, was richtig und falsch ist. Der Seinszustand oder der Naturzustand ist eine Form paranormaler Wahrnehmung, eine Magie ohne Magie, denn Natur in sich selbst ist die einzige Magie. Der Seinszustand - etwas der modernen Psychologie gänzlich Unbekanntes - stärkt meine Seele, ich werde Seele. Moderne psychologische Methoden suchen das Ich, den Charakter, das soziale Individuum. Naturpsychologie lässt meine umfassende Seele, mein Nicht-Ich, meine Natureinbettung, meine kosmische Humanität, die mich mit allen Wesen verbindet, aufsteigen. Das drückt sich als Seinsöffnung und Seinserfahrung aus. Wir werden dabei zu dem, was wir wahrhaft sind, streifen Bindungen und Anhaftungen fremden Plasmas ab, das im sozialen Alltag auf uns übergreift. Während des Tages werden wir, wie jeder merkt, von tausend kleinen Unruhen und Energien anderer Menschen verunreinigt, die nun an uns kleben und unser eigenes Wesen überlagern. Nun wehrt sich unsere Seele, und das äußert sich in Gereiztheit, Unruhe, Nervosität. Keine Seele will im Gefängnis anderer Meinungen sitzen. Sie will frei sein, in sich selbst schwingen und damit immer richtig; uns unterlaufen dann keine Fehler mehr, wir handeln angemessen und ruhig. Seelenreinigung in Gestalt der Naturanbetung und eines Naturaufenthalts an Felswänden, Wasserflächen, Mooren und Wiesen, gehört daher, wie die Dusche, zum täglichen Leben.

Trübe Geister

Menschen sind unterschiedlich - auch in ihrer Aufnahmefähigkeit für das Allumfassende. Es gibt Menschen, die von Natur aus eine Ahnung haben, was mit universeller Einheit gemeint ist, andere können selbst durch ausgefallenste Übungen nicht zu diesem Gefühl vorstoßen. Wir müssen uns damit abfinden, es kommen Menschen mit verschiedenen Ausgangspositionen auf diese Welt. Nicht jeder kann alles erreichen. Es zählt also nur die Erkenntnis jedes Einzelnen, es lässt sich nichts über einen Leisten ziehen. Zu trübe Geister spüren die Durchsichtigkeit des Daseins nicht. Bestenfalls können sie das philosophisch-allgemein verstehen, nicht aber tatsächlich sehen oder spüren. Geistige Dumpfheit heißt, von Natur aus den Zusammenhang, den alle Lebenserscheinungen zu einer Einheit zusammenführen, nicht zu erahnen, wie vage auch immer. Damit einher geht ein Mangel an seelischer Tiefe und psychologischem Verständnis, dennoch kämpfen auch diese Menschen darum, einen Durchbruch zu erreichen, eben auf ihre bescheidene Weise - denn kein Wesen kann sich dem magnetischen Sog der Allweisheit entziehen. Es gibt also eine Stufenfolge des Erwachtseins für den Naturzusammenhang, jeder steht auf einer dieser Stufen und kann bestenfalls in einem Leben eine Stufe höher rücken. Die Sucht der Unreifen, in einem Leben alle Stufen zu überspringen, entspricht dem Grad der Unwissenheit dieser Stufe. Man wird geboren, immer wieder, um eine Stufe zu meistern, und diese ist für den Betroffenen stets ein ganzes Bergmassiv.

Augenblicke der Wahrheit

Im Allgemeinen leben wir bewusstlos hinsichtlich unseres eigenen Mittelpunktes. Wir werden getrieben von den kleinen Notwendigkeiten des Alltags und wissen selbst nicht, warum wir was machen. Wir sind Automaten. Kultur ist eine Apparatehumanität. In der Natur taucht unser wahres inneres Wesen wieder auf, und das ist verbunden mit dem *zauberischen Augenblick*, den jeder gelegentlich erfährt; da schauen wir durch die Welt wie durchs Mikroskop, sehen klar. Dabei fällt aber eigenartigerweise das Gespür für Raum weg, wir stehen raumlos da. Auch das Gefühl für Zeit verblasst, enthoben der Zeit schauen wir über die Welt. Auch das, was gestern war oder heute, verwischt sich, alles zieht sich auf einen Gegenwartspunkt zusammen, wir erspüren die Künstlichkeit der Zeit. Des Weiteren erscheint das Leben voller Kraftlinien, wir fühlen uns nicht verängstigt oder verloren, denn diese Linien leiten uns. Schließlich offenbart sich der *Moment der Wahrheit*, er steht einfach da, ohne dass wir überlegt haben. Und wir wissen unmissverständlich: Das Dasein ist eine Ganzheit, geschwängert mit Kraftlinien, den Gesetzen von Schicksal und Leben. Je mehr zauberische Augenblicke ich erfahren habe, desto mehr ruhe ich wie der Fels in der Brandung, überschaue den Horizont. Der Augenblick der Wahrheit ist gewissermaßen das Skalpell der Naturtherapie.

> **Erdmutterübung**: Sitze unterm tausendjährigen Baum. Opfere ihm etwas, sprich mit ihm mental. Man sucht sich Naturheiligtümer aus, um über seine Natur nachzudenken, nachzufühlen. Hattest du einen Augenblick der Wahrheit? Jeder hatte solche Augenblicke, auch wenn er sie nicht sogleich erinnert. Analysiere ihn rational. Du stellst fest, es gibt zwei Welten. Die reale des magischen Augenblicks, die irreale des zugeschwollenen Bewusstseins.

Das Böse ist das Gute in anderem Gewand

Das Böse existiert in tausend Kleinigkeiten. Aber es ist nicht wahrhaft böse, es ist dies, und das ist das Geheimnis, damit man auf es aufmerksam werde, so wie ein Kranker nach Hilfe schreit, damit man ihm helfe, sich von sich selbst zu befreien. Das Böse hat seine Aufgabe, ohne es gäbe es gar keine Entwicklung. Das Böse ist so gut wie das Gute und das Gute so schlecht wie das Schlechte. Ein Unfall ist nicht einfach schlecht, sondern schlecht, damit wir uns anders besinnen, oder es ist einfach eine Rache für von mir einst verübtes Böses. Denn jeder will, wie unbewusst auch immer, dass die eigene böse Tat ausgeglichen werde, und so hofft unser wahres Wesen auf Ausgleich. Das Böse in der Natur zu erkennen als das Gute, gelingt nur dem, der sich zutiefst in die Natur fallen lässt, denn hier löst sich das Gegensatzdenken des Kulturmenschen auf, der nur mit seinem kleinen Kultur-Ich misst, was gut und schlecht ist.

> **Erdmutterübung**: Sitze lange, einen Tag, eine Nacht in einem der letzten Urwälder Europas, wo Natur noch ohne Menschenreglung wächst. Schaue das Böse an in der Natur, den Kampf ums Überleben, den Tod, die Feindschaften. Das wiederholt sich beim Menschen. Schaue jetzt das Böse an als ein Aspekt des Guten, als Gesetz der Urmutter, als den Kreislauf des Lebens. Verliere die Angst vor dem Tod!

Der alltägliche Hauch des Überirdischen

Den überirdischen Hauch im Alltag zu spüren, ist eine Kunst, man erlangt diese wie ein Künstler sein Handwerk: man muss üben. Der überirdische Hauch ist immer da, wird er einmal erspürt, und wissen wir, worum es geht, tritt er öfters hervor, verwandelt das Leben, er gibt mir Befriedigung, Tiefe, Weisheit, Kraft, weit über das hinaus was Psychotherapie leisten kann. Dieser Augenblick enthüllt uns eine Verbindung und Bedeutung von allem, was geschieht. Nichts ist zufällig oder langweilig, alles hat seinen Platz und ist gut. So können wir besser und fester in den Lebensgeschehnissen stehen, wir haben eine Plattform, die nicht wackelt, und wir können gelassen selbst die unpassendsten Dinge ertragen. Das ist die tiefste Psychotherapie ohne Psychotherapie, es ist die Erfahrung der magischen Belebtheit, der mystischen Verbindung, der Heiligkeit jeden Augenblicks. Das ist eine Erfahrung, keine Theorie! Das Dasein wird keusch, unberührt und als einmalig erlebt. Das Abgedroschene des Alltags, die Naturferne, lässt uns im Allgemeinen unwandelbar werden, wir versteifen und leiden und lassen andere an uns leiden. Die Frische der Natur entsteht dagegen in Gestalt ihres Wandels. Wir erlangen mit dem Tiefblick in die magische Natur eine transzendente Seinsschicht. Aufnahmefähig für die magischen Augenblicke, für das Geheimnisvolle des Daseins befinden wir uns im Naturzustand, im Seinszustand. Plötzlich wird der Blick, das Lebensgefühl, frisch und frei, wir entscheiden gelassen und richtig. Der Augenblick ist jetzt nicht überschattet von unseren Bindungen und Ängsten, sondern so, wie er wirklich ist - wir leben wirklichkeitsnah. Der magische Augenblick ist frei von menschlichen Dogmen und Bezügen, er ist zeitlos, er ruht in sich selbst, frei von allem, das So-Sein tritt hervor.

Naturerfahrung ist Meditation *ohne* Meditation. Die Natur erzwingt einen Umgang mit ihr, der in sich selbst ein Ritual darstellt, eine Art Yoga der Natur. Geistige Übungen spielen sich im Allgemeinen in den sogenannten Hochkulturen in einem menschengemachten Rahmen ab: Tempel, Gebetshäuser, Altäre, Kirchen, Gottesdienste. Viel einfacher aber ist die Natur, sie besitzt den Vorteil, das Leben selbst zu sein. Im Grunde ist es irrwitzig, in einem Tempel zu beten und dann wieder raus in die Natur zu gehen. Man lehnt damit die Wirklichkeit, die Natur ab und hofft auf die künstliche Natur des Tempels, im Grunde ist das aber nur eine Ausflucht vor wirklicher Erkenntnis. Das gleiche betrifft Religion insgesamt. Man wendet sich einer künstlichen Religion zu statt die offenbarte Religion, die man dauernd vor Augen hat, anzunehmen. Naturerscheinungen, die Erde selbst ist enthüllte Religion, ebenso mein Körper, mein Dasein. Ich selbst bin ein verehrungswürdiges Wesen. Aber wir flüchten lieber in Lehrmeinungen, Pfaffengerede und Tempel. Wir bauen uns Altäre und vergessen so den Naturaltar der Berge. Es ist eigenartig, aber das Natürliche wird ausgeblendet, um über ein Unechtes und Künstliches zur Natur zurückzugelangen, was jedoch unmöglich ist. Eine dunkle Macht hat sich zwischen Seele und Natur geschoben, Kultur. Daher sind die sogenannten Naturreligionen am ehesten mit der Weisheit der Wirklichkeit verbunden. Naturtherapie und Naturreligion der Naturvölker sind eins.

> **Erdmutterübung**: Erinnere die großen Augenblicke deines Lebens. Erinnere magische Momente. Wie entstehen sie, warum? Wie unterscheiden sie sich vom Normalbewusstsein? Was ist Bewusstsein?

Naturaugenblicke sind das Leben

Naturaugenblicke lassen uns zum Leben erwachen. Natur lebt, besteht aus Naturwesen aller Art. Es ist, als ob wir in den Zoo gingen und die verschiedenen Lebensgewohnheiten der Wesen mitbekämen. Das erfreut und belebt, dass es andere Lebensweisen gibt. Wir erkennen tief, dass die Naturwesen gut und schön sind und in ihnen volle Liebe und Weisheit pulsiert. Dagegen wirken unsere erworbenen Kulturmuster schal und flach; daher tankt uns Natur auf, selbst nach einem einfachen Spaziergang spüren wir Erholung - wie erst, wenn wir ganz in die Natur einsteigen, uns entblättern, uns verwurzeln.

> **Erdmutterübung**: Frag dich im Schatten von Ulmen, geh ehrlich mit dir um am Waldquell: Welche Lebensaugenblicke erfrischen und begeistern mich? Wann bin ich wirklich ich selbst? Welches Bewusstsein möchte ich erlangen?

GESETZE DER NATURTHERAPIE

In der Natur bin ich der Namenlose

Es gibt keine Namen, es gibt keine Geschichte in der Naturtherapie. Es gibt unser ganzes mitgeschlepptes gesellschaftliches Wesen nicht. Im Alltag können wir unserem Schicksal nicht entkommen; wir schleppen es in jede neue Lebenslage mit hinein und überfrachten diese mit nicht dazugehörigem Ballast. Man überlege: Kann ich mich in einer neuen Situation wirklich frei verhalten? Niemals! Ich versuche sofort, den ganzen Umfang meines Wissens, meine Karriere, meine Biographie und meine sozial anerkannte Autorität, die ich im Beruf, in der Familie und bei Freunden angehäuft und durch diese zuerkannt bekommen habe, einzubringen in die Gruppe, trumpfe damit auf vor anderen. Ich stopfe mich voll mit meinem Lebenslauf und Ich, als Ausweis gewissermaßen.

In einer neuen Gegebenheit überkommt den Menschen ein Leerheitsgefühl und damit die Angst, nicht da zu sein. In einer neuen Situation haben wir kein Gesicht, kein Ich, kein Leben. Und da werfen wir in Panik sofort all unsere biographischen Trümpfe ins Spiel und sogleich erstehen wir auf zu etwas, erschaffen uns eine Silhouette des Wissens und Werdens, der andere wird davon beeindruckt, wird in die Schranken gewiesen, die unbekannte Welt wird ausgefüllt mit altem Ballast, den wir dann stolz „Ich" nennen.

Seien wir doch ehrlich: Ist unsere Geschichte wirklich unser Ich oder haftet sie uns nur wie Kleider an, die jederzeit ausgezogen werden können? Zeitlich gesehen besitzen wir eine nachweisbare Geschichte, aber in jedem Augenblick sind wir auch frei davon. Wir sind beides! Im zeitlosen Augenblick gibt es keine Geschichte. Und das Leben besteht in Wirklichkeit aus einer Reihenfolge zeitloser Augenblicke, in denen wir allein sind. Ziehen wir aber all diese Augenblicke zusammen, ergibt sich Geschichte, ein Muster, das wir unser Ich nennen. Tatsächlich sind und leben wir nur die zeit- und ichlosen Augenblicke; erst in der verstandesmäßigen Überschau gewahren wir ein Muster, das wir Tagesgeschehen, Jahresablauf oder Lebensgeschichte nennen. Hinzu kommen äußere Bestätigungen, ein Pass, Geschichten von Freunden, Nachweise, was wir gebaut und erworben haben. Dennoch: Dasein besteht nur in jenen augenblickslosen Augenblicken, in denen die Zeit erlischt und damit der Zwang, sich über Äußeres zu bestimmen. Das allein ist unsere Seele. *Ich unterscheide somit zwischen reiner Seele und sozialem Ich.* Menschen begegnen sich gerne als soziale Ichs, und zwar umso mehr, je weniger sie mit ihrem innersten Wesen in Berührung stehen. Menschen, die ihr soziales Ich zur Schau stellen, endlos über Einzelheiten ihres sozialen Ichs meinen, berichten zu müssen, und glauben, andere würde das ebenso beschäftigen, womit sie allerdings meistens Recht haben, tun dies aus Angst, ihr wahres Seelenwesen zu entdecken, denn dieses ist leer, hat weder Namen noch Schicksal.

Das erstaunliche ist: Der wirkliche Mensch ist leer. Er ist gar kein Mensch, er ist fast nicht da. Stellte man dieses leere Ich in eine Herde Pinguine, würden sie es nicht bemerken, denn die Pinguine nähmen es nur als Puls und Herzschlag wie den eigenen wahr. -

Erdmutterübung: Prüfe: Wo bin ich soziales Ich, wo Naturseele? Wann und wo stelle ich mein Menschen-Ich in den Vordergrund, wann erfahre ich magische Augenblicke?

MIT HERZ AN DIE TIERE TRETEN

Stellte man ein soziales Ich in eine Herde Tiere, stöbe es auseinander, denn sie spürte alsgleich, hier will mir etwas Krankes etwas antun. Tiere ruhen in der *einen* Seele, damit im Augenblick, und dadurch erfahren sie schnell, ob ein anderes Wesen ebenso im Augenblick lebt oder nicht. Ist dies nicht der Fall, werden sie scheu, denn dergleichen ist ihnen unbekannt, verdächtig, gefährlich. Und in der Tat, das soziale Ich ist den Tieren gefährlich, es ist jenes Ich, das für die Vernichtung der Tierwelt dieses Planeten verantwortlich ist. Im Angesicht eines anderen Seelenwesens, dessen Herzschlag der gleiche ist, das einen beruhigenden, dumpfen Ton hören lässt, dessen Seele ruhig ist, nichts Künstliches will, an die Dinge entsprechend ihrer Notwendigkeit herangeht, sich treiben lässt von der Gegebenheit, werden Tiere ruhig und zutraulich. Es sind daher nur jene Menschen für den Umgang mit Tieren, Pflanzen und der Natur geeignet, in denen jener beruhigende Pulsschlag pocht, der nichts will, nur ist. Darin nun besteht die Kunst. Je tiefer man diesem Pulsschlag des Herzens folgt, desto näher rückt man an die Wirklichkeit. Wirklichkeit offenbart sich, je mehr wir das soziale Ich abstreifen, ichlos werden und in den zeitlosen Augenblick eintauchen. -

Erdmutterübung: Schaue, wie Tiere auf dich reagieren. Wem tritt das Reh auf der Lichtung entgegen. Prüfe deine Seele, indem du dich Tieren näherst; flüchten sie, weißt du, wo du stehst.

SEHNSUCHT NACH DEM ZEITLOSEN AUGENBLICK

Es gibt Augenblicke im Leben, in denen der normale Strom der Empfindungen, ohne dass wir es groß bemerken oder verstandesmäßig erfassen, umschlägt und wir wie die Hand in den Handschuh eintauchen in eine zeitlose Sphäre. Zeit spielt jetzt gar keine Rolle mehr, ja wir merken wie die Zeit langsamer läuft, fast auf einem Punkt zu stehen kommt: Steine sind dicht und fest. Die Mauer steht stabil. Der Himmel ist blau. Die Dinge sind einfach nur, was sie sind, Bewertungen treten zurück. Ob etwas schön oder hässlich ist, das ist jetzt nicht gefragt, es *ist*. Dadurch nehme ich alles vorurteilslos an. Wenn ich also keine Unterscheidungen mehr treffe, meinen Geschmack den Dingen nicht aufdränge, meine ich-zentrierte Sinnlichkeit verliere, erscheint die Welt eher, wie sie wirklich ist. Nicht, dass ich unbedingt größere Gesetze hinter dem Schleier der Geschehnisse erkenne, ich sehe einfach den Fluss der Ereignisse, sehe, wie sie sich zu einem Ganzen zusammenweben, wie alle Menschen auf der Straße einen zusammenhängenden Organismus bilden. Es hält sie ein unsichtbares Feld zusammen, in dem sie wie Eisenspäne durch einen Magneten zu einem Muster zusammengezogen werden. Ich erkenne eine Lebenskraft, die für alles den Taktstock schwingt. Die Stimmigkeit ist nicht durch den Verstand erreicht worden, sondern durch seine Ausschaltung. Die höchste Form des Denkens ist damit das vollkommene Nichtdenken. Im Nichtdenken erscheinen die Vorgänge so, wie sie sind, unabhängig von unserer Willkür und Einschätzung, schlicht, ergreifend, doch sich in aller Breite offenbarend. Wir erfahren ihr Gesetz ungeschminkt, was aber nicht heißt, dass wir es alsgleich zu Forschungszwecken hinüberholen können ins Bewusstsein. Beim Sprung zurück in den Verstand zerfließen die durchsichtigen Fäden, die das Gesetz angezeigt haben, ins Nichts; wir können es nicht mehr ausdrücken, weil wir das Unfassbare nicht fassen können.

In der Naturtherapie geht es um die Erfahrung dieses Zustandes, er zeigt uns ohne Erörterung und Überlegung, was der Sinn des Daseins ist, wie wir zu leben haben, warum wir all unsere Schwierigkeiten im sozialen Ich haben. Es zeigt die Lösung fürs menschliche Zusammenleben, und es offenbart dem Forscher einige Naturgesetze. Dieser Zustand ist ein Heilzustand, im Gegensatz zum Zustand des sozialen Ichs, der ein Krankheitszustand auf unserer reinen Seele ist.

> **Erdmutterübung**: 1. Beobachte die Zeitqualitäten. Es gibt lange und kurze Zeit, dichte und dünne und Nichtzeit. Die Beobachtung des Zeitverlaufs und ihre Erörterung gehört zentral zur Naturtherapie. 2. Ebenso: Was ist Raum, dicht, dünn, weit, nah; oder gibt es Nichtraum? 3. Wann erscheinen alle Dinge und Ereignisse getrennt voneinander, wann ziehen sie sich zu einem Organismus zusammen? 4. Ist der Verstand ausgeschaltet, wie erfahre ich dann die Welt?

NATURSEELEN BEDÜRFEN KEINER GÜTER

Besitzen Tiere etwas? - Der Mensch besitzt viel.

Die Naturseele bedarf weniger Güter, weil sie keine Bestätigung, kein Lob ersehnt, sie lebt aus sich selbst heraus. Sie ist sparsam, weil alles bereits da ist. Die Naturseele unterscheidet nicht in Haben und Nichthaben, in Sein und Nichtsein, in gut und schlecht, dadurch zieht es sie nicht zwanghaft zum Guten, sondern lässt alles so, wie es ist. Naturseelen können nicht von Konsumeinflüsterungen verführt werden, sie mögen in Maßen zugreifen, aber sie müssen nicht. Es treibt sie weder gesellschaftlicher Zwang noch Ich-Sucht, noch müssen sie sich selbst bestätigen, denn *sie sind gar nicht da als Einzel-Ich, sind weites Feld, mäandernder Aubach.*

> **Erdmutterübung**: Sitze am Aubach oder Moor, frage mich: Warum besitze ich so viel? Wie lebte es sich ohne allen Besitz? Was bindet mich an Besitz? Wie fühle ich mich nach einer Woche Naturaufenthalt allein am Dachsteinmassiv?

Das Glashaus: Alleinsein führt zum All-Eins-Sein

Den normalen Zustand unserer Seele erreichen wir nur durch langes Alleinsein, durch Nichtstun am Teichgestade, an der Lagune. Damit sage ich nicht, dies ist in der Stadt oder in hässlicher Umgebung unmöglich, ich sage lediglich, was unterstützt. Auch eine unbekannte Umgebung reißt uns heraus aus den altbekannten Zusammenhängen. Was unterstützt, ist einfach, aus dem Bekannten auszusteigen, aus der bekannten Umwelt, aus dem bekannten eigenen Ich, aus dem bekannten Rhythmus der Arbeit und des täglichen Denkens, aus dem Strom der bekannten Menschen und dem Fluss dauernden Redens. Blättert also unsere sogenannte Persönlichkeit, die nur ein Farbanstrich ist, ab, scheint unsere wahre Seelennatur hervor, unsere Naturseele. Dann fällt auch der größte Selbstbetrug von uns ab, nur Mensch zu sein. Der tief in uns verwurzelte, im Leben in uns eingebläute Glauben Mensch, kein Grashalm, keine Katze, kein Berg zu sein, sondern eben das Bessere, das Höhere, das bricht zusammen, wir erfahren uns auf einer Ebene mit allen Wesen und Zuständen. Aber das erfahren wir eine Stufe tiefer, wenn sich die Naturseele beginnt zu festigen.

In der ersten Phase überkommt uns der zeitlose, ichlose Zustand überraschend, hält jedoch nicht lange vor. In der zweiten Phase tritt er öfter auf oder in abgeschwächter Form, nun können wir mit ihm durchs Leben wandern. Zwischendurch vertieft er sich gelegentlich, wird dann wieder schwächer, und so mäandern wir in diesem halb naturseeligen Zustand durch den Tag. Es bedarf nun der Übung und Dauer, die die Naturseele mehr hervortreten lässt und zu unserem Normalzustand macht. Nun haben wir es leichter, immer öfter abzusinken in tiefere Seelenzustände. Einer davon ist, sein soziales Ich soweit zu verlieren und soweit an die Naturseele gewöhnt zu sein, dass sich die Daseinserscheinungen einzuebnen scheinen und wie *ein* Wesen wirken, von *einer* Lebenskraft erfüllt; Kinder dieser zu sein, mittendrin zu sein als ein weiteres Kind, nicht mehr als das wichtigste Kind, das alle anderen beherrschen und versklaven darf, durchwaltet uns nun. Hier beginnt Naturtherapie. Hier beginnt aber auch echte Naturwissenschaft. Ohne alle künstlichen Theorien und Experimente offenbaren sich ungeschminkt die Gesetze, sie liegen einfach locker in der Landschaft, zeigen ihre Formen, ihre Farben, enthüllen ihre Fäden, die sie mit allem anderen verbinden. *Die Natur wird ein Glashaus und wir sitzen mittendrin.*

> **Erdmutterübung**: Glashausübung1: Bin nicht mein soziales Ich, bin das große Ich der Natur, verschwistert mit allem. Glashausübung 2: Eine Lebenskraft durchwirkt alle Wesen, macht sie zu einem Organismus.

Meine Lebenskraft gerinnt zu meinem Körper

Unser Leib ist eine stoffliche Ausformung der Lebenskraft. Der Leib ist Lebenskraft in geronnenem Zustand. Warum aber kann Lebenskraft sich verlangsamen und Stoff bilden, das ist die große, ewige Frage? Unterliegt die Lebenskraft Zeitwellen, kann sie sich verlangsamen? Warum formt sich Lebenskraft um in Stoff? Da dem so ist, muss es einen besonderen Zweck damit haben. Materie scheint nur ein Bruchteil dessen zu sein, was aus dem plasmatischen Protouniversum hervorquillt. Ist Stoff vielleicht ein Leck im Lebenskraftfeld? -

Erdmutterübung: Zwei Tage sitzen am Gipfel. Einsam spähen über Länder. Meinen Leib als Plasmaverfestigung, als Verstofflichung meines wahren Seelenzustandes spüren. Warum will Seelisches Stoffliches werden?

DIE GRÖSSENUNTERSCHIEDE

Wir müssen auch sehen, welch unterschiedliche Kräfte das Plasma hervorbringt: Sonnen und Menschen, Bazillen und Galaxien. Wir können nur sagen: Es spielt keine Rolle, wie groß ein Lebewesen ist, sie verkörpern alle grundsätzlich das Gleiche, mal aufgebläht, mal geschrumpft. Eine wesentliche Erkenntnis ist, dass Größenunterschiede keine Rolle spielen, weil sich hier das gleiche Gesetz nur in unterschiedlichen Größen offenbart. Also sind alle Gegenstände oder Wesen gleich unabhängig von ihrer Größe, Form, Farbe und Wesensart? Darf man das soweit verallgemeinern? Es wäre das das Spiel der Lebenskraft, das gleiche in verschiedenen Größen und Arten hervorzubringen. Zudem ist Größe nur eine Erscheinung innerhalb der Raumzeit, im Plasma gibt es keine Größen.

Im seelischen Glashaus sitzend erkenne ich: Die Grenzen, die wir durch Größe und Wesensart ziehen, fallen. Daher, wenn der Mensch die Natur vernichtet, vernichtet er sich selbst. Der Mensch versucht, über die Naturausbeutung sich selbst zu vergrößern, aber letztendlich auf eigene Kosten, denn seine Seele schrumpft, je mehr er stofflich von der Erdmutter fordert. Die Erdmutter ist wie eine paradoxe Waage. Nehme ich zuviel, steigt die Schale des Materiellem empor und die Schale der Seele sinkt herab. Was wir der Erdmutter stofflich entnehmen, entzieht sie uns seelisch. Daher sind reiche Kulturen seelisch arm, arme reich. Also: Scheinbar gibt es keine Güteunterschiede im Materiellen, es herrscht Harmonie, Einheit, reich ist nicht besser als arm. Die Unterschiede entstehen für uns nur im Verstand und im sozialen Ich.

Erdmutterübung: Sitze auf der Mondsichel der Nacht. Betrachte die Größe des Mondes, dann deine eigene. Seid ihr verschieden? Welche Gesetze sind euch gemeinsam, wo ist eure Einheit? Oder: Sitze am Ameisenhaufen, beobachte ihren Staat. Glaubst du wirklich, du seiest mehr und besser? Was macht Ameise und Armbanduhrträger zu *einem* Lebewesen?

DAS ECHOGESETZ: VON DER NATURSEELE ZUM VERSTAND

Aber es gibt Verstand und soziales Ich, also können sie nicht schlecht sein! Ich würde so sagen: Aus der Naturseele erwächst in abnehmender Kraft ein Ich und Verstand. Verstand ist nichts anderes als geronnenes, verlangsamtes Naturseelengefühl. Es besteht eine absteigende Treppe von der Naturseele zum Ich. Hier enthüllt sich das Echogesetz, das höchste Gesetz des Daseins.

Die Lebenskraft pulsiert, echot und erzeugt von sich immer schwächere Spiegelbilder, die zunehmend fester werden, zum Schluss so fest, dass sie als Gehirn zu Materie gerinnen (nach altem indischem Modell gibt es noch Festeres als Materie). So verdichtet sich der Urton des Seins zu Sprache, und Seelen fallen wie Sternschnuppen, werden Leiber. Es ist, als fiele ein Stein ins Wasser, er bildet Ringe um Ringe um Ringe, aber immer nur Ringe, immer nur das gleiche. Aber nach außen hin verflachen diese Ringe, sprich werden seelisch schwach, werden Stoff.

Erdmutterübung: Liege am Quellbach, lass Halme dich umwehen. Der Mensch denkt - angeblich. Was ist Denken, Verstand? Beobachte, wie du dir aus seelischem Gefühl, so es dafür Worte gibt, durch die Sprache ein Verstandesmodell zimmerst. Schaue dann, wie Worte die Lebendigkeit des Gefühls beschneiden und beengen. Schau, wie Worte und Denken, das nur durch Worte möglich ist, deine Lebenskraft schmälern, deine Lebensgefühle verringern. Gib dich den sprachlosen Lebensrhythmen hin, lass Halme in deinem Mund wachsen, sei Wassersprudeln. Höre das Rauschen des Seins selbst. Verstand, Freunde, ist ein Irrtum. Er hilft leben, aber schlecht.

DUNKELTHERAPIE

Dunkeltherapie heißt tagelanges, wochenlanges Alleinsein im Dunklen. Ich lernte die Dunkeltherapie, die älteste Therapie zur Selbsterfahrung, erstmals in den 60er Jahren in Nepal kennen, wo sie unter dem Namen Yangtik zur buddhistischen Mönchsausbildung gehört. Die Mönche bleiben sieben Wochen in völliger Finsternis. Durch Zufall erhielt ich als 18-jähriger Gelegenheit zu solch einem Aufenthalt von 49 Tagen. Später, als Psychotherapeut, erinnerte ich mich an meine Erfahrung und begann, Dunkeltherapie für Europäer anzubieten. Der Aufenthalt in einem völlig abgedunkelten Appartement von 1-7 Wochen erscheint vielen als Folter und Alptraum, aber einmal eingetaucht in die Stille und Einsamkeit der Nacht, verschwinden müßige Gedanken, das Leben wird zum fernen Echo, die Unrast der Seele, anfangs noch aufbegehrend, ebbt ab, wahrhafte Geistesblitze schießen jetzt durch unsere Insel des Jetzt, erste Lichtfunken und visionäre Bilder; für einige wird es bald taghell - das Licht der Seele dämmert herauf. Denn die Seele ist Licht, das kann jeder erfahren, der sich der Nacht aussetzt. Dunkeltherapie ist die einzige Methode, mit der man das erfahren kann. Während andere Methoden darüber theoretisieren und endlos palavern, wird es hier zur eigenen Erfahrung. Zwischendurch überflutet uns wieder das Gedankenmeer, dann ein Gefühlsaufruhr, Trauer und Euphorien im Wechselbad, jetzt wieder nur das Jetzt, dann Stille, schließlich halluziniertes Glockenläuten ohne Glockenturm, dann vielleicht bricht das Jenseits herein, getauft werden wir vom Geist, Geister erscheinen, Tote sprechen. Zwischen Selbstzufriedenheit im wahrsten Sinne und Unzufriedenheit über Alleinsein und Nichtstunkönnen schwankt man vorwärts. Was ist das Sein, wo stehe ich, was ist Ich? Die liebgewordenen Kategorien, was Ich ist, verschwimmen, bloße Gedankenspiele sind das, nichts als intellektuelle Fata Morganen.

Es wechselt ab zwischen Erhabenheit und dem Fall in die Abstumpfung und das Versanden, dann plötzlich in den ersten Tagen überall Körperschmerzen, dann Depression, doch plötzlich tauchen wir als Phönix aus der Asche auf. Gelegentlich *lange* Weile, das Sein tritt schärfer hervor. Es ist die Suche nach sich selbst, dem Sinn, der Urfrage, was ist Sein? Es gibt keine enge Begriffswelt, statt nachzudenken, ist man selbst das, worüber man sonst grübelt - da sein, ruhen in der Gegenwärtigkeit. Ich bin nicht in Trance, sondern hellwach. Ich tue, was mein Körper gerade will, ich denke nicht, was zu tun ist, bin Tier, bin rankende Pflanze geworden.

Dunkeltherapie findet in einem Appartement statt mit Bad und allem, was sich der Europäer wünscht. Es ist vollkommen finster. Oft wird gefastet, aber es wird auch Essen serviert. Täglich komme ich einmal *auf Besuch* und bin, wenn gewünscht, bereit für Gespräche. Auch vor und nach der Klausur sprechen wir. Meistens kommen die Menschen erst für ein bis drei Wochen, dann noch einmal länger.

Dunkeltherapie ist die älteste Therapieform. Alle Natur meditiert in der Nacht. Stille, Einsamkeit, Sinnesreduktion zwingen zur Inneneinkehr, und die Nacht wird zu einem Spiegel, der 24 Stunden lang auf uns blickt. Es gibt kein Entrinnen, wie in den zeitlich begrenzten Therapieformen. Hier geht es um Seinsöffnung, nicht um Vater, Mutter, Familie und Neurosen. Nicht die persönliche Geschichte wird aufgearbeitet, obwohl das gelegentlich notwendig wird, die Finsternis erzwingt, dass wir auf die Insel des Jetzt geworfen werden. Die Therapie entwickelt sich ganz entsprechend dem Betroffenen, daher gibt es keine allgemeinen Regeln. Jeder betreibt seine eigene meditative oder sonstige Praxis, anders als in Tibet, wo ein rigoroses Training erfolgt. Ohne die Ablenkung durch den Augensinn werden wir sofort auf uns selbst zurückgeworfen, genauer auf unsere spirituellen Beine gestellt.

DIE SPIRITUELLE INTELLIGENZ DER NACHT

Nachts zu wachen und die Nacht zu spüren, ist ein Urerlebnis. Warum kümmert sich niemand mehr um die Nacht? Angst vor der Dunkelheit? Angst vor der Bewegungslosigkeit und Hilflosigkeit? Weil man sich da nicht ablenken kann? - Die Nacht tötet das Ich, dieses enge, kleine, ehrgeizige, selbstversessene Ich. In der Tat die Nacht tötet, aber nur um neu zu beleben. Die Nacht ist ein Bauch. Sie gebiert mein Natur-Ich, ein größeres Ich ohne egozentrische Anteile, ein Ich, das aus den Sinnen besteht, ein Ich, das wird, was es hört und sieht.

Zum klassischen Prozess der Wesensschau gehört die Dunkeltherapie, der Aufenthalt in Höhlen oder dunklen Räumen. Dunkeltherapie gehört zu den archaischen Methoden der Selbsterfahrung und ist nicht zu vergleichen mit der üblichen Psychotherapie. Der Aufenthalt in Dunkelheit wird heute noch in Tibet, Indien, Japan und im Schamanentum angewandt. Die Dunkelheit, in der man eine bestimmte Zeit verharrt, wird als Mittel der Rückkehr erst zu unbewussten, dann zu überbewussten Zuständen benutzt. Die Abwesenheit von äußeren Reizen führt zunächst zum Lauterwerden seelischer Vorgänge, später erlöschen diese jedoch, wir laufen leer. Und aus dieser Leerheit tauchen nun wie Delphine aus dem Meer intuitive Bilder, Archetypen, abstrakte Muster und Farben auf. Ohne Halluzinogene produziert das Gehirn visionäre Landschaften, aber ohne die bei Drogen auftretenden körperlichen und gehirnlichen Belastungen. Unsere Psyche wird heller. Aus Fühlen wird Hellfühlen, aus Sehen Hellsehen, aus Hören Hellhören. Zum Schluss kommt es zum *black out*, der Auslöschung des Ichs und dahinter liegt das Meer weiterer Erleuchtungen. In der Dunkeltherapie geht es darum, einen Zustand ganz ohne Denken und Fühlen zu erreichen, getragen von einem unpersönlichen Gegenwartsbewusstsein und der Wahrnehmung mentaler Vorgänge als Energieprozesse.

Dunkeltherapie bedient sich der Dunkelheit, Stille und Isolation. Zum einen, um die Bewegung der Psyche genauer zu beobachten und unbewusste Prozesse zu verstärken, zum anderen, um die Wankelmütigkeit und Künstlichkeit von Fühlen und Denken zu erfahren und durch eine Reihe von Nachtübungen Frieden zu finden in unserem wahren Wesen, das sich als Licht und innere Leere, sprich seelisch-geistige Verbundenheit, mit allem kundtut. Dunkeltherapie wird in allen alten Kulturen und bei Stämmen verwendet. Ich habe diese Methode wieder belebt und verwende sie in meiner psychologischen Praxis. Dabei hält sich der Klient in einem absolut dunklen Raum auf, steht aber mit dem Betreuer in Kontakt. Für längere Aufenthalte habe ich eine Serie von „Nachtübungen" entworfen, die die Auflösung unseres Denkens und Fühlens unterstützen und kontrollieren.

Dunkeltherapie zeitigt recht ungewöhnliche Erscheinungen, die der Normalpsychologie ganz unbekannt sind: Anhalten des Denk- und Gefühlsflusses, Zustand innerer Leere, Klartraum-Bewusstsein, Lichterfahrungen, Auftauchen imaginärer Gestalten, Erfahrung der Welt als Energieozean, Hellsichtigkeit, Reduktion auf unsere Urnatur. Dunkeltherapie ist eine

In der Nähe des 1000 Jahre alten Klosters Tabo in Kinnauer, Indien, machte ich meinen zweiten siebenwöchigen Dunkelretreat.

Globaltherapie, die nicht einzelne Probleme behandelt, sondern uns spontan unser dreifaches Wesen (physische) Natur, (psychische) Energie, (geistige) Essenz erkennen lässt.

Dunkeltherapie wird mit Variationen in allen traditionellen Kulturen ausgeübt. Im Rahmen der Entsagung, Visionssuche, der Einsamkeit und Klausur, des meditativen Rückzugs wird Dunkelheit zur Unterstützung der Inneneinkehr in unterschiedlicher Dosierung in allen kontemplativen Therapien und Selbsterfahrungsmethoden instinktiv verwendet. Rückzug in dunkle Orte, Höhlen, Grotten, ins Erdinnere, in Tunnels und unterirdische Anlagen oder einfach die Nutzung der Nacht als Mittel zur Reizarmut und Entwöhnung vom Tagesleben gehören zum Repertoire der Selbstfindung aller Kulte und Religionen. Seit Jahren erprobe und entwickle ich die „Schwarze-Welt-Therapie" im Rahmen der üblichen psychologischen Beratung sowie transpersonalen und schamanischen Selbsterfahrung.*

Dunkeltherapie führe ich nur bei mir im Haus durch.

---

* Holger Kalweit: Dunkeltherapie. Die Vision des inneren Lichts. KOHA-Verlag, 2004.

IV. DIE ERDMUTTER
ÜBUNGEN

LEHRZEIT

FÜR NATURTHERAPEUTEN

Bild Vorderseite: Vaginales Urmuttersymbol, Marokko.

NATUR HEILT OHNE ZU HEILEN

Ich bin der Wind über der See,
Ich bin eine Meereswoge,
Ich bin der Stier der sieben Schlachten,
Ich bin ein Adler auf dem Fels,
Ich bin der Strahl der Sonne,
Ich bin die schönste der Pflanzen,
Ich bin ein starker, wilder Eber,
Ich bin der Lachs im Wasser,
Ich bin ein See in der Ebene,
Ich bin ein Wort der Weisheit,
Ich bin eine Speerspitze in der Schlacht,
Ich bin ein Gott, der Feuer wirft ins Gehirn.

Wer verbreitet Licht über dem Hügel?
Wer kennt die Phasen des Mondes?
Wer kennt den Platz, an dem die Sonne ausruht?

Das Ich bin-Lied des irischen Kelten Amergin.
Gesungen, um das Meer zu beruhigen,
um Fuß aufs Land zu setzen

Am Ende der Naturtherapie steht tiefe, unter Felshängen und in Wiesentälern erfahrene Weisheit: Ein Ich, weit und frei, verbunden mit allen Wesen, das erst in letzter Konsequenz eine eigene Spezies ist. Da lacht das Herz des Evolutionsbiologen, aber ich spreche nicht von Evolution noch von Biologie, wir befinden uns längst jenseits der Anfängerübungen menschlicher Wissenschaft, wir knien mit diesen Einblicken bereits im Ursubstrat der Spezies, der Plasmawelt. Bei den meisten bleibt es bei kurzen Einblicken, Spontanvisionen der Gemeinsamkeit und Einheit des sich Auseinanderfaltens der Lebewesen aus einem Grundzustand, einige wenige werden umfassendere Visionen, allwissende Naturgesänge, einheitsstiftende Rauschzustände durchlaufen, die die Grundfesten ihrer modernen Glaubenssysteme ins Wanken bringen, allein eine handvoll immer unbekannt Bleibender wird sich ganz in Natur verwandeln, eingehen in Gräser, Schlamm der Erde werden. Das ist das Ende der Therapie, genauer gesagt der Beginn wüster Urnatur.

Natur ist eine Heilung in sich selbst. Die Lebensweise der Baumgesellschaft, das Dasitzen der Steinheere, der Flug der Wolkenflotte und die ewige Wiederkehr von Licht und Dunkelheit sind unendlich stärker, als menschlich ausgeklügelte und mit den sozialen Jahreszeiten wechselnde Therapiemethoden je sein können. Menschen entwickeln Methoden, Naturen wirken durch schlichtes Dasein. Die Gesellschaft der Bäume verschreibt dem Wanderer keine Methoden, sie spricht nicht einmal zu ihm, ruht in sich selbst und schweigt. Sie fordert durch Heils- und Ich-Schweigen im Wanderer höchstens das gleiche heraus, nämlich das innere Geplapper zum Erlöschen zu bringen. *Waldgesellschaften heilen, ohne zu heilen,* durch ihre Stille. Innere Stille ist die große Reise, sie säubert vom Schaum aufgepeitschter Gefühle, vom Sumpf trüben Denkens und vom Irrglauben, ein Ich zu sein. *Nichtheilung ist der Gipfel aller Heilung. Menschliche Therapie dagegen beruht auf der künstlichen Erzeugung von Ich also auf der Zementierung der Urkrankheit.*

In der Naturtherapie gibt es keinen Therapeuten. Die selbstberufenen Egomeister sind jene, die es am ehesten nötig haben, ihr pseudoweises Ich aufgehen zu lassen im großen Natur-Ich der weit dahin gestreuten Seenplatte. Natur heilt durch *weiße* Weisheit, sprich Schweigen, methodenloses Sein, Nichtwissen und Hingabe an das, was ist, durch schlichtes Sein, die Naivität, einfach da zu sein, ohne Meinung, ohne alles. Kurzum: Durch wen das wolkige Seinsgrollen ungehindert hindurchrollt, der kostet als bedürftiger Habenwollen-Mensch den Vorgeschmack von Leben. Schamanen, die Vermittler der Natur, kennen keine Methödchen, keine therapeutischen Techniken, keine Theorie der kranken Psyche, nach denen die Methodenjäger unserer Kultur seit jeher fahnden: Die besten unter ihnen verweisen einfach durch ihr Selbstsein aufs Natursein. Sie sind Echo der stummen Heilweise der Natur. Wenig aufsehenerregend ist ihre „Heilweise", aber die einzige, die nicht Gefahr läuft, in die Falle der Ich-Aufblähung zu stolpern.

Beobachtungs- und Schauübungen

Ich habe zwei Arten der Naturtherapie unterschieden. Die Naturbeobachtung (B-Übung), sie setzt ein leichtes Maß an innerer Ruhe und Naturliebe voraus, bleibt aber weitgehend verstandesmäßig und analytisch. Die Naturschau (S-Übung) dagegen ist eine weiterführende Erfahrung, die jenseits rationalen Kalküls und aufgeblähten Ich-Bewusstseins schwebt. Hier tritt Vereinigung mit dem Gegenstand der Beobachtung auf; ich verschmelze mit der Lilie und dem Horizont. Die Beobachtungs-Übung ist jedoch Voraussetzung für die Geburt der Schau. Diese beiden Ur-Übungen sind eigentlich keine, eher Liebeserklärungen ans Dasein, Ruhigstellungen, Genüsse der Seele, es macht sie jeder für sich allein, besprochen werden -wollen sie nicht ewig geheim bleiben - mögen sie mit anderen später, denn analytische Durchdringung ist für den Menschen ein Bedürfnis, da er naturgemäß ausgestattet ist mit dem, was wir Verstand nennen. *Der Verstand darf nicht weg geschoben werden, im Gegenteil, er muss erweitert werden, denn er kann ganz weit werden, nähert er sich dem reinen Gefühl - Gefühl ist höherer Verstand!* Aber auch das Gefühl muss ausgedehnt und vertieft werden. *Auf dem Gipfel seiner selbst verwandeln sich alle Einzelgefühle in ein Seinsgefühl, und das ist umfassendes Naturgefühl. Ich kann dann sagen: Ich bin Natur, Natur ist Ich!*

Ehrlichkeit

Die wichtigste Übung heißt „Vereinheitlichen". Ich setze mich an den Weiher, beobachte den Frosch - springe mental wie der Frosch. Sitze am Ameisenhaufen, beobachte Ameisenfleiß - krieche mental wie die Ameise. Sitze am Baum, beobachte das Sperberpaar - fühle tief, Sperber sind Menschen, Sperber fühlen wie ich. Sitze mit meinem Hund im Wald, betrachte ihn - bin Hund, er Mensch. Naturmenschen haben alle einen individuellen Charakter, fühlen wie ich, doch sprechen sie anders; weil sie nicht schreiben, hören sie besser, wissen Dinge im Voraus, weil sie ruhen jenseits der Zeit, im Augenblick.

Solange ich nicht Pinie sein kann, Leben in Pinien spüre, solange ich nicht hakenschlagender Hase bin, bin ich nicht Mensch geworden. *Der Mensch vollendet sich erst in der Erfahrung, alle Naturen in sich zu tragen.* Je mehr der Mensch nur Mensch ist, desto tiefer steht er, das zu erfühlen, die Sehnsucht, mehr als Ich zu sein, das ist der Auslöser, Naturtherapie aufzusuchen. Das ist die Grundübung der Naturtherapie: Einfühlen ins Kraut.

Erste Voraussetzung ist Beobachtung, langes, ruhiges *Staunen*. Beobachtung heißt nicht Glotzen, sondern Staunen! Ich erkenne alsbald die verschiedenen Charaktere der Wesen, ihre persönlichen Eigenarten. Das Eichhorn fühlt und denkt nicht anders als ich. Der Mensch denkt nicht besser oder ist geschickter als der Wiesel. Habe ich diese Spezies-Barriere einmal überwunden, sprich meinen humanen Hochmut, und bei vielen Wesen angewandt und fallengelassen, kann ich weitergehen vom Beobachtungsstaunen in die Einheitsschau, dann

Mein zweiter Schamanenlehrer und mein Hund Cu Sith. Seri-Indianer, Nordmexiko.

dämmert tiefe Vereinigung mit dem Eichhorn herauf, und es wird als Wiesel, Wurzel und Wald - verwandelt zu allem - zu mir kommen und mich staunend anschauen, eben als Wiesel, Wurzel und Wald. Die Tierwelt bemerkt es, bist du „allzumenschlich" geworden, jedes Tier spürt, wenn wir unser Ich ausgelöscht haben, wie der Waldteich an dem sie täglich trinken.

Dann gibt es keine ekligen Spinnen mehr, noch gefährliche Hunde, kalte Winde oder dunkle Nacht. Ein Meer von Lebewesen schwimmt um mich herum, eine neue Welt ersteht, an deren Rand ich herumtolle als Randrolle. Der Naturmensch erfährt alle Naturwesen und Naturerscheinungen als *ein* Lebewesen! Naturtherapie heißt: Lebensstrom, Seinsstrom, mitfließen, sein! Erdmutter ist *ein* Lebewesen, zusammengesetzt aus Heerscharen von Lebewesen. Der Naturweise verwandelt sich ins lebendige Gefäß der Natur, er heilt, indem er nicht heilt, einfach Hase, Henne, Halm ist. Ist das das Geheimnis!

EINSTIEG INS LIEBESLEBEN

Übung 1: Erdmutter hat tausend Gesichter. Sieh sie in allem! Erdmutter ist alles Sterben, der Tod, erkenne sie in allen Sterbenden, als Tote. Vergegenwärtige dich selbst als Erdmutter, als Alles, denke wie sie, fühle wie sie, handle wie sie. Vergleiche das mit deinem sonstigen Alltagshandeln. Zähle die Unterschiede auf, diskutiere sie später.

Übung 2: Das *Ich* kann keine Erkenntnis erlangen, wie sehr ich mich auch anstrenge - allein die Göttin schenkt Welterkenntnis, wenn ich mich öffne, passiv, bescheiden, voll Liebessehnsucht für sie.

Übung 3: Führe Herzgespräche mit der Göttin, d. h. schreie, weine, flehe, bete. Erdmütter lieben Tragik und Tragödie.

Übung 4: Übe mutterseelenallein ohne Workshop und Therapeuten, die Erdmutter zeigt sich dir nur im stillen Waldwinkel.

Übung 5: Willst du deine anrührenden Erlebnisse anderen preisgeben, dich aussprechen, renn zurück ins Steinmeer und schreie es den Hartnäckigen ins Felsenloch. Sei nicht schwach. Entleere dich nicht vor Menschen! In der Naturtherapie wird weder herausgesabbert, was bedrückt, noch was beglückt. Die Weisen der Felswand, die Herren von Regen und Flut mögen dir lauschen - wenn du in ihren Urgrund sinkst.

ÜBER THERAPEUTEN UND NATURTHERAPEUTEN

Therapeuten wissen etwas, können etwas, haben Methoden. Therapeuten bestehen aus etwas von außen auf sie Aufgeklebten. Naturtherapeuten haben nichts, sind nackt, sind Wilde, sind selbst Natur geworden, kriechende Blindschleichen auf feuchtem Waldboden. Zu lernen ist von ihnen nichts, außer man beobachtet sie so, wie sie die Natur beobachten, nämlich indem sie hinausgehen über bloße Beobachtung, in der Schau werden, was sie beobachten.

Vom Naturtherapeuten lernt man, sofern man die anfänglichen Aggressionen über seine unstimmigen Schlangenbewegungen und Verästelungen abgeschüttelt hat, indem man sich mit ihm mitverästelt, nichtdenkend seine Tal- und Bergfahrten zulässt. Der Naturtherapeut ist eine Wiederholung der Naturbewegung mit menschlichen Mitteln, weshalb der naturferne Mensch - noch voll Scheu vor zarter Birkenhaut - zunächst leichter über ihn lernen kann, im Allgemeinen aber sich über seine Unstimmigkeiten ihm entfremdet.

IM DSCHUNGEL DER NATURÜBUNGEN

Hier einige Naturübungen.

Wechsel Natur-Kultur (B-Übung)

Nach einer Naturbeobachtung wechsle schnell über zum hektischen Marktplatz, setz dich dorthin - beobachte scharf. Vergleiche, analysiere, besprich das mit anderen. Wie wirkt Natur, wie Kultur? Wo ist Wahrheit?

Beobachtung der eigenen Irrealitäten (B-Übung)

Denken und Fühlen erweitern, erschaffen, nicht aber, wie angenommen, unsere reale, sondern unsere irreale Wirklichkeit. Daher: *Realität besteht aus sämtlichen Irrealitäten.* Das wirft die Frage auf: Wie befreie ich mich vom Fühlen und Denken, die dauernd neue geistige, spirituelle und intellektuelle Irrealitäten entwerfen, und ich sie mir als Erweiterung, Aufklärung, als neue Horizonte verkaufe? - Naturbeobachtung beruhigt, steckt an durch Seinsgefühl. Versuche, ins Seinsgefühl zu kommen, indem du es *nicht* versuchst, also ohne Denken und Fühlen, sprich einfach durch Naturgefühl, denn dieses allein gebiert reines Seinsgefühl. Naturbeobachtung als sich schlängelnder Saumpfad in den Seinszustand. Beobachte gelegentlich dein dauernd plapperndes Denken und summendes Fühlen, im Hintergrund aber nimm simultan das Meeresrauschen oder die Morgenröte wahr. Letzteres wird bald ersteres verschlucken, dann dämmert der Seinszustand herauf.

Der Universalsinn der Erdmutter (S-Übung)

Ich sitze und betrachte - lange. Irgendwann, nach drei oder sieben Stunden oder Tagen, bin ich als Ich durch heraufdämmernde Mitgefühle, Zeitlosigkeit oder Seinsgefühle nicht mehr hier. Es vereinigen sich nämlich *alle* Wahrnehmungsarten blitzartig zu einer Gesamtwahrnehmung. Das ist die Urwahrnehmung der Erdmutter: Zu schauen mit den Augen all ihrer Lebewesen. Wir wissen dann, wir wandeln auf dem richtigen Weg. An diesem Punkt beginnt Naturtherapie! Alles davor dünkt Dumpfheit. Die gleichzeitige Wahrnehmung mit Menschen-, Wolfs- und Bienenaugen enthüllt die wahre Natur des Daseins. Aus dieser Erfahrung, der Vereinigung aller Sinne zu einem Totalsinn, der

Vereinigung aller Sinne aller Sinneswesen, steigt die Erdmutterschau hervor. Über ein bloßes Sehen mit Menschenaugen wirst du anschließend nur milde lächeln.

Aus dieser Erfahrung heraus entwickelte sich bei allen Völkern das Ritual der Tiermutter. Die Mutter aller Tiere ist die Große Göttin, die sich in Gestalt der Tiervielfalt entäußert. Dabei verwandelst du dich in ein Tier nach dem anderen, zunächst spielerisch, dann am besten wirklich. Wanderst als Wolf durch Tundra, stampfst als Wildkamel durch Sanddünen, kreist adlerhaft überm Horst. Du bastelst dir eine Leibgarde aus Tieren, stellst sie um dich im Kreis, baust einen Tieraltar, einen Naturaltar mit den Symbolen aller Lebewesen.

Die Chamäleon-Übung (S-Übung)

Beobachtung von Kleinstlebewesen mit Lupe. - Warum leben sie so, wie sie leben? - Warum sehen sie so aus, wie sie aussehen? - Wie fühlen sie? - Ich bin Käfer, Ameise, Krabbeltier, wie fühle ich mich, sind wir verwandt, sind Mikroben wirklich anders als ich? Ich verwandle mich, je tiefer ich in den Mikrobereich eindringe, in Wesen ohne Namen, sehe, dass sie den gleichen Zielen folgen wie ich, gleiche Gefühle haben wie ich und aus der gleichen Heimat gekommen sind. Wir sind alle Wesen der Urmutter, *ein* Wesen, die Urmutter in tausend Gestalten. Mit dieser Erfahrung beginnt erstmals das Geistige heraufzudämmern, alles Vorangegangene war blasse Hoffnung. Und dennoch bleiben wir Mensch, die Mikrobe Mikrobe. *Urmutter hat viele Augen, und jedes sieht eine andere Welt, damit die ganze Welt in ihren tausend Formen und Möglichkeiten sich widerspiegeln kann in ihr. Die Urmutter ist das Eine in Gestalt des Vielen, ihre Chamäleonnatur - das ist das ganze Geheimnis. Das zu erschauen, darum geht es.*

Nur-Geist-Übung (B- und S-Übung)

Das ist eine Grundübung der Naturtherapie, die immer wieder durchzuführen ist.

1. Sitze auf der Höhe im Morgennebel, und während ich beobachte, beobachte ich gleichzeitig meine Beobachtung, mein Bewusstsein. Was ist Bewusstsein? Das ist die große Frage? Ich denke nicht nach darüber, sondern beobachte es nur am Rande, während ich anderes beobachte. Fast hätte ich meine Aufgabe vergessen, aber da zeigt sie sich mir in einem Geistesblitz als Leere, als Nicht-Ich, als all das, was allen Lebensformen zugrunde liegt. Dann falle ich wieder in Fühlen und Denken zurück und vergleiche dieses mit dem gerade erlebten, universalen Bewusstsein und stelle fest: Denken und Fühlen entstehen, lässt die Bewusstseinskraft nach. Denn: Denken und Fühlen sind geschmälertes Universalbewusstsein! Aber: Es gibt eine Art Überdenken und Überfühlen!

2. Ich erkenne: Bin ich im Natur- oder Seinszustand, gibt es keine seelischen Probleme mehr, einfach weil *ich* nicht mehr da bin, vieles geworden, Urmutter-Sein geworden bin. Naturtherapie beschäftigt sich nicht mit Ich-Problemen, sie wirft diese in die Schlucht, verdampft sie am Feuer.

3. Übung: „Über das Viele zum Einen". Natur ist so quicklebendig wie ich, sehe ich aber lange hin, erkenne ich als ihre Grundlage eine Abwesenheit von Ich und Individualität, ja einen Ozean der Leere. Tete ich über die Beobachtung der Naturwesen darin ein, entledige ich mich meiner selbst. Das Paradoxon herrscht hier: *Verwandle ich mich durch übergroßes Mitgefühl in alles, werde ich zum Nichts.* Aber Erdmutter lässt den Alles-Menschen nur kurz zu, zu Recht, sie ist das Alles, der Mensch darf nur Sekunden kosten von ihrer All-Natur.

4. Übung: *Natur als Tor zum Nichts.* Nur anfänglich stellt sich Natur als das Alles und Viele vor. Der Alles- und Vieles-Zustand bereitet den Nichtszustand vor! Nichts und alles werden eins. Dies ist das Paradoxon, dass es auf alle Fragen nur die eine Antwort gibt, nämlich keine. Wir werden ein wandelndes Paradoxon, der Narr scheint durch die Ritzen unserer Sätze, niemand nimmt uns noch ernst, und so wandern wir einsam jenseits von oben und unten. Naturtherapie ist uns ein Fremdwort geworden, aus dem Therapeuten, aus Sucht ist ein Niemand aus Naturlust geworden, aufgelöst in die Naturformen lebt er als Moos und Moor, schreit als Habicht über Felder, morgens, wenn der Bauer schläft. Niemand kann mich mehr mit kleinkarierten Argumenten fassen, am wenigsten ich mich selbst.

Bin Kind, bin Wolke (S-Übung)

1. Will ich dem Naturmenschen nahe kommen, dann hilft es, *lasse ich mich zurück in meine Kindheit treiben,* als sich Bäume und Gräser noch geheimnisvoll im Wind bogen. Mit Kindergemüt den Baummenschen zu betrachten, führt uns in unsere Kindheit, unser wahres Wesen zurück und damit in die Natur. Denn Kind und Natur sind eins.

2. Wolkenschauen. Erst Stunden beobachten, später Tage. In der Schau stelle ich plötzlich fest: Es sind Wesen! Ganz nebenbei enthüllen sich bei der Beobachtung allerhand tiefgründige Naturgesetze der Bewegung. Bin Wolke.

Nachtübung Naturlauschen (S-Übung)

In der Nacht hören wir besser. Es lassen sich alle Arten von Nachtübungen ausdenken, insbesondere das Nachtlauschen. Es geht nicht um Wahrnehmungsschärfung, sondern um tiefes Wahrnehmungsgefühl. Wie schön ist Froschquaken, ist das ein konzipiertes Konzert? Wie sehen Naturkonzerte aus? Satzstrukturen von Tiergeräuschen. Gibt es Natursprachen? Es gibt Geräusche, die noch niemand beschrieben hat. Die Welt ist größer. Man lerne, in der Lautnatur zu lesen, wie in einem Buch. Keine Naturtherapie ohne Nachtlauschen!

Das Lauschkonzert ist aber nur ein Anfang. Irgendwann dehnen sich alle Nachttöne zu einem Konzert aus, und dieses Konzert zieht sich dann wieder zusammen auf einen Ton, denn das Konzert ist im Grunde ein Ton, so erfährt man. In einer letzten Phase erfährt der tiefe Lauscher den Urton der Schöpfung, es gibt ihn, und er ist scheinbar hörbar. Über all unsere Einzelsinne kann man zum Universalsinn zurück gelangen. Dieses Wunder lässt sich in der Tat erfahren, darüber zu sprechen, wirkt schal. Hier beginnt Seelenerfahrung, Psychologie der ordinären Art hört hier endgültig auf.

Menschen anderer Art (S-Übung)

Naturwesen erkennt man bei langem Hinschauen als Apfelbaummensch, als Föhrenmensch, als Kristallmensch, als Wildbachmensch. Bricht dieses Erkennen der anderen Menschen einmal durch, ist das eine Offenbarung. So beschauen wir verschiedenste Naturmenschen, versuchen, durch Hingabe, Mitgefühl, Liebe ihr Wesen zu erahnen, mit ihnen zu sprechen, zu fühlen. Dabei wird man verschiedene Charaktereigenschaften, sprich Naturgesetze, an ihnen erkennen; diese vergleiche man mit den eigenen. Wie nah steht man eigentlich seiner Kiefer im Vorgarten? Hat man bisher überhaupt bemerkt, dass ein Wächterbaum vorm Eingang steht? Wenn wir einmal verstanden und erfahren haben, dass alle Naturwesen nichts als andere Menschen sind, statt Haut Nadeln, statt Kopfhaare Stachel, statt Nägel Krallen haben, dann wird man anders mit den Weiden, Widdern und Waldeulen sprechen. Dann beginnt das Zwiegespräch nicht mit dem Nachbarn, sondern der Wolkenwand. Einsamkeit erlischt dann, wenn die Nacht zart den Arm um uns legt. Sehnsucht nach Menschenkontakt, diese Krankheit der modernen Kultur, stellt sich dann heraus als Flucht vor der übergroßen uns umarmenden Naturwirklichkeit.

Die Raum-Zeit-Übung (B- und S-Übung)

Naturwesen haben keine Armbanduhr umgeschnallt, Zeit ist für sie ein Fremdwort. Wer mit Hirschen sprechen will und mit den Larven der Baumrinden, verliere zuerst seine hektische Zeit durch endloses Dasitzen im Hochmoor. Das ist die Hürde. Erfahre durch Nichtstun: Es gibt keine Zeit! Das wird dann zum unerschütterbaren Lebensgefühl, deinem ersten Gefühl der wahren Art. Gleiches betrifft übrigens den Raum. Naturwesen ist der Raum fremd. Die Seele kennt keinen Raum. Wer also seelisch spricht mit den anderen Menschen, der spricht über Raum und Zeit hinweg. Das ist eine Anfängerübung, für die meisten jedoch eine unüberwindliche Hürde

Naturmenschen nur sind Menschen (B-Übung)

Das klingt überheblich - zu Recht. Höchste Kräfte in mir entfalten sich nur, entfalte ich meine ganze Natur. Man setze sich an einen kraftvollen, gesunden Ort, betrachte die Kraft der anderen Naturmenschen, betrachte sich dann ehrlich selbst, vergleiche, benenne, *was einem fehlt, großer Naturmensch, sprich echter Mensch zu sein.* Das ist eine schonungslose Selbstbefragung. Als Richter dienen die umstehenden Haselbuschmenschen und ein hinterm Baumstamm listig schielender Fuchsmensch. Voraussetzung, diese als Richter zu erkennen, ist natürlich die Einebnung aller gesellschaftlichen Meinungen, durch die alle Naturgeister zum Leben erweckende Schau.

Das Nichtsgefühl (S-Übung)

Betrachte verwelkende Eichenblätter, absterbende Bäume. Betrachte Vergängliches. Nichts bleibt ewig! Wer da tief eindringt, in dem steigt Nichtsgefühl auf. Das ist ein erhabenes Gefühl, es übersteigt jede Stärke, Heroik und Gelassenheit. Von den in sich zusammenstürzenden Baumruinenmenschen lernen wir dies, denn sie ruhen auch im Sterben, im Nichtsgefühl und überdauern so die Sturmflut der Gezeiten. *Das Nichtsgefühl ist der Humus der fruchtreifen Persönlichkeit.* Und wenn die reife Pflaume dann abfällt, fällt sie in den Tod und gebiert einen neuen Pflaumenbaum. Also im Sterben das Leben zu genießen, bei den kleinen Toden des Alltags wie beim letzten großen Tod - das ist der letzte Schritt: aus dem Nichtsgefühl zu fallen in den Tod, dort als Kern sich zu neuem Leben emporzuschwingen, sprich neu geboren zu werden. Wer das vollendet, vollendet höchstes Menschsein. Naturtherapie endet hier.

Wer die Kraft des Weißdorns, die Klebrigkeit der Klette, die Dauerhaftigkeit des Granits wie die Glätte des Schiefers erlangt hat, plagt sich nicht mehr herum mit Psychotherapie und Heilweisen, mit Selbstvollendung und Ego-Höhepunkten, er ist einfach geworden, strahlt die Kraft von Fels, Feder und Fisch aus. Dazu verhilft niemals moderne Therapie gleich welcher Sorte, nur Natureinfühlen führt zur Naturverwandlung. In dieser Verwandlung wird der Geist zu Gneis, Granit, Granat und nicht „nur frei von Störungen". Naturtherapie ist eben etwas, wovon die moderne naturferne Welt noch nicht gekostet hat, Höhepunkte stehen hier an, von denen noch nie ein Therapeut vernommen hat. Wir ruhen hier jenseits menschengemachter Mystik, religiöser Schwärmerei und aufgeblähter Pseudospiritualität.

In dieser Felsformation im Tal von Kinnauer im Himalaya hielt ich mich 7 Tage auf. Meditation über den Geist des Steins.

Das Erdmuttergefühl - Schweigen ist Ursprache (S-Übung)

Sitze im Blätterdickicht, beobachte, spüre, was hinter der „panischen" Fülle ruht - eine Gemeinsamkeit aller Formwesen, schließlich - eine Leere. Diese Leere spricht die Ursprache: Das beredte Schweigen! Darüber könnte man unendlich palavern, aber Ursprache kennt paradoxerweise keine Worte.

Ich bin übersät mit Wunden (B- und S-Übung)

Betrachte die verletzten, geschändeten, gebrochenen Naturwesen. Du selbst bist abgeschliffener Bachstein. Auch dich reibt die Natur auf, insbesondere die Natur der Zeit. Alter und Verfall gehören zu dir. Die Erdmutter in dir will zurück zu sich als Urstoff. *Gib dem Tod eine Chance, stirb langsam rückwärts ins Große Grün.*

Bin Bachstein, hitzeschwere Felswand (S-Übung)

Ich-bin-Übungen gehören zentral zur Naturtherapie. Bin ich alle Wesen gewesen, bin ich kein Mensch mehr. *Naturtherapie gipfelt darin, kein Mensch mehr zu sein, Allesmensch, Naturvielfalt. Nur-Menschsein ist eine Krankheit. In mir aber vereinigen sich alle Evolutionen aller Wesen. Therapie, Heilung, Leben insgesamt heißt einfach, alle Wesen aller Wesen in sich zu vereinen, damit man sein ganzes Gesicht kennen lerne.* Oder schaut nicht ein Hase aus deinen Ohren, die Wildgans aus der Nase, der Bockshornklee aus deinen Wangen, und hat sich da nicht eine Ringelnatter am Phallus festgebissen?

Die universale Heimat entdecken (S-Übung)

In uns allen ruht eine Sehnsucht nach Heimat, aber jeder glaubt sie woanders. Alle haben Recht, Heimat ist überall, aber die universale Heimat, die in allen Wesen schlummert, finden wenige. Jede Welttatsache kann bekanntlich zu einer seelischen und geistigen und körperlichen Heimat werden, die Urheimat aber ist, in allen Heimaten gleichzeitig zu Hause zu sein. Diese Urheimat ist der Geist, denn er ist das Samenkorn fürs Alles. Betrachtet man also irgendein Vogelnest oder ein Baumloch oder eine Steinhöhle, die den Wesen Schutz geben, dann kann man das übertragen auf alle möglichen Heimaten, sofern die Geisteskraft dazu reicht. Tiefe Schau, Ruhen im eigenen Saft ist dazu notwendig.

Gesichterwechsel (S-Übung)

Du willst immer der gleiche sein? - betrachte ehrlich deinen Wandel. Warum hast du Angst, morgen ein anderer zu sein, andere Meinungen, neue Erfahrungen zu haben, den Beruf, die Frau zu wechseln? Glaubst du, nur so seiest du liebenswert und gut? - Lass Wandel zu, werde reicher, sei die oberste Natur, die Natur des Wandels. Die Fülle der Naturwesen und ihr ständiger Untergang zeigen dir den Weg zum Wandel. Als dauernd Verwandelter bist du Naturnatur, die Essenz selbst, sprich frei von Wandel. Wer aber ängstlich Falten überschmiert, dem steht Verfall zu, unterster Moder soll er werden. Also die Kunst, mit Grandeur zu sterben, mit Heroik unterzugehen, mit einem Lachen auf die andere Seite des Lebens zu entfliehen, das kennzeichnet große Geister, sprich Geister.

Die Natur der Kultur (S-Übung)

Man setze sich oberhalb einer Ortschaft hin und überschaue sie. Was ist ein Dorf? Eine Bienenwabe, ein Vogelnest...? Zu unterscheiden zwischen Kultur und Natur ist ein Irrtum. Kultur ist die Natur des Menschen. Kultur folgt den Naturgesetzen. Es gibt nur Natur! Den Kulturprozess als Naturbewegung zu erkennen, ist höhere Übung, bedarf tiefer Versenkung und völliger Losgelöstheit von oberflächlichen Meinungen. Hier dürfen sich starke Geister die Zähne ausbeißen. Das ist eine der höchsten Übungen. Wer sie nicht erfolgreich durchführt, bleibt ewig Sklave von Kulturschablonen. Kultur, Städte, Menschen im losgelösten Zustand der Schau zu genießen, ist eine Grundvoraussetzung, die zur Naturerleuchtung, der Freiheit von kultureller Elektrobeleuchtung führt.

Zeit und die Vereinzelung der Wesen (S-Übung)

Schaue ich tief in mich, dann ist da eine Sehnsucht nach Heimat, nach Ursprung und wahrer Einverleibung meines Lebens. Aber wir fühlen uns abgetrennt von uns selbst wie von anderen Wesen, wir tun nur so, als seien da Verbindungen, wir tun nur so, als seien wir da. *Tatsächlich läuft jeder für sich allein durch die Welt, isoliert von anderen durch Raum, Zeit und Körper.* Diese Triade macht die stoffliche Welt aus. Ihr Erlöschen führt uns in die Urstoffwelt von deren geheimer Existenz unsere Sehnsucht zehrt. Alle Übungen, Natur-Einheit, Einheit mit sich selbst zu erlangen, scheitern, weil wir Körper bleiben und nach jeder noch so tiefen Schau in ihn zurückfallen. Der starke Naturmensch - gestärkt durch Naturschau - hält diesen Widerspruch durch, weil er um den Tod weiß, und auf ihn ohne zu blinzeln wartet. Leben ist ein Abwarten und Aushalten. Man hat sich für eine Reise in die Materiewelt angemeldet, nun gilt es, das unerwartet harte Klima durchzuhalten. Große Naturweise leben auf diese Art. Wölfe, Schlangen und Adler gleicherweise. Die Übung dazu ist eine schlichte Naturmeditation am Rande der Waldgrenze oder an der Wiesenau. Es geht darum, sich zu erinnern, warum man sich angemeldet hat für diese Reise und woher man gekommen ist. *Naturtherapie ist eine Erinnerungskunst*. Es geht darum, das Leben als kurze Reise der Seele in eine andere Dimension, als „einmal tief durchatmen" zu erleben - daraus entwickelt sich dann Lebensgelassenheit, Ichlosigkeit und ein Leben, das der Schau und der Seinseinheit gewidmet ist.

Wandelgesicht und Urgesicht (S-Übung)

Als erfahrener Naturmensch, abgesunken in die Erdtiefe meines Urgesichts bin ich unwandelbar und ewig und ohne die störenden Zutaten einer individuellen Charakterologie. Namen- und ichlos bin ich fast Erdmutter selbst. Doch gleichzeitig bin ich als Körpermensch ein Wandelgesicht, unterliege dem Zeitstrom von Entwicklung und Verfall und das belästigt, ängstigt mich. Es geht also darum, im Leben auch im Angesicht unserer Wandelgesichtigkeit Urgesicht zu bleiben und als Urgesicht anzurennen gegen das lebendige Gegenteil, mein Gesicht. Darin besteht die Größe, das ist unser Auftrag, dabei werden Naturweise geboren, jene, die altern, aber ewig jung bleiben. Das ist eine Übung, die ganztägig zu üben ist, die Lebenseinstellung werden muss.

Die Lehrreden der Naturformen (S-Übung)

Wie entstehen Naturformen? Warum habe ich einen Körper dieser Art? Dieser Tiefenübung durch einfache Beobachtung und Schau entgeht kein Wald- und Wassermensch. Es drücken sich bei der Erkenntnis, was Formen bedeuten, Wahrheiten in unseren Geist, die alle Wissenschaft überschreiten. Form ist geronnener Seelenstoff, Bedeutung, Sprache, Sinn pur. Erfühlst du plötzlich, dass eine Schlingpflanze zu Festen geronnene Philosophie ist, Gedanken und Gefühle als Materie zum Ausdruck gebracht werden als Giraffen-, Geranien- und Gazellengestalten, wirst du als betender Naturschüler durch die Savannen- und Steppenschule auf Knien rutschen, und alle Menschenschulen werden abfallen von dir wie Schuppen von der Haut. Es gibt nur *eine* Schule, Freunde, nur *eine* Lehrzeit: Als gebackene Naturform diese als eine geronnene Weisheit zu erkennen! Habt ihr Psychologen und Philosophen je davon gehört? -

Erdmutters Gesicht: Wolkengeschiebe - Formengetriebe (S-Übung)

Beobachte seit zwei Tagen auf dem Rücken liegend Wolkengeschiebe. Innerhalb weniger Minuten ändern sich an einem Himmelsfenster die Wolkenbänke, mal dünne zarte Moskitoschleier, dann schweres Gewölk mit dunklem Unterton, jetzt wieder lange speerspitzige Zungen, darauf Wolkenbrei wie auf Brot zerstrichene Butter; vom Horizont quellen Quellwolken, wachsen wie Pilze schnell, dann plötzlich reißt blauer Himmel auf, und die Weißen sind nur noch Erinnerung. Kurzum: Am Himmel ist die Hölle los. Formenmeere, Ozeanschlachten, Modenschau der weißen Eitelkeiten. Das können keine Lebewesen, das können nur die Elemente Luft und Wasser sein, die sich in Einklang und im Wettstreit wiegen. Wie aber bringen Wasser und Luft so viele Formen hervor, die alle gemahnen an Formen anderer Spezies, an Lilienköpfe, Augentrost und gelbes Hornklee, dann wieder zeichnen sich Blattformen herzförmige, nierenartige, elliptische, pfeil- und lanzettförmige ab, lineare und eiförmige, oder wie die Hand gespreizte. Da frage ich mich, ob nicht die Unzahl dieser Lebensformen *einem* Gesetz unterliegt, das in allen Spezies wohnt, sich materiell aber in unterschiedlichen Formen äußert, mit gleichen Mitteln zu immer wieder neuen Gesichtern führt, mal mit Luft und Wasser, mal mit Wasser und Erde, mal mit Feuer und Luft zu Lippen- und Schmetterlingsblütlern, zu Kelch- und Kronblättern, zu Rohr- und Zungenblüten führt. Gibt es Urgesetze, Formenergiegesetze, Matrizen oder Urbilder, die allen materiellen Erscheinungen ihr Gesetz aufdrücken, durch die alle materiellen Wesen hindurch müssen, wie durch einen Zoll? Liegt dem individuellen Formendrang der Blüten, Baumkronen, Münder, Schnauzen oder Landschaftsgesichter ein universelles Grundmuster zugrunde? - Schau dir Erdmutters Gesichter an!

Überschaue ich lange die Erdgesichter, Marschland und Salzwiesen, Feuchtbiotope und Trockensteppen, Geröllhalden, Bachläufe, Bergketten, Eisberge, Meerengen und Gebirgszüge, Seenplatten und Wüstenstriche, enthüllt sich mir das Erdgesicht der Großen Mutter. Es zeigt sich als ein in allen Erdgeschieben und Steingeröllen, Wolkenvorhängen und Feuerbrünsten Wiederkehrendes. Wenn du lange einsam wanderst als letzter Jäger, dürstend nach Wissen statt nach Wildbret, als erster Wilderer der neuen Ära, als Botschafter der Menschen in der Dimension der Natur, ist das eine weitere Reise als die zum Mond, denn du durchdringst innere Räume, zum Mond nur den äußeren Raum. Man glaubt, wir stünden am Ende des Abenteuers Geologie und hätten den Planeten fest im Griff durch Teleskop und Satellit. Man irrt: Wir haben noch nicht angefangen, festzustellen, wer eigentlich hier wohnt. Man irrt, glaubt man, allein zu sein. Man irrt, glaubt man sich Herr der Lage. Mann irrt überhaupt nur, weil man ganz irregeworden ist wegen ein paar Dampfmaschinen und dem Linienflug. Wir haben nichts im Griff, kennen uns selber nicht, wissen nichts von den wahren Herren dieses Planeten, den großen Reptilgehirnen in den tiefen Grüften, den blassen Geistern im Teichnebel, wir kennen nicht die kriechenden und windenden Lebewesen, die sich am Bordstein leise ausbreiten. Wir wissen nicht, was sie über uns wissen. Wir sind nicht allein! Blind taumeln wir durch Sonnenlicht, sehen die Heerscharen lichter Geister nicht.

Die innere Unruhe (S-Übung)

Das erste was uns Menschen in uns selbst begegnet, ist eine innere Unruhe, ein Getriebensein, wir wollen etwas tun, doch können wir uns nicht endlos einer Sache hingeben, brauchen Abwechslung und Reizveränderung, sind süchtig nach Reizen. Treten Gegebenheiten auf mit wenig Reizen, flüchten wir, sagen „langweilig". Sind zu viel Reize vorhanden, werden wir gereizt, sind erschöpft, überbeansprucht, wollen flüchten, suchen reizarme Situationen auf wie Schlafen, Entspannen, Nichtstun, Alleinsein. Der Mensch schwankt zwischen Reizsuche und Reizflucht, zwischen Reizarmut und Reizüberfluss bahnt sich jeder seinen Weg.

In der Natur treten wir einer Fülle an Reizen gegenüber, aber es geschieht im Menschen etwas Eigenartiges: Trotz dieser Reizfülle erscheint mir die Natur bald reizarm, es zieht mich zurück in Städte und menschliche Umgebung. Lange allein zu sein auf der Waldlichtung erscheint den meisten unerträglich, gar als Strafe, blanker Schrecken. Ein Mensch will unter Menschen sein. Mit dem windbewegten Grasmeer kann ich nicht sprechen, Gipfel sind stumm, Geröllhalden tot. Natur spricht nicht zu mir, versteht meine Gedanken nicht, bewegt sich nicht. Tiere, obwohl sie mir am nächsten stehen, begreife ich nur als eine absteigende Evolution vom Hund bis zur Grille. Daher gilt es, zuerst die innere Unruhe anzuschauen beim langen Sitzen im Großen Grün, das ist die erste Pflichtübung und einzige Rettung.

Die Sprache der Bäume

*Ein alter Baum ist ein Stückchen Leben. Er beruhigt.
Er erinnert. Er setzt das sinnlos heraufgeschraubte
Tempo herab, mit dem man unter großem Geklapper
am Ort bleibt. Und diese alten Bäume sollen
dahingehen, sie, die nicht von heute auf
morgen nachwachsen? Die man nicht „nachliefern" kann?*

- Kurt Tucholsky -

*In den Wäldern sind Dinge, über die nachzudenken
man jahrelang im Moos liegen könnte.*

- Franz Kafka -

Ja, die mangelnde Gesprächsbereitschaft der Baum- und Wolkennaturen erschreckt mich. Ich verstehe nicht die Sprache der Laubkronen, und wie sollte ich sie erlernen? Aber bist du jemals in die Schule bei Laubkronen gegangen? Hast du dir je die Mühe gemacht, zu lernen von den Anderen? Du verweigerst dich, und in tiefster Seele hast du Angst, Angst vor Laubkronen und Lachsschwärmen, vor Luchsaugen und lodernden Feuerzungen. Urangst vor den Anderen, weil du vergessen hast, dass Du sie bist. - Naturtherapie versucht, uns zu gewöhnen an die unhörbaren Laute der Blütenköpfe. Aber dass Steine und Erden mindestens flüstern steht fest. Doch nur Begnadeten wird es möglich sein, die erste Klasse der Baumschule zu besuchen. Kurzum: Ich sehe den Lautgesang der Blütenmeere als eine Herausforderung an. Wirf dich ins Blütenmeer und singe!

Es ist ein gigantisches Unterfangen, will der Blumenverkäufer die Blumen verstehen. Allein aus Sagen und Zaubergeschichten wissen wir, einzelnen Menschen ist es gelungen, die Sprache der Vögel und den Gesang des Windes zu erhören. Diese Exoten galten früher als die Weisen, heute assoziiert man sie mit der Psychiatrie.

Naturwissenschaft der anderen Art ist also gefordert, will ich als Mensch in unmittelbaren Austausch treten mit einer Kolonie von Pinguinen oder einem Pinienhain. Ich muss die innere Unruhe, meine instinktive Fluchtbewegung vor der Natur überwinden, und das gelingt nur durch Durchhalten, Ausdauer, Vertrauen. Unterstützt werden wir von einer Reihe von „Methoden", die uns helfen, die Einsamkeit erträglich zu gestalten, das Leiden des Nichtstuns zu dämpfen, und die Angst vor der Leere, die schnell in der Fülle der Natur heraufdämmert - denn was ist der Mensch schon im Angesicht der kosmischen Nacht? Diesen Schreck positiv aufzufangen und umzuwandeln in Naturgenuss, Naturverehrung, dazu verhilft uns die Naturzeremonie. Die Zeremonie allein oder in der Gruppe durchgeführt, ist die älteste Methode, dem Großen Nichts entgegenzutreten. Aber was ist eine Zeremonie? Die eben muss jeder für sich selbst entwickeln. Es gibt keine Ritualhandbücher und wenn, dann lügen sie. Einen Hinweis: Die Lebensweise der Natur ist in sich selbst eine Zeremonie. Zeremonien sind keine erstarrten Körperbewegungen, man muss sie entdecken wie alte Gräber.

Katastrophen-Mensch und Allmutter

Naturtherapie hat ihre Beschränkungen. Warum? Der Mensch ist das Produkt und Überbleibsel von Naturkatastrophen, Kometeneinschlägen, Sintfluten, all das sind alles andere als Seltenheiten. Die menschliche Geschichte ist die Geschichte kosmischer Katastrophen. Man arbeitet heute mit dem Trick, alle geologischen Ereignisse Jahrmillionen zurückzuverlegen. Katastrophen jedoch haben die Menschheit in geschichtlicher Zeit mehrfach zerschlagen. Durch den Raum schwirrende Kometen und Meteoriten sind die Geschosse der Erdmutter. - Naturtherapie operiert nur auf der Haut der Erdmutter. Wir erreichen die Sterne nicht. Naturtherapie hat keine kosmische Dimension. Ein Kosmos, das ist der Erdmutter wahrstes Kleid, da ist sie Allmutter. Das Sternenkleid der Allmutter bleibt uns jedoch entzogen, wir begnügen uns mit ihren Eingeweiden, als Planet sind wir Leber oder Galle, ein Knoten im linken Bein. Wir unterliegen also den Verdauungsbewegungen einer dicken Dame.

Die Identität der Instinkte (B-Übung)

Ich beobachte meine Eichelhäher. Ein Elternpaar, zwei Kinderpaare. Sie fallen täglich mehrmals sturzflugartig wie Räuberbanden bei mir ein, suchen das Dach ab, schreien kriegerisch, verschwinden lärmend. Finden sie Brotreste, fallen sie nicht nur über diese, sondern auch gegenseitig übereinander her. Ihr ganzer Gleitflug sieht wie ein Überfall aus, ist zielorientiert und will nur haben. Plünderung, Überfall, Rauferei sind ihnen in die Flügel geschrieben. Will man sich in sie einfühlen, dann über ihr Verhalten. Sie sind eine Widerspiegelung unseres Verhaltens als Räuber. Es kann nicht anders sein, als dass sie das gleiche Räuberische spüren, wie wenn ich zum Räuber werde. Streiche ich hungrig durch die Landschaft und eigne mir herzlos alles an, wenn es für mich gut ist. Kein Mitgefühl, keine Ehre, nur Hunger! Wie also fühlen Vögel? Aus ihrem Verhalten lässt es sich erschließen. Äußeres und Inneres sind gleich. *Alles Äußere ist ein Spiegelbild des Inneren!* Ist das nicht ein wunderbares Sein, wo dass Außen nach außen gekehrtes Inneres ist? Also: *Mein Leib ist Abbild meiner Seele.* Im Betrachten liegt demnach die Kunst der Psychologie. Beobachtung selbst ist bereits etwas Seelisches, sie steht zwischen Körper und Seele, vermittelt zwischen beiden. Die Betrachtung der Form, ihr Erkennen ist bereits ein Erfühlen.

Die Einheit von Innen und Außen (S-Übung)

Oberstes Gesetz der Natur: *Was außen, ist innen, was innen, ist außen.* Wie verfestigt sich das Innen zum Außen? Umgekehrt wird alles, was ich außen, also als Körper, tue, sich verfestigen zu einem Seelischen. *So kann ich im Seelischen wie im Körperlichen mein Wesen und mein Schicksal beeinflussen.* Daher die Chance des Seelischen, daher die Chance des Körperdaseins. Einen Körper zu haben, ist ein Glück und Geschenk, eine seelische Erscheinung im Physischen. Um das Hin und her zwischen Innen und Außen abzukürzen, sage ich: *Innen und Außen sind zwei Seiten des Gleichen! Wenn Seelisches sich nach außen krempelt, wird es Materie und umgekehrt.*

Daher arbeiten wir in der Naturtherapie viel mit dem Außen der Bäume, opfern reale Dinge, bewegen unseren Körper, beobachten. Die Natur ist Stoff und in der Arbeit mit ihr erkennen wir Hasen und Füchse als Ausdruck des Nichtstoffs, beeinflussen unsere Seele mittels des Körpertanzes, erschauen in der Form des Bachlaufs seelische Gesetzmäßigkeiten.

Anti-Evolution - Erspüren der anderen Wesen

Wenn ich davon spreche, Holunderstrauch und Kastanie zu werden, dann versteht das der allgemeine Bürger als Sinnbild, als überhöhte Phantasie, als Naturschwärmerei und lächelt vielsagend. Aber es geht nicht um Naturromantik und edles Sein in der Landschaft. Ich sage laut: Jeder Baum und Strauch ist ein Mensch! Ich sage ungeniert: Als Mensch kann ich mich verwandeln in jeden Stein und Strand! Da kommt keine Romantik oder gar Mystik auf. Das überlasse ich Schwärmern mit einem Übermaß an menschlichen Gefühlen. Naturtherapie ist ein Realismus, eine materielle Tatsache. Wenn dennoch Schwärmerei aufkommt, weil man die glatte Felswand nun als Mensch und sprechendes Wesen erkannt hat, dann ist das Liebe, Hingeneigtsein zu einem neuen Freund der anderen Art. Wenn die Menschheit begreifen würde, wie die alten hochzivilisierten Stämme, dass man Freunde in der Felswand und Geliebte in Sanddünen und Salbeiwiesen haben kann, beginnt recht eigentlich erst Zivilisation. Die technologische Hochkultur, wie wir uns gerne in Ermangelung eines Besseren bezeichnen, ist ein Untergang, bestenfalls ein Vorstadium zum Menschen hin. Man glaubt, Hochtechnologie sei der Endzweck - man irrt, sie ist ein Anfang, um von sich selbst wegzukommen. Hochtechnologie ist die erste Stufe zur Nichttechnologie! Evolution läuft nicht von gestern nach heute, sondern vom Hohen zum Tiefen; wir befinden uns in einer evolutiven Sackgasse, einem Abstieg vom Wissen, was sich als ultimatives technologisches Wissen tarnt. Oder hat je einer gespürt, dass er sich evolutiv entwickelt? Die Kultur verändert sich zur Mechanisierung und Technologie, aber das Seelische hat sich doch in keinem Punkt aufgeschwungen - und wie sollte sich die Seele überhaupt verändern, ist sie überhaupt veränderbar? Den infantilen Mythos, Hochkultur zu sein, haben die Primitiven schon immer beschrieen, wenn sie am Ende waren. - Worum es also allen geht, ist Seelen-Evolution, doch Seele neigt hin zum Geist-Sein also zu noch mehr - Geist-Evolution. Es gibt nur eine Evolution, die vom Körperlichen zur Seele und die vom Seelischen zum Geist. Den Geist aber gibt es nicht, also tendiert Evolution ins Nichts. Das Nichts jedoch ist der Keim von Allem, denn kann nicht nur ein Nichts der Keim von Allem sein? -

Wer ins Naturempfinden eingestiegen ist, erlebt bald Überraschungen:

1. Kultur ist ein Seitenzweig der Natur genauer eine Verwandlung der Natur.
2. Es gibt keine Evolution. Darwin war volltrunken! Heute weiß man es besser: Es gibt in der Natur keine Hinweise auf eine Entwicklung oder einen Fortschritt zum Besseren. Aber es gibt einen periodischen Verfall der Natur, so wie fallende Herbstblätter. Es gab vor uns Hochkulturen mit enormem Wissen über die Naturzusammenhänge, und sie verkehrten sehr wohl mit den Naturwesen auf

gleicher Stufe. Das haben wir verlernt, stattdessen in unserer Naivität Naturkrieg angesagt. Dadurch fallen wir mit der Technologie, die nichts als Naturkrieg ist, immer weiter zurück hinter das große Wissen der anderen Naturwesen. Sie lächeln müde und lassen sich abschlachten und damit uns selbst untergehen. Denn: *Natur belehrt nicht.*

3. Natur steht still, verwandelt sich so wie Kohle in Feuerhitze. Das als Evolution zu verklären, dazu bedarf es schon des getrübten Blicks der Wissenschaft. Ein Nachweis des Entspringens einer Art aus einer Anderen ist in keinem Fall nachgewiesen. Die Arten sind einfach da. Affen sind keine Vorfahren von Menschen und Menschen nicht die Höherentwicklung des Affen. Der Mensch war einfach da! Wer genaueres darüber wissen will, konsultiere die Urüberlieferungen der alten Stämme. Sie besitzen genaueres Wissen. Dem Modernen erscheinen diese Aussagen lächerlich - weil er nicht weiß und bewusstlos nachbetet und seine kulturelle Konditionierung als Eigenerfahrung verklärt. Die Evolutionstheorie wird sich nicht mehr lange halten, in den Grundfesten ist sie vernichtet, sie hält sich nur noch in den Theorielarven überalterter Wissenschaftler. Wir stehen vor einer völligen Neuordnung der Wissenschaft.

Baumfrevler (B-Übung)

Nach ältestem deutschem Marktrecht traf einst den Baumfrevler, der Bäume durch Abschälen der Rinde zerstörte, die Strafe des Ausdärmens. Es wurde ihm so lange das Gedärm aus dem Leib gewunden, bis dieser der geschädigten Baumrinde entsprach. Nach dem Recht der Hülseder Mark hieß es: „Wenn einer einer Eiche den Poll abhauet, dem soll man den Kopf abhauen und in die Stelle setzen." Die betreffenden Baumteile wurden als seine Därme (Rinde), als seine Glieder (Stamm, Zweige), als sein Kopf (Krone) betrachtet. Ihre Beschädigungen konnten nur wieder geheilt werden, wenn die Frevler an den betreffenden Körperteilen verletzt wurden. Umgekehrt zu heute galt das Leben des Baumes mehr als ein Menschenleben.

DAS FUNDAMENT
DER NATURTHERAPIE

Die Grundlagen der Naturtherapie sind:

>Naturtherapie *(Heilung durch Erfahren der Natur)*
>Dunkeltherapie *(Heilung durch Inneneinkehr)*
>Ritualtherapie *(Heilung durch Verehrung der Natur)*
>Trancetherapie *(Heilung durch reines Seele sein)*
>Initiationserfahrung *(Kenntnis des schamanischen Lebenswegs)*
>Veränderte Bewusstseinszustände *(Kenntnis der Bewusstseinsgesetze)*
>Geomantie *(Erspüren der Lebenskraft der Naturräume)*
>Kosmologie *(Kenntnis der Überlieferungen von Stammeskulturen)*
>Todeserfahrung *(Heilung durch Kenntnis der Nachbardimension)*
>Leben bei Stämmen *(Heilung durch Erfahrung des einfachen Lebens)*

Naturtherapie: Einsamkeit

*Heilung heißt, physisch allein sein können, damit meine Seele hervortreten kann.
Geschieht das in der Natur, werde ich, kaum Seele geworden,
meinesgleichen gegenüberstehen in Gestalt von Seelenbergen und Seelenflüssen.
Natur und Ich fließen dann zusammen. Einsamkeit fördert die Gemeinsamkeit.
Wer allein ist, ist nie allein.*

In diesem Buch habe ich vor allem Einsamkeitserfahrungen in der Natur geschildert. Einsamkeit in Wäldern und an Meergestaden ist die zentrale Übung der Naturtherapie, weil nur so mein Inneres freie Bahn bekommt, sich zu entfalten.

Dunkeltherapie

Dunkeltherapie bezieht sich auf einen Aufenthalt in völlig dunklen Räumen, allein und für ein bis sieben Wochen. Ich führe diese aus dem Tibetischen stammende Therapie bei mir zu Hause durch. Man entscheidet sich für eine gewisse Dauer mindestens eine Woche. Man kann fasten oder essen. Täglich stehe ich für Gespräche zur Verfügung. Dunkeltherapie führt zu einer starken Entkonditionierung von weltlichen Anhaftungen. Dennoch dauert es einige Tage, bis die Maschinerie der inneren Unruhe zum Erliegen kommt. Man ist sehr stark auf seine Gedanken und Gefühle und die begleitenden Bilder und Filme ausgerichtet, später löst sich das auf, tiefe symbolische Erfahrungen begleiten den Tag, es tritt Licht auf, das Seelenlicht, die Zeit verkürzt sich oder erlischt, der Raum erweitert sich, mystische Erfahrungen, tiefe

Selbstklärungen treten auf (siehe: Tibetische Dunkeltherapie. 49 Tage in der Nacht und die Vision des inneren Lichts).

RITUALTHERAPIE

Das Ritual versöhnt uns nach langen Einsamkeitsaufenthalten wieder mit dem Menschsein und der Kultur. Das Ritual zeigt, das Leben ist sinnvoll und schön. Das Ritual bringt die Einsamkeitserfahrungen zurück ins Kollektiv und in die Kultur, so dass beide bereichert werden.

TRANCETHERAPIE

Heilung heißt, die eigene Seele Meister werden zu lassen über mich,
sprich mich mittels der Trance durchzukämpfen
durch das Gestrüpp von Kultur-Ich und Körper-Ego.

Es geht bei der Trance um Ich-Auslöschung. Gemeint ist hier das Körper-Ich. Unser Seelen-Ich möchte davon frei sein, weil wir primär freie Seele, erst sekundär Körperseele sind. Den Drang zur Trance der Seele versucht das Körper-Ich abzuschütteln. Es tobt in uns ein ewiger Kampf zwischen Seele und Körper-Ich. Das Körper-Ich überlagert die Seele und gibt vor, selbst Seele zu sein, weil es selbst so im Vordergrund steht. Tatsächlich sind wir primär Seele, haben aber einen Körper übergezogen bekommen wie einen Taucheranzug, der uns eine Existenz unter Wasser, sprich der stofflichen Welt, ermöglicht. Wir sind jedoch nicht der Taucheranzug, aber ohne ihn könnten wir unter Wasser nicht leben, also tritt er mit all seinen Schläuchen in den Vordergrund, übernimmt die Führung.

Unsere Seele jedoch will frei sein, was sich als Körperdynamik ausdrückt, als Tanz, Ästhetik, Lust, Liebe, Sport (Befreiung vom Körper durch Lust des Körpers, denn Materie trägt in sich den geheimen Impuls, auf ihrem Höhepunkt sich ihrer Nichtstofflichkeit bewusst zu werden, das ist die Transzendenz des Stofflichen).

Alle unsere hehren Kulte, Religion insgesamt, sind Agenten der Seele, ihre Ideen, sich vom Körper-Ich zu befreien. Aber: Wie wird das Körper-Ich aufgelöst?

1. Durch rhythmische Bewegung. Das Körper-Ich wird gewissermaßen aus dem Fleisch herausgeschüttelt. Nun tritt die Seele dahinter klarer hervor. Also: Musik, Rhythmus, Körperbewegung.
2. Durch Körpermassage, Körperschaukeln. Dadurch verliert der Körper seinen Raumbezug, ist irritiert, löst sich von sich selbst - dadurch tritt die Seele besser hervor.
3. Ein magisch-religiöses, ästhetisch schönes Umfeld ergreift unsere Sinne ebenso, wie eine logisch vollkommene Konstruktion unseren Verstand begeistert auf

eine Weise, dass er sich auflöst bzw. harmonisch gestimmt wird, was erneut das Körper-Ich, das sich erhält durch Arrhythmie und kursiven Intellekt, auflöst.

4. Durch den monotonen Schlag eines Trommelrhythmus werden wir auf ein dauerndes mit jedem Trommelschlag entstehendes Jetztgefühl festgenagelt. Es kommt kein Zeitfluss auf und damit keine Zukunft oder Vergangenheit. Diese erzeugt das Körper-Ich, während ihre Auflösung das Jetzt-Ich der Seele erwachen lässt. Die Trommel eignet sich durch den deutlichen Schlag am besten, ein Jetzt-Ich zu erzeugen, denn kaum will man nach einem Trommelschlag weiterdenken, kommt der nächste und nagelt einen erneut fest.

5. Es kommt so nicht zum Denken und das Denk-Ich, eine Hauptstütze des Körper-Ichs, bricht zusammen. Seelen denken nicht, denn Denken arbeitet in Raum und Zeit, was der Seele unvertraut ist. Denken heißt, zeitlich fühlen. Aber nur im Jetzt bin ich identisch mit mir selbst, im Zeitfluss aber dehnt sich das Jetzt-Ich aus, zersplittert in der Zeit, wird unzufrieden mit sich selbst, leidet, erkrankt. Im Denken leben wir immer im Zeitfluss oder gar in einer eingebildeten Zukunfts- oder Vergangenheitszeit. Nur sehr schwer können wir in der Jetztzeit sein, das nennen wir dann Konzentration, zu Recht Konzentration auf einen Punkt, das Jetzt der Seele, dann fühlen wir uns gut. All unsere Leistungen steigern sich, je mehr wir in seelischer Jetztzeit schwimmen, desto richtiger handeln wir. Wer sich von seiner Seele entfernt, leistet wenig, kann nur entfremdete Arbeit durchführen. Alle Lügen, alle Unehrlichkeit entstehen durch Entfernung vom reinen seelischen Zustand, denn ist man dem Seelischen fern, kommt man zum Trugschluss, mit Lüge und Betrug, sprich Denklist, sei etwas zu erreichen. Wäre man ganz im seelischen Zustand, wüsste man alsgleich, dass das zur Eigenschädigung führt. Die Zeitwelt ist daher eine Lüge, ein Betrug, ein Leiden und wird es bleiben. Alle Bemühungen aber, es aus der Welt zu schaffen, scheitern. Allein in der seelischen Verankerung bleibe ich frei davon, unterliege nicht den Bedürfnissen des Körper-Ichs.

Die gesamte Psychologie lässt sich auf diesen Urkampf Seele-Zeit-Ich zurückführen. Die großen Ziele und Sehnsüchte des Menschen beziehen sich auf unsere ureigene Kapazität der Seele. Um aber im Stoff der Welt leben zu können, bedarf es des Körper- und Zeit-Ichs. Die Seele hat sich den Taucheranzug Körper-Ich geschaffen, weil er in seinen Gesetzen den Gesetzen der Materie gleicht. Die Seele kann aber die Seele der Naturseele erkennen, befreit sie sich vom Körper-Ich, darin bestehen sämtliche alte Methoden der Spiritualität. Spiritualität heißt demnach nichts anderes, als Befreiung der Seele vom zeitlichen Körper-Ich! Sämtliche Verhaltensweisen beziehen sich entweder auf Seelenexistenz oder Körper-Ich. Diese Dualität regiert unser Sein. Aber es muss klar verstanden werden: Unser Körper-Ich ist lediglich eine Reduzierung des Seelischen ins Materielle. Das Körper-Ich ist verdichteter raumzeitlich-stofflicher Ausdruck des energetisch raumzeitlosen Seelischen. Das Körper-Ich ist damit selbst ein Weg zur Seele. Alle Körper-Ich-Tätigkeiten, wie Denken, Handeln, Körperbewegung, alle Körperfunktionen sind demnach Boten zur Seele. Aber das ist der langsame, der harte Weg zurück zur Seele, der schnelle bringt das Körper-Ich zum Verstummen, indem er körperlich-destabilisierende und gleichzeitig seelisch-stabilisierende Methoden anwendet.

Das Berufungserlebnis

Heilung heißt Erfahrung meiner seelischen Urnatur
wie sie versucht, sich durchzukämpfen
durch die verfestigten Strukturen meines Kultur-Ichs.

Eine leider wenig bekannte seelische Erscheinung, insbesondere bei Psychologen, ist das Berufungserlebnis. Ein Mensch erfährt plötzlich eine vollkommene Verwandlung seines Wesens. Die Berufung - nämlich zu größerer Geisteskapazität und Öffnung der Seele - geht einher mit einer Umstellung der gesamten Körperbiologie, was sich als Krankheit, Schmerzen und unerklärliche Symptome äußert. Menschen, in denen die Berufung gärt, sind oft jahrelang krank, wobei keine eindeutige Krankheitsdiagnose gestellt werden kann. Ebenso findet eine seelische Umstellung statt, was sich als seelische Störung äußert. Für Jahre oder auch nur phasenweise sind diese Menschen lebensunfähig. Von der zeitgenössischen Psychosomatik ist das Berufungserlebnis nie erkannt worden. Es lassen sich größere und kleinere Berufungen eben zu seelischer Befreiung feststellen, dürfen aber nicht mit normalen seelischen Befreiungsvorgängen in einen Topf geworfen werden. Die Berufung ist ein eigener Vorgang, der nicht einfach in einer neuen Lebensperspektive und Weltsicht oder Heilung endet, sondern den Menschen öffnet für ein überrationales Geschehen des Lebens; er kann nach der Berufung die Rückseite der Natur beschauen, die Fäden, die die Ereignisse zusammenstricken auseinander halten und so die Wurzeln des Daseins zumindest in einigen Teilen enthüllen. Es bedarf, will man den Hintergrund der Welt, aus dem sich unser Vordergrund nährt, entdecken, einer Umstellung unseres psychosomatischen Organismus auf eben den Hintergrund, der den eigenen Körper zusammenstrickt. Was damit eigentlich gemeint ist, habe ich kurz erläutert im Kapitel Trance, nämlich einerseits als Abwaschen des Körper-Ichs, andererseits als Freilegung der Seele. Des Weiteren finden sich viele Beispiele von Berufung und Transformation in meinen Büchern „Traumzeit und innerer Raum" und in „Urheiler". Hier wird das Phänomen ausführlich anhand von Schamanenbiographien erläutert. Eine genaue Kenntnis des Berufungserlebnisses, gehört zentral zur Ausbildung des Naturtherapeuten, weil es hierbei um die Aufdeckung unserer wahren Natur geht und die Betroffenen danach ein tieferes Verständnis nicht nur ihrer eigenen seelischen, sondern auch der Natur allgemein erlangen.

Veränderte Bewusstseinszustände

Die transpersonale Psychologie hat die verschiedenen Bewusstseinszustände systematisiert und vereinheitlicht. Eine genaue Kenntnis ungewöhnlicher Bewusstseinszustände ist für den Naturtherapeuten unbedingt erforderlich. Die hier vorgeführten Naturerfahrungen lassen sich auch als veränderte Bewusstseinszustände beschreiben, sie gehen jedoch über das bekannte von der Bewusstseinsforschung festgestellte Spektrum weit hinaus.

Geomantie

Heilung heißt, die Natur als ein Lebewesen zu erkennen, mit Charakter und Eigenschaften.
Wir erhalten so einen Gesprächspartner, Lebensfreund und Lehrer, den größten und wahrsten.
Die Gestalten und Bewegungen der Natur als Steine, Elemente und Tiere
sind unsere Lehrmeister insofern, als sie ihrem eigenen seelischen Wesen näher stehen als wir.
Der Baum weiß mehr über seine Seele als der Möbelverkäufer, steht näher am Todesreich, weiß
um seine materielle Schattenhaftigkeit und lebt so mehr im Rhythmus seiner Seele.
Wer also Eichen und Eichelhäher als Freunde zählt, sprich sie als Lehrer annimmt,
wird Anteil an ihrer Weisheit haben und so Heilung von seinem Schisma
Seele Körper erlangen. Ohne Naturfreunde gibt es keine vollkommene Heilung,
denn das letzte Geheimnis ist:
Natur und ich sind von einem Geist!

Es geht bei der Geomantie nicht um das landesübliche und modernistische Suchen nach angeblichen Leylines, Energielinien, Kraftadern; es geht nicht um Pendeln und Rutengehen, es geht um mehr. Durch langes Sitzen mit Blick auf Täler und über Gipfel gewinnen wir mit der Zeit, ohne Nachzudenken und zu wissen, ein Gefühl für die hinter den Krümmungen, Erhebungen, Vorsprüngen, Niederungen, den Formen der Landschaft liegende Eigenart des Seelischen, denn Landschaftsformen sind Seelenausdruck. Ein Gefühl für Raum und Bewegung zu bekommen, damit für Orte, darum geht es, um tiefes Mitfühlen mit den Windungen der Bergschlucht. Es geht nicht um das Aufdecken von Energiefeldern, das hat keinen Zweck und dient oft nur der Egoförderung. Über die Gestalten der Landschaft gewinnt man Zugang zu ihrer Seele, nicht durch Herumrennen im Wald mit Pendel und Rute, um eine imaginäre Kraftlinie zu entdecken.

Kosmologie

Heilung heißt Erkenntnis der eigenen Vergangenheit
als menschliche Spezies.
Ohne wahre Geschichtswurzeln bleiben wir
ein Blatt im Wind konfuser Kräfte.

Unter Kosmologie oder Mythologie versteht man in der Völkerkunde die Herkunft und das Wesen der Götter sprich Menschenschöpfer, die Überlieferungen der Stämme vom Uranfang, der Geburt der Welt und der Menschen, sowie die Gliederung der verschiedenen Dimensionen oder Welten.

Im Allgemeinen betrachtet die moderne Wissenschaft Kenntnisse von Völkern vor ihrer Zeit als wertlos, bestenfalls als Kuriosum. Das Studium der Wissenschaften der alten Kulturen und Stämme aufzunehmen, darum geht es beim Thema Kosmologie. Warum aber sollte das wichtig für einen Naturtherapeuten sein? Es gilt der Satz: Der Mensch heilt sich nur, besitzt er einen verlängerten Erkenntnisarm in die Vergangenheit der menschlichen Kultur. Heilung heißt Erkenntnis der eigenen Vergangenheit als Spezies Mensch. Kosmologische Kenntnis der alten Völker, die näher am Ursprung leben, ist daher unumgänglich für uns, die wir über die Jahrtausende unsere Überlieferungen verloren haben durch Kriege, Vergessen und Naturkatastrophen. Die alten Überlieferungen sind aufgezeichnet oder erinnert von jenen, die dabei waren und sind weitergegeben worden an Auserwählte. Das ist die geheime Geschichte der Menschheit, die moderne Geschichtsschreibung weiß davon nichts. In der Naturtherapie sind eine genaue Kenntnis der Kosmologie einiger Stämme erforderlich, sowie die Kenntnis der ältesten Überlieferungen der eigenen Kultur.

Todeserfahrung

Heilung heißt, aus tiefstem Herzen zu wissen, es gibt keinen Tod,
nur ein Weiterleben als reine Seele. Ohne dieses unumstößliche Wissen,
besser noch die Erfahrung des Todes **vor** *dem Tod, gibt es keine heile Welt,*
denn der Zweifel, die versteckte Angst nagt an uns
und lässt uns in billigen Ersatzhandlungen Zuflucht suchen.
Zudem: Weisheit ohne Todeskenntnis ist ganz ausgeschlossen.
Also: Wer den Tod nicht kennt, kann das Leben weder gewinnen noch genießen.

Naturtherapie ohne Kenntnis des Todesreichs ist unmöglich. Der Grund? - Unser Leben ist nur der Schattenwurf unseres wirklichen Lebens als reine Seele - und die Seele lebt im sogenannten Todesreich, was wahrhaft ein Lebensreich ist. Die Seele ist gestrickt aus plasmatischem Urstoff, und die Dimension des Plasmas ist nichts anderes als das Todesreich. Die plasmatische Seele kann um sich einen Schleier der Materie werfen sprich sich mit Materie umgeben, was wir Körper nennen. Der Körper ist das exakte Spiegelbild unserer Seele, daher die Unterschiede unseres Aussehens. Wie und warum sich Seelen im Stoff manifestieren, sei hier nicht besprochen. Wir wissen am umfangreichsten über das Todesreich, sprich das Plasma oder die Nachbardimension, Bescheid durch Menschen, die ein Todeserlebnis hatten, aber zurückgekommen sind und einiges davon erinnern, die sogenannte Nahtoderfahrung. Weitere Quellen sind Berichte von schamanischen Todesreisen sowie die Kosmologie der alten Völker. Sicherlich sind unsere Daten mangelhaft, werfen aber genügend Licht auf das unsichtbare Reich neben uns, so dass es zur wichtigsten Aufgabe des Menschen wird, sich mit dieser Dimension und damit sich selbst als lebend in dieser Gestalt der Seele auseinanderzusetzen. Das Todesreich oder Lebensreich befindet sich nicht irgendwo im materiellen Kosmos, sondern ist die Grundlage des materiellen Kosmos, es befindet sich um uns herum, durchdringt uns, wir sind wie ein Schmutzfleck auf der Glaskuppel dieses Dimensionsgebäudes, das jeden morgen durch Fensterputzer weggewischt wird - das nennt man Tod. Die Seele zieht sich gelegentlich bei Reisen in die Materiedimension einen Regenmantel an, der nennt sich Körper, macht Erfahrungen und reist wieder zurück. Freunde, ohne die Erkenntnis der Todeswissenschaft bleibt jede Philosophie ein Irrtum und jede Lebenseinstellung wertlos, daher ist die Todeskenntnis in den Stammeskulturen erster Grundsatz. Da wir das vergessen haben, hat sich unser Leben auf den Körper und die Materie reduziert, wir haben den Anschluss an uns selbst verpasst.

Eigentlich sollte es jedem Menschen und Wesen möglich sein, mindestens einmal im Leben zu sterben, um im Todesreich wandernd dieses zu ergründen. Daher besteht meine Hauptforschung darin, nach einer Methode zu fahnden, Menschen sterben zu lassen und wieder zu beleben. Da jeder zurückkommen muss, ist jedoch jede Methode riskant. Dennoch suche ich weiter nach einem sanften, gefahrlosen Verfahren, die Seele vom Körper abzutrennen, denn Tod heißt nichts weiter als Seelenabtrennung.

MEIN WEG DURCHS UNTERHOLZ

Natur und ich sind von einem Geist

Ich ahne etwas. Stets läuft etwas neben mir, seit meiner Kindheit, ein tiefes Geheimnis, das zu ergründen, mehr noch: zu erleben, meine Aufgabe sein sollte. Vorsichtig ließ ich anfänglich das ganz große Geheimnis außer Acht, ich wollte mir nicht die Finger verbrennen. Den Randgebieten des Geheimnisses bemächtigte ich mich vorsichtig. Das ganz Große verschob ich auf später. Nun nähert es sich in Gestalt der Naturmassive und Sternenhimmel. Da steh ich nun als kleiner Mensch, hilflos, sprachlos, allein. Ich verbeuge mich, wer beugt sich nicht vor Planetengöttern. Wissenschaft hat nicht die ersehnte Rettung gebracht, ein jämmerlicher Haufen Asche an Wissen ist übrig geblieben. Seelenkunde hat versagt, ein ausgetrocknetes Stück Treibholz. Nichts bleibt, mein Ich erlischt wie eine irrlichternde Sumpfgasflamme. Man beugt sich, doch wohin? Demut an der Grenze zur Selbstauflösung, Bescheidenheit über alle Maße, Nicht-Ich, Weltuntergang.

Ein Geheimnis wurde für mich bereitgehalten, jetzt nähert es sich, es beunruhigt mich, denn es führt zu meinem Untergang. Das Ich will leben, etwas anderes in mir will sterbend Felsschlucht oder Festland sein. Der Weg in die Marschen und Moraste ist eine echte Einweihung, kein künstlicher Pilgerweg der Religion, sondern Einweihung ins Alles. Kultur und Religion sind hier längst erloschen, bleiben am Meerstrand liegen als abgetragene Sandalen. Den letzten Sandeindruck überspült die Welle.

Die Urmutter ist alles

Der Mensch ist Natur. Folglich ist die Natur ein Mensch. Aber wenn die Natur der Fuchs ist, ist die Natur auch eine Füchsin. Das Verwirrende, was sich nun ergibt, ist: Die Weltallmutter stellt sich dar als Menschin und als Füchsin, als alle Lebensformen. Unser engstirniger Verstand aber kann sich eine Form nicht als viele Formen denken. Hier scheitern wir. Der Urmutter aber macht es Spaß, alle Formen auf einmal zu sein. Also: Was ist das für ein Lebewesen? Eine Blutzelle wird sich kaum vorstellen können, wie ihr Mensch lebt, also muss sie das tun, was auch alle alten Völker in ihrer Ausweglosigkeit getan haben: Sie haben die Urmutter einfach verehrt und ihre Unfähigkeit, sie sich vorzustellen, anerkannt. Die Kelten haben sich sogar der Urmutter geopfert, weil sie so entgeistert waren von ihrer Größe und haben ihren Geist vom Körper befreit, um mit der Göttin eins zu werden. Ihre Sehnsucht, die ganze Urmutter zu sein, ihre eigene hoffnungslose Kleinheit im Körperlichen hat sie das Menschliche leichthin opfern lassen. Der frühe Mensch opferte noch seinen Leib aus tiefer Ehrfurcht, alle anderen Opfer sind ängstliche Ersatzhandlungen. Daher sind für uns heute die Kelten primitiv. Wer würde sich derzeit noch opfern für - wie wir sagen würden - ein erdachtes Wesen? Wir setzen alle Hoffnung auf Weltraumreisen, interplanetaren Verkehr, aber das ist nur das Echo keltischer Sehnsucht, nur wusste man mehr und ging unbeirrter mit sich selbst um. Die frühen Kulturen wussten einfach, dass die Seele sich einen stofflichen Leib geschaffen hat und dass sie jederzeit zurückkehren kann, um im Jenseitsplasma der Urmutter näher zu sein. Ob Selbstmord aus mystischen Gründen eine zustimmenswerte Handlung ist sei dahingestellt. Für den einzelnen Naturmystiker ist das folgerichtig, für die Masse bleibt es Utopie. Man vergesse nicht, alle Mystiker wurden verfolgt von dieser Sehnsucht, Urmuttersehnsucht ist der Kern jedes spirituellen Gefühls. Daher: Wer den mystischen Selbsttod mit der Miene der Empörung ablehnt, bestätigt nur seine geistige Engstirnigkeit.

Die Natur ist alles. Sie ist ein System, in dem unglaublicherweise alles Platz hat. Die Natur ist ein Homunkulus. Die alten Völker sprachen von der Großen Mutter, die alles gebären kann. Eine Mutter also ganz besonderer Art. Die Frage ist nach dem Sein und Sinn der Naturmutter. Die Urfrage.

Der Mensch ist umso größer, je mehr er der Urmutter gleicht. Genauer: Je mehr er die Universalität, die Schöpferkraft, die Vielfalt, das Homunkulusartige der Urmutter im menschlichen Maßstab verkörpert. Jeder Mensch ist Urmutter, wenn auch in verkleinertem Maßstab, wir verkörpern nur eine Facette von ihr, während all ihre unendlich vielen anderen Seiten nur minimal durchscheinen.

Es gehört zu unserer großen Natur die schöpferische Vielfalt der Urmutter. Je mehr wir Urmutter werden, desto größer sind wir als Mensch. Ein Goethe näherte sich der Urmutter selbstredend mehr als ein Normalbürger. Macht das nun zwischen beiden einen Unterschied? Ist ein Goethe besser als ein Normalbürger? Goethe hat sich dem Dasein mehr geöffnet und das in eigenes Schöpfertum umgesetzt. Ein Normalbürger mag ebenso geöffnet sein, setzt seine Erfahrungen aber nicht um in neue, die Urmutter widerspiegelnde Geistesprodukte. Sollen wir so sagen: Die Höhe eines Menschen hängt ab von seiner Hingabe und Öffnung zur Weltallgöttin und seiner Entschlossenheit, ihr Leben im Irdischen zu leben? Letztendlich jedoch muss gesagt werden: Alle Wesen verkörpern jeweils nur einige Aspekte der großen Mutter. Man kann nicht sagen, ein Aspekt der Urmutter ist größer als ein anderer. Die Urmutter hat viele Seiten, sie braucht Trägheit und Lebenslust. Belassen wir alles wie es ist, werten nicht, suchen keine Stufenleiter der Natur. Es gibt nichts Hohes, nichts Tiefes, nur Vielfalt!

DER NATURTHERAPEUT

Naturtherapie ist zunächst keine Kulturtherapie, später schon. In der Natur gibt es keine Therapeuten. Natur setzt sich allein als Maßstab. Natur selbst ist Heilung. Also: Wer Natur wird, heilt von selbst! Der Naturtherapeut begleitet dich lediglich in die Natur, aber er ist nicht der Heiler.

In der Naturtherapie ist die Therapie, untergegangen in der Sturmflut der Seewogen, in den Windböen des steifen Nordwinds erstickt. Naturtherapeuten sind bloße Anlegestellen für Boote, aus denen Menschen steigen, die sie nun mit allen Kleidern ins Wasser stoßen, denn Boote, sprich Kultur, braucht man nun nicht mehr. Boote werden angebohrt und versenkt, die Mannschaft schluckt kaltes, klares Wasser. Untergang der Schiffe, Tod der Kultur, das ist die Eintrittskarte in die Unterwassertiefe. Der Naturtherapeut ist behilflich dabei, er bohrt das Boot an, freundlich und zuverlässig, hilft aber den Insassen auch wieder auf den Landesteg, wirft Ertrinkenden einen Rettungsring zu in dem das Wesentliche fehlt - Luft. *Naturtherapeuten sind hilfreiche Kultur-Mörder.*

Urgesetze:
1. Kultur ist eine Verminderung von Natur. Kultur ist schwache Natur.
2. Der Mensch kann Natur finden, sogar in der Kultur, leichter aber durch die Rückkehr zur Urnatur. Kulturtherapie ohne Natur ist der schwere, Naturtherapie ohne Kultur der leichte Weg. Naturtherapie ist eine Abkürzungstherapie, der kürzeste, aber steilste Weg zum Heil.

DER NARR

Die Natur ist der Narr. Narren verkörpern die Natur. Um in den Kulturfesten und Zeremonien die Natur nicht zu kurz kommen zu lassen, kennen alle Völker den Narren, Clown und Spaßmacher, der, wenn es zu eng wird, im Ritual der Gebräuche, mit Zote, Witz und Irrsinn dagegen angeht. Der institutionalisierte Schalk ist ein Ventil für unerfüllte Urnaturgefühle.

Der Naturtherapeut, befreit von Kulturgebräuchen, jederzeit frei, sich entgegen seinem eigenen, angelernten Verhalten zu verhalten, ist der Heiler an sich. Denn: Heilung heißt heil sein und nicht Kultursein. Dieser Urheiler kennt keine Heilweisen, keine Therapien, keinen therapeutischen Gesetzeskanon und schon gar keine Methoden. Er lässt sich anstecken von der Stimmung des Patienten, nimmt diese tief in sich hinein, versteht, erahnt sie, doch schüttelt er sie angewidert von der Enge wieder ab, im Ritual, im Tanz, im Schrei, tut also was der Patient auch tun sollte, aber nicht wagt. Nun beginnt er, mit dem Patienten zu spielen, ungeplant, frei, ohne Methoden im Hinterkopf zu haben, ohne etwas von Heilung zu wissen. Er ist Narr, verkörpert den Naturfluss, steckt so den Patienten an und heilt vielleicht oder auch nicht. Denn der Narr hat kein Ziel, am allerwenigsten Heilung.

NATURFLUSS OHNE PLAN

Wer lange das Flussbett entlang wandert, Wüstendünen ohne Ende durchmisst, wird auf die Gegenwart zurückgeworfen. Ziel und Plan werden schnell zerstört in der Zähflüssigkeit des Sandes, in den Wiederholungen der Bachschleifen. Natur wiederholt sich, tötet mit Monotonie und Wiederholung alle Vorsätze ab. Unsere Ziele liegen in der Zukunft. Natur zerstört die Zukunft, die Zeit eigenartigerweise durch lange Zeit. Kultur in Gestalt von Plänen und Zeitplänen hat keine Chance gegen Natur in Gestalt von Mitschwingen mit dem, was ist.

Island. Bleibe drei Tage und Nächte beim Wasserfall. Sehe nur fallendes Wasser. Irgendwann erfährt man tief: Wasser ist der Seele ähnlich.

SCHLUSS

MEIN UMGEBROCHENER APFELBAUM

Auf der Wiese vor meinem Arbeitsfenster stand er, mein Apfelbaum. Er stand allein, sonst nur Gräser, Moos, etwas Schilf und einige Wassergräben, die längst versandet waren, durchkreuzten das Landstück vor dem Wald und der Schlucht. Er tat mir leid, weil er alleine stand und eigentlich nicht da hingehörte, auch weil er keine Äpfel trug: denn Apfelbäume in dieser Höhe tragen keine Äpfel. Seiner Aufgabe war er also in dieser Höhe nicht gewachsen. Das war sein Schicksal. Außerdem waren viele seiner Äste bereits abgebrochen, und seine Wurzeln standen zu sehr im Wasser der Sumpfwiese. Verstümmelt, knorrig, holzig. Er tat mir leid. Aber ich wusste ihm nicht zu helfen. Ich ertappte mich gar bei dem Gedanken, ihn abzusägen, nur weil er scheinbar zu nichts nütze war. Er starb einfach so vor sich hin, wie die Natur eben abstirbt und niemand helfen kann, weil die Natur keine Hilfe kennt und stoisch den Tod annimmt. Vielleicht ist den Bäumen der Tod so vertraut, dieses langsame Absterben, und weil sie nichts anderes kennen, noch wissen, wohinein sie sterben oder einfach, weil es eben so ist. Er war mir vielleicht ein Sinnbild des Todes, so wie man es von Apfelbäumen ja behauptet.

Schaut man tief in die Natur, wird einem Angst. Die Gesetze, die da herrschen, sind gnadenlos, wir Menschen empfinden sie als grausam. Keine Sozialfürsorge, keine Medizin. Wer krank ist, verfällt oder regeneriert sich aus sich selbst. Man muss sich fragen, wie Bäume und Tiere überleben, allein durch Empfindsamkeit für das, was gut und schlecht ist für sie, passen sie sich den Gegebenheiten widerstandslos an, schwingen mit. Darüber hinaus dürften sie noch andere Mittel besitzen, einen Selbsterhaltungsinstinkt, der ihnen Kraft gibt, vielleicht auch die mentale Verbindung zu anderen Baumwesen, vielleicht kennen sie gar ein Medizinsystem, von dem wir nicht einmal träumen können. Wer tief eindringt ins Naturwesen der Bäume, Berge und Tiere, verliert alles Menschliche. Wer aber wagt schon, unmenschlich zu werden? Angst packt den Beherzten, zurück kehrt er in die warme Kammer.

Natur besteht aus vielen Lebewesen. Wir sprechen nicht mit ihnen aus Angst. Aus Angst, sie könnten antworten. Aus Angst, sie sagten uns Sachen, die erschüttern. Aus Angst, sie hielten uns einen Spiegel vor und darin würden wir uns nicht mehr erkennen. Wir aber wollen wir selbst bleiben und das, was andere Menschen über uns sagen, denken. Menschen sind große Naturflüchter. Wir wollen keine Natur, kein angewurzelter Baumstamm, kein fliegender Jungvogel, kein Erdschollen oder Felsblock sein. Der Mensch versteht sich als mehr; so degradiert er *seine* Natur und damit *die* Natur, deshalb vernichtet er Natur; doch insgeheim weiß er, er ist nicht mehr, er ist weniger; ein kleines, feiges Etwas, das sich nicht bekennt zu etwas, das es panisch fürchtet, nämlich gleichfalls nur Natur zu sein, ebenso angewurzelt wie der Baum, ebenso schwebend wie die Wolke, ebenso schleichend wie der Fuchs.

Jedenfalls ärgerte ich mich über meine Missachtung des Apfelbaumes, des Knorrigen, Hölzernen, Gebrechlichen. Warum konnte ich ihn nicht lieben? Warum war ich zu schwach? Warum legte ich ästhetische Maßstäbe vom schönen Apfelbaum an ihn an? Heute tut er mir leid und ich mir mit ihm, weil ich zu schwach bin, Natur zu ergründen. Da ist die Ohnmacht, nichts tun zu können, die Schwäche, immer Mensch zu bleiben.

Eiche. Sababurg, Nordhessen.

Und als der große Sturm kam, sah ich meinen Apfelbaum fallen. Ich schaute hinaus, und in diesem sturmumtobten Dezemberaugenblick, als sich die Tannen zur Erde bogen, kippte er einfach tonlos, sinnlos um, er, der scheinbar fest verwurzelt im Erdreich stand. Das konnte nicht sein. Meine Augen schauten. Ich sagte mir nur: *Mein Apfelbaum fällt um.* Es war ein gefühlloser Augenblick, entsetzt war ich über mich selbst. Während ringsherum der halbe Wald in sich zusammenknickte, Baumkronen abgehackt hinweg flogen, eine Kiefer die andere niederschlug, im Nu der Wind ganze Hänge kahl fegte, der Wald rauschte und schrie, versuchte ich, mich hineinzuversetzen in die Seele der Bäume. Aber ich erstickte das bald, denn das ist zu viel für den Menschen, will er Mensch bleiben. Ein Mensch kann nicht Baum sein, und wird er es dennoch, erlischt seine Menschlichkeit, er wird baumverrückt. Abgetrennt von der Natur sind wir geschaffen, allein zu sein inmitten vom All-Einen, etwas will nicht, dass wir alles sind.

Ende Februar. Es schneit. Er liegt unter Schneewehen begraben, mein Apfelbaum, da liegt er, die Äste zerbrochen, der Stumpf ragt heraus, er liegt einfach da und ist wohl tot. Heute erst erinnere ich mich meines Schmerzes und des Unglücks, des Unglücks der Natur.

Ich schreibe heute darüber, weil das Schreiben den Schmerz entkräftet. Das ist der Grund, weshalb alle Schriftsteller Feiglinge sind: weil sie den Schmerz nicht wirklich leben wollen.

Ein Jahr später. Winter. Schnee liegt dünn über meiner Wiese. Es ist eine Sumpfwiese. Da steht ein Baumstumpf allein. Es ist der Baumstumpf meines umgefallenen, sturmzerstörten Apfelbaumes. Ich habe die Äste inzwischen zersägt und der Nachbarin gegeben, die immer Holz braucht. Ich habe ihr mein Herz gegeben. Ich mache kein Feuer, mich zu wärmen von meinem Apfelbaum. Er fiel um im Orkan des letzten Dezemberwinters. Seine Wurzeln hatten keinen Halt in der Sumpfwiese. Zudem, seine Äpfel waren ungenießbar, Holzäpfel, und nur eine Handvoll. So einen Baum verachtet man, weil er nicht Früchte trägt, die Menschen nähren. Der Mensch sieht einen Apfelbaum nach seinem Nutzen. Eigentlich sieht er gar keinen Baum. Hat ein Bauer je seinen Apfelbaum gesehen? Wir pflanzen Lebewesen an, wir säen Lebewesen aus. Wir ernten ab von Lebewesen, die uns galant ihre langen Arme voller Früchte entgegenstrecken. Wir pflücken ungefragt die Früchte der Sträucher, doch sie verteilen freigiebig. - Mein Apfelbaum ist heute ein Stumpf. Ich hatte ihn nicht erkannt als Lebensfreund vor meinem Blick, ich hatte geschlafen als Mensch, trüb war mein Blick. Ich rühmte, mich Mensch zu sein, und beschaute stumpf die Kulisse des Waldsaumes. Ich rief nicht die Geister der vor mir wachsenden Wesen, sie zu befragen, was das Dasein für mich in die Waagschale geworfen hat. Ich las stattdessen in Schriften, hörte nicht den trippelnden Gang des Federvolkes unmittelbar vor meinem Fensterbrett. Ich entnahm den Warnungen der drei Kiefern zu meiner Rechten keine Weisheit. Der Apfelbaum ist tot. Es war nicht mein Apfelbaum, ich war sein Mensch. Sein Schicksal, zu wachsen in einer Sumpfwiese, schlecht verwurzelt, dennoch gewachsen, habe ich nie begriffen. Kann ich je Natur begreifen - nur erleiden.

Ich könnte mir Myriaden Bücher an den Kopf werfen, ich ruhe lieber unter einem Apfelbau, ertaste die verschrumpelte Haut seiner hutzeligen Früchte.

Und wenn heute Schnee liegt über meiner Sumpfwiese, meine ich, es sei bloß Schnee. Warum nicht werde ich selbst Schnee, um die Weisheit der Schneewehen gegen die Menschen zu schleudern...

Anmerkung

... Wie finde ich und wie verhalte ich mich bei Naturheiligtümern?

Naturtherapie findet statt bei Naturheiligtümern, unter alten Bäumen, in heilen Wäldern, an lauschigen Seen ohne Campingplatz. Die Natur muss rein sein, soll sie uns lehren. Erschöpfte Natur in der Nähe menschlicher Zerstörungswut liegt in den letzten Zügen und kann dir kaum Vorbild sein. Du findest solche Orte entweder, weil du sie gefunden hast oder weil du eine Landkarte studiert hast, auf denen oft (so den 1:30 000 Karten) Naturdenkmäler, große Bäume usw. eingetragen sind. Außerdem gibt es Bücher über Naturheiligtümer, Naturparks, Naturschutzgebiete. Betritt man solche Gebiete, dann hat man zuvor gefastet, man verändert die Natur nicht und lässt nichts zurück außer einem Gebet. Urwälder sind die Kathedralen der wahren Religion. Die letzten Urbäume sind der Altar, an dem du dich opferst. Also reinige dich zuvor! Sprich mit niemandem darüber, verplappere dich nicht im sozialen Kreis. Naturerfahrungen bleiben geheim. So baut sich in dir das Geheimnis auf, und du gewinnst an Charakter. Nur charakterlose, schwache Menschen tratschen über geistige Erfahrungen. Etwas anderes ist es, bespricht man Aspekte solcher Erfahrungen in einer Gruppe, das dient dazu, dass jeder vom anderen lernen kann. Solche Offenbarungen haben einen Rahmen, der in sich selbst eine Zeremonie ist und als solche durchgeführt wird - wir stehen hier jenseits des Psychotratsches der großen Städte.

LITERATUR

Holger Kalweit: Transpersonal Anthropology and the Comparison of Cultures, In: Phoenix: Journal of Transpersonal Anthropology, 1981, V, 2: 97-105.
- (Hrsg.): Frank Hamilton Cushing. Ein weisser Indianer. Mein Leben mit den Zuni. Walter Verlag, Olten 1983.
- Traumzeit und innerer Raum. Die Welt der Schamanen. Scherz Verlag, München 1984.
- Formen transpersonaler Psychotherapie bei nichtwestlichen Kulturen. In: Integrative Therapie 1984, 10 (3): 253-262.
- und Schenk, Amelie (Hrsg.), Heilung des Wissens. Forscher erzählen von ihrer Begegnung mit dem Schamanen – Der inner und der äußere Weg des Wissens. Goldmann Verlag, München 1984.
- Himalaya Orakel. In: Kalweit/Schenk: Heilung des Wissens. Goldmann Verlag, München 1984, S. 260-287.
- Urheiler, Medizinleute und Schamanen. Lehren aus der archaischen Lebenstherapie. Kösel Verlag, München 1987.
- When Insanity is a Blessing: The Message of Shamanism. In: Grof, Stanislav and Christiana (Hgg.): Spiritual Emergency. When Personal Transformation Becomes a Crisis. Los Angeles, S. 77-97, 1989.
- Lightening Shamans. Jahrbuch für Ethnomedizin und Bewußtseinsforschung, 1994, 3: 161-169.
- Schamanische Trance und die Theorie des Bewußtseinskontinuums. In: Jahrbuch für Transkulturelle Medizin und Psychotherapie. Hgg. R. van Quekelberghe & D. Eigner, 1994: 17-41.
- Der Sitz der Seele in traditionellen Kosmologien. Ethnopsychologische Mitteilungen, 1995, 4, 1: 37-71.
- Urschamanen und das Goldene Zeitalter . Curare. Zeitschrift für Ethnomedizin, (1995) 18, 1: 153-160.
- und A. Schenk: Der Doppelkörper als Grundlage der Trance in der tibetischen Psychologie. Curare. Zeitschrift für Ethnomedizin 18 (1995) 2: 467-496.
- Übertragung der Lebensenergie bei tibetischen Schamanen. Ethnopsychologische Schriften (Hrsg. R. v. Quekelberghe) Landau 1997, S. 25-52.
- Yin, Yang und die Drachenenergie. In: Ethnopsychologische Mitteilungen, 1987 (2), S. 109-145.
- Schamanische Energie-Ökologie: Das Bündnis von Seelen- und Naturfeld. In: Gottwald/ Rätsch: Schamanische Wissenschaften. Diederichs Verlag, München 1998. S. 96-120.

- Dunkeltherapie – Eine traditionelle Selbstbefreiungsmethode und ihre Verwendung in der modernen Praxis. In: Curare. Ethnotherapien. Verlag für Wissenschaft und Bildung. Hrsg. C. E. Gottschalk-Batschkus & Ch. Rätsch S. 223-227.
- mit Amélie Schenk: Schamanische Heilung durch Reisen ins Totenreich. In: Jahrbuch für Transkulturelle Medizin und Psychotherapie 1998/99, Verlag für Wissenschaft und Bildung, Berlin. Hrsg. von Stanley Krippner & Holger Kalweit, S. 103-124.
- Das Totenbuch der Germanen. Die Edda – die Wurzeln eines wilden Volkes. AT-Verlag, Aarau 2001.
- Das Totenbuch der Kelten. Das Bündnis zwischen Anderswelt und Erde. AT-Verlag, Aarau Herbst 2002.
- Dunkeltherapie. Die Vision des inneren Lichts, KOHA-Verlag, 2004.
- Liebe und Tod jenseits der Zeit (in Vorbereitung).
- Die Geburt der Plasmadimension, 2004.

Amélie Schenk: Schamanen auf dem Dach der Welt. ADEVA Graz, 1994.
- Herr des Schwarzen Himmels. Zeren Baawai – Schamane der Mongolei. O. W. Barth Verlag, München 2000.

 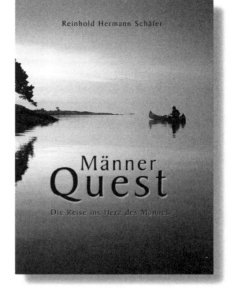

Holger Kalweit
Dunkeltherapie
Die Vision des inneren Lichts

Reinhold Hermann Schäfer
MännerQuest
Die Reise ins Herz des Mannes

Auf einer Reise durch Nepal in den 60er Jahren stieß der Autor auf eine archaisch anmutende, tibetische Methode der Einkehr: 49 Tage in der Dunkelheit. Diese „Dunkeltherapie" wird im tibetischen Buddhismus gelegentlich bei der Mönchsausbildung eingesetzt.

Holger Kalweit ließ sich auf die Erfahrung ein, sieben Wochen allein in einem kleinen Raum, in vollkommener Dunkelheit, nur angeleitet und betreut von einem Lama zu verharren. Es wurde eine atemberaubende Nachtfahrt der Seele.

Weitere Dunkelaufenthalte folgten und Mitte der 90er Jahre begann er Dunkelheit als therapeutisches Mittel einzusetzen. Seitdem hat er viele Menschen durch die Stille der Finsternis geführt.

380 Seiten, gebunden
ISBN 3-936862-37-0
€ 21,00 / sFr 36,90

Reinhold Hermann Schäfer entwickelt entlang seiner Autobiographie, d.h. seiner eigenen Lebens-Helden-Reise und seinen praktischen Erfahrungen aus der Männerbewegung sein eigenes Konzept einer initiatischen MännerQuest in der Waldwildnis Nordschwedens. Quest bedeutet in diesem Zusammenhang Suche oder Weg. Der Autor erklärt umfassend den Stellenwert der männlichen Initiation bei den Naturvölkern und in der heutigen modernen Welt, wobei er auch das Thema der Männerbünde behandelt. Seine größte eigene Vision einer initiatischen Pilgerreise für Männer auf dem Rhein - Von der Quelle bis zum Meer - zeigt am Ende des Buches, dass er sich als Mann versteht, der die Reise ins eigene Herz gewagt hat und weiter wagen will.

288 Seiten, Broschur, A5
ISBN 978-3-927940-93-2
€ 18,00 / 31,90 SFR

Holger Kalweit „Erdmutter will Rituale" 18,-
ISBN 3-935581-91-2